Grawe
Fontane-Chronik

Christian Grawe

Fontane-Chronik

Mit 12 Abbildungen

Philipp Reclam jun. Stuttgart

Universal-Bibliothek Nr. 9721
Alle Rechte vorbehalten
© 1998 Philipp Reclam jun. GmbH & Co., Stuttgart
Gesamtherstellung: Reclam, Ditzingen. Printed in Germany 1998
RECLAM und UNIVERSAL-BIBLIOTHEK sind eingetragene Marken
der Philipp Reclam jun. GmbH & Co., Stuttgart
ISBN 3-15-009721-5

Einführung

Eine Fontane-Chronik ist wiederholt als Desiderat bezeichnet worden – verständlicherweise, denn einmal ist das umfangreiche Wissen über Fontanes Leben und Werk auf viele, manchmal obskure Publikationen verstreut und zum anderen ist der Versuch von Hermann Fricke, bisher der einzige dieser Art, beinahe vierzig Jahre alt.[1] Abgesehen davon, daß dieser Band seit vielen Jahren vergriffen ist, entspricht er nicht mehr dem Forschungsstand. Erst nach seiner Publikation begannen die großen Werkausgaben zu erscheinen, die Fontanes Œuvre erstmals systematisch sichteten, ordneten und in wissenschaftlich vertretbaren Editionen vollständig vorstellten – soweit Vollständigkeit bei einem so weitverstreuten Werk erreichbar war. Von Ausnahmen abgesehen stammen auch die textlich zuverlässigen Ausgaben Fontanescher Briefe und Briefwechsel erst aus der Zeit nach 1960. Daß in einigen der früheren Editionen etwa Erscheinungsdaten Fontanescher Briefe manipuliert wurden, ist bekannt. Zudem ist die Fülle des in den letzten vier Jahrzehnten neu aufgetauchten und veröffentlichten Materials beträchtlich.

Obwohl ich Frickes Bändchen als reichhaltige Informationsquelle dankbar benutzt habe, geht die vorliegende Fontane-Chronik eigene Wege. Bei allem Verdienst hat Frickes rudimentäre Chronik von Fontanes Leben aus heutiger Sicht doch erhebliche Mängel: Sie verfährt in der Auswahl ihres knappen Materials recht willkürlich, behandelt die Daten oft vage, bezieht die nichtselbständigen Publikationen Fontanes, deren Erscheinungsort und -datum oft

---

1 Hermann Fricke, *Theodor Fontane. Chronik seines Lebens*, Berlin-Grunewald: Arani, 1960.

noch gar nicht bekannt war, kaum ein, gibt keinerlei Quellennachweise und läßt Fontane selbst kaum zu Wort kommen. Demgegenüber habe ich mich bemüht, einen detaillierten, kontinuierlichen, eben chronikalen Abriß von Fontanes Leben und Werk zu geben, in dem Lebensablauf, Erziehung, Berufsausbildung und -tätigkeiten, Reisen, Ausflüge, Wohnungen, Publikationen und ihre Entstehungszeit, literarische Projekte und Fragmente, familiäre Entwicklungen, gesellschaftlicher und beruflicher Umgang, wichtige Äußerungen Fontanes über sich und seine Kunst, »Gott und die Welt« und anderes mehr übersichtartig und, wie ich hoffe, übersichtlich dargeboten werden. Zeitgeschehen und Ereignisse in anderen Familien, etwa von Fontanes Verwandtschaft und Freunden, konnten dabei allerdings nur dann berücksichtigt werden, wenn sie für Fontane selbst relevant sind.

Was meinen Band aber vor allem von Frickes unterscheidet, ist folgendes: Eine Fontane-Chronik, in der man nicht Fontanes eigene Stimme ausgiebig hört, scheint mir ihrer größten Attraktion und ihrer Lesbarkeit beraubt zu sein. Der Ehemann, Vater und Schriftsteller, der Korrespondent und Plauderer, der politisch Interessierte und Engagierte, der Künstler, Kritiker und Zeitkommentator, der Verzweifelte, Enttäuschte und Kranke, aber auch der Souveräne und Selbstbewußte sollte selbst ausführlich zu Wort kommen, damit Fontanes Lebensgeschichte in Daten durch seine eigene sprachliche Eigenart und Brillanz, seinen Charme und Geist Farbe und zeitgenössisches Flair bekommt und lebendig wird. Wo immer eine zusammenfassende, prägnante und kurze Aussage Fontanes selbst zu einem Ereignis vorhanden ist oder wo immer eine solche Aussage einen eigenen Eintrag rechtfertigt, ist daher Fontanes eigene Formulierung der bloßen Wiedergabe von Fakten durch den Chronisten vorgezogen worden. So ergibt sich zum gut Teil eine selbsterzählte Lebensgeschichte des Schriftstellers Theodor Fontane.

Zwar ist eine große Zahl von Daten aufgenommen worden, aber es handelt sich trotzdem zwangsläufig um eine Auswahl, die Schwerpunkte setzen muß. Fontanes Werke und der Prozeß ihrer Entstehung sind weitestgehend aufgelistet, aber eine vollständige Aufnahme war weder möglich noch wünschenswert, da Fontanes so weit gestreutes und so schwer überschaubares Œuvre auch viel Kurzes, Zeitbezogenes, heute Irrelevantes (etwa kurze Buchrezensionen oder Ausstellungsberichte) enthält. Der größte Teil und jedenfalls alles Wichtige, so kann ich zuversichtlich behaupten, ist in der Fontane-Chronik enthalten. Vollständig habe ich alle Theateraufführungen, deren Besuch registriert ist, und alle von Fontane geschriebenen Theaterkritiken einbezogen, weil sie einmal Fontanes große Arbeitsbelastung durch seine sich über zwei Jahrzehnte erstreckende Tätigkeit als Kritiker der »Vossischen Zeitung« für das Königliche Berliner Schauspiel und zum anderen das Repertoire einer großen deutschen Bühne von 1870 bis 1889 lückenlos belegen.

Ungeachtet der Tatsache, daß einige weniger wichtige Publikationen Fontanes in der Chronik fehlen, entsteht auch so der Eindruck eines unglaublich arbeitsamen publizistischen Lebens. Ein nie abreißender Strom von Texten aller Art – vom Gedicht bis zum Roman, von der Glosse bis zum Sachbuch, vom Feuilleton bis zum Reisebericht, von der Theaterkritik bis zum Kriegsbuch, von der politischen Korrespondenz bis zur Selbstdarstellung, vom Ausstellungsbericht bis zum wissenschaftlichen Beitrag – entsprang Fontanes Feder; das Bemühen um die Unterbringung dieser Fülle von publizistischem Material in Zeitungen und Zeitschriften – teils als Vorabdruck und teils als einziger Publikation – und auch die Verlagssuche für seine Veröffentlichung in Buchform füllt einen erheblichen Teil von Fontanes Berufsleben und dementsprechend seiner Korrespondenz. Fontane hat nie das Glück gehabt, von einem Verleger verständnisvoll und ausdauernd betreut zu werden; unter anderem deshalb ist sein Œuvre so weit gestreut.

Ich habe nicht versucht, die unterschiedlich zahlreichen Einträge in den verschiedenen Jahren künstlich in ein Gleichmaß zu bringen. Es gibt eben in manchen Jahren von Fontanes Leben mehr zu registrieren als in anderen. Zu den letzteren zählen vor allem die früheren Zeiten, über die wir viel weniger wissen. Bei diesen »Durststrecken« war ich manchmal versucht, zu schreiben »nihil historiae factum est« (Geschichte fand nicht statt), wie man es öfter in mittelalterlichen Annalen findet, wenn etwa einem Mönch in einem bestimmten Jahr nichts Berichtenswertes über das Leben seines Klosters einfiel.

Die vorliegende Fontane-Chronik erhebt nicht den Anspruch einer eigenen Forschungsleistung; sie orientiert sich an bereits publiziertem Material. Unveröffentlichtes konnte ich nicht konsultieren, und daher hänge ich zum gut Teil von der Zuverlässigkeit der herangezogenen Literatur ab. Wo ich in ihr offensichtliche Fehler entdeckt habe, habe ich sie korrigiert. Fontanes Leben wird mindestens seit seinem Tod so intensiv erforscht, daß heute eine außerordentlich große Zahl von Veröffentlichungen verfügbar ist, die alle möglichen allgemeinen und besonderen Aspekte seiner Familie, seiner Entwicklung, der Entstehung seiner Werke, seiner Beziehungen zu literarischen und anderen Zeitgenossen usw. erhellt. Dabei ist zunächst an das primäre Quellenmaterial zu denken, darunter an erster Stelle Fontanes autobiographische Schriften, seine fast 6000 erhaltenen Briefe, zu denen die so aufschlußreichen Sammlungen von Briefen an einzelne vertraute Partner (etwa Mathilde von Rohr und Georg Friedlaender) ebenso gehören wie die Briefwechsel (etwa mit Paul Heyse, Theodor Storm und vor allen Dingen mit seiner Frau und seiner Tochter) und seit 1994 auch die nun glücklicherweise vollständig und mustergültig herausgegebenen Tagebücher.

Unter den Wissenschaftlern, die sich um die Erforschung von Fontanes Leben besonders verdient gemacht haben, müssen wohl an erster Stelle Hermann Fricke, Charlotte Jolles, Helmuth Nürnberger und Gotthard Erler genannt werden. Die letzten drei sind als Editoren in zentraler Funktion auch an den drei großen Fontaneschen Werkausgaben und ihren umfangreichen und höchst nützlichen Kommentaren beteiligt: Jolles an der »Nymphenburger Ausgabe«, Nürnberger an der »Hanser Ausgabe« und Erler erst an der »Aufbau-Ausgabe« und dann an der auf ihr basierenden »Großen Brandenburger Ausgabe«. Auf die Veröffentlichungen und Anmerkungen dieser und vieler anderer Forscher konnte ich dankbar zurückgreifen.

Von gelegentlichen Anfällen eines schlechten Gewissens war ich bei der Kleinarbeit an der Fontane-Chronik wegen ihres weitgehend empirischen Charakters nicht frei. Ich fühlte mich manchmal an die akribische Erforschung von Goethes und Schillers Leben im 19. Jahrhundert erinnert, als jedes Detail über die »Dichterfürsten« erwähnenswert schien. Als Inbegriff der Obsession solcher positivistischen Forschung mit dem Greifbaren und ihres gelegentlichen Abgleitens ins Absurde habe ich immer den auf Schiller bezogenen Satz empfunden: »Über die Form seiner Füße wissen wir gar nichts.«[2] Wir sind in der glücklichen Lage, auch über die Form von Fontanes Füßen gar nichts zu wissen (oder?), und wollen es getrost dabei belassen. Aber es geht ja nicht oder doch nur zum geringen Teil um Banales oder gar Abstruses; es geht vielmehr um die Darstellung der wesentlichen Fakten, die Fontanes Existenz und Entwicklung als Schriftsteller konstituieren. Das anhaltende und intensive Interesse an Fontane – zumal in seinem 100. Todesjahr – rechtfertigt sicher das Erstellen einer solchen Fontane-Chronik. Es ist mein Wunsch, daß sie sich als nützliches In-

---

2 Karl Bauer, »Schillers äußere Erscheinung«, in: *Marbacher Schillerbuch* 3 (1909) S. 244.

strument der Forschung und als anregende Informationsquelle für die Fontane-Freunde erweisen möge. (Ohnehin,
so hoffe ich, bringen mich meine zahlreichen, ganz anders
orientierten Publikationen über Fontanes Werk nicht in den
Verdacht, einem blinden Positivismus anzuhängen.)

Und last but not least: Es scheint mir undenkbar, daß mir
bei der beängstigenden Fülle von Daten nicht Fehler, Un-
achtsamkeiten, Versehen und Ungenauigkeiten unterlaufen
sind. Wachsame Leser werden freundlich gebeten, mich auf
meine Versäumnisse aufmerksam zu machen, damit diese
bei einer Neuauflage berichtigt werden können. Dies gilt
auch für neue Erkenntnisse und vor allem für anscheinend
nur ungenau überlieferte Daten. Ich habe mich zwar um
Präzision bemüht und Termine möglichst einzukreisen versucht, also etwa wo immer möglich nicht einfach »Herbst«,
sondern »Oktober (?)« oder nicht einfach »Ende August«,
sondern »28. (?) August« geschrieben, aber vielleicht gelingt
es kundigen Lesern, ein paar solcher Daten noch genauer zu
bestimmen. Auch einige Publikationsdaten sind offenbar
noch nicht ermittelt. Während etwa die Vorabdrucke der
Beiträge aus den WANDERUNGEN DURCH DIE MARK BRAN-
DENBURG und anderen Publikationen Fontanes vollständig
erfaßt sind, ist dies bei den Kriegsbüchern nicht der Fall.
Hier scheint noch eine philologische Aufgabe zu warten.

Melbourne (Australien), November 1997   *Ch. G.*

Hinweise zur Benutzung

Alle Daten, die sich auf Fontane beziehen, sind **halbfett** gesetzt. Bei allen Daten versteht sich innerhalb des »laufenden« Jahres die Jahreszahl von selbst und wird deshalb nicht hinzugefügt.

Bei mehrfach auftauchenden Namen wird nur beim ersten Mal der Vorname angegeben. Um den familiären Charakter zu wahren, werden bei Fontanes Familie nur die Vornamen verwendet: Emilie = Fontanes Frau; Mete = Martha, Fontanes einzige Tochter; George = Fontanes ältester Sohn; Theo = Theodor Fontane jun., sein zweiter Sohn; Friedel = Friedrich, Fontanes jüngster Sohn.

Alle Titel Fontanescher Werke sind in KAPITÄLCHEN gesetzt.

Beim Erscheinungstermin von Fontanes Buchpublikationen sind jeweils die mir greifbaren Rezensionen hinzugefügt worden. Nicht in allen Fällen sind die Erscheinungsdaten dabei präzise. Auch hier wäre ich Lesern der Fontane-Chronik für weitere Hinweise dankbar.

Bei den Theaterkritiken ist nur dann das Publikationsorgan hinzugefügt, wenn es sich nicht um die »Vossische Zeitung« handelt.

Fontanes eigene Äußerungen sind *kursiv* gesetzt; Hervorhebungen innerhalb der Zitate sind g e s p e r r t. Ihre Herkunft ist jeweils belegt. Bis auf einige frühe Dokumente ist die Schreibung der Zitate modernisiert.

Fontanes Tagebücher werden nach der einzigen textgetreuen und vollständigen Ausgabe in der Großen Brandenburger Ausgabe des Aufbau-Verlags zitiert, die Briefe nach der vierbändigen Ausgabe des Hanser Verlags, der vierbändigen Ausgabe des Propyläen-Verlags und der zweibändigen Ausgabe des Aufbau-Verlags. Wenn sie dort nicht abgedruckt sind, ist auf die Ausgaben der Einzelkorrespondenzen zurückgegangen worden.

Fontanes Werke werden, soweit dort abgedruckt, nach der Hanser-Ausgabe zitiert. Sonst ist auf die Nymphenburger und die Aufbau-Ausgabe zurückgegriffen worden.

Das Dokumentarmaterial entstammt einer Fülle von Publikationen.

Chronik

1819

30. Dezember. Laut Taufregister »zwischen 4 und 5 Uhr abends« Geburt Heinrich Theodor Fontanes, des ältesten Kindes seiner Eltern, in Neuruppin in der Löwenapotheke, die sein Vater am 1. April erworben hat. – Eltern: Louis Henri Fontane, * 26. März 1797, gelernter Apotheker, und Emilie Labry, * 27. September 1798, Tochter eines Berliner Seidengroßhändlers; Heirat: 24. März 1819. Beide entstammen väterlicherseits französischen Hugenottenfamilien, die aber seit Ende des 17. Jahrhunderts in Preußen leben; sie sind calvinistische Protestanten: *Mein Vater war ein großer stattlicher Gascogner voll Bonhomie, dabei Phantast und Humorist, Plauderer und Geschichtenerzähler, und als solcher, wenn ihm am wohlsten war, kleinen Gasconnaden nicht abhold; meine Mutter andrerseits war ein Kind der südlichen Cevennen, eine schlanke, zierliche Frau von schwarzem Haar, mit Augen wie Kohlen, energisch, selbstsuchtslos und ganz Charakter, aber […] von so großer Leidenschaftlichkeit, daß mein Vater halb ernst-, halb scherzhaft von ihr zu sagen liebte: »Wäre sie im Lande geblieben, so tobten die Cevennenkriege noch«* (MEINE KINDERJAHRE).

Fontane hat vier überlebende Geschwister (Rudolph, Jenny, Max, Elise), denen er in seinen autobiographischen Werken MEINE KINDERJAHRE und VON ZWANZIG BIS DREISSIG fast keine Aufmerksamkeit schenkt.

Unmittelbare Generationsgenossen Fontanes: Georg Büchner, Friedrich Hebbel, Søren Kierkegaard, Karl Marx, Giuseppe Verdi, Richard Wagner (* 1813); Michail Bakunin, Jean-François Millet (* 1814); Johann Jakob Bachofen, Otto von Bismarck, Adolph von Menzel, Anthony Trollope (* 1815); Gustav Freytag, Werner von

Siemens (* 1816); Theodor Mommsen, Theodor Storm (* 1817); Jakob Burckhardt, Robert von Ihering, Iwan Turgenjew (* 1818); Gustave Courbet, Gottfried Keller, Herman Melville, Jacques Offenbach, Königin Viktoria von Großbritannien (* 1819); Friedrich Engels, Jenny Lind (* 1820); Fjodor Dostojewski, Gustave Flaubert, Ferdinand Gregorovius, Hermann von Helmholtz, Rudolf Virchow (* 1821); Gregor Mendel, Heinrich Schliemann (* 1822); Anton Bruckner, Bedřich Smetana (* 1824); Eugenie John-Marlitt, Conrad Ferdinand Meyer, Ferdinand Lassalle (* 1825).

1820

27. Januar. Taufe Fontanes.

1821

1. Oktober. Geburt des Bruders Carl Johann Rudolph († 1845).

1823

18. April. Geburt der Schwester Jenny Eveline († 1904).

1826

8. Juli. Louis Henri verkauft schuldenhalber die Löwenapotheke. *Er begann mit Pferd und Wagen, ging aber bald zur Spielpassion über und verspielte während der sieben Jahre von 1819 bis 26 ein kleines Vermögen.* Die Familie lebt bis **Ende Juni 1827** in der Friedrich-Wilhelm-Straße 307, *in einer in der Nähe des Rheinsberger*

Löwenapotheke in Neuruppin
Fontanes Geburtshaus

Tores gelegenen Mietswohnung. Fontane besucht *die Klippschule* (MEINE KINDERJAHRE). Bis in diese Zeit begleitet er seinen Vater öfter auf Reisen nach Berlin zum Großvater väterlicherseits, der am 5. Oktober 1826 stirbt.

20. Dezember. Geburt des Bruders Gustav Friedrich Maximilian († 1860).

1827

1. Juli. Bezug der erworbenen Adlerapotheke in Swinemünde auf der Insel Usedom, das im »Kessin« von EFFI BRIEST viele Züge hinterläßt. Hier hat Fontane *5 Jahre lang gelebt, gelernt, gespielt, gelacht, geweint* (an Emilie, 24. August 1863). Auch hier kommt der Vater durch seine Spielleidenschaft aus der *Bredouille* (VON ZWANZIG BIS DREISSIG) nicht heraus. Dem späten Fontane (vgl. MEINE KINDERJAHRE) verklären sich die Swinemünder Jahre: *wie spießbürgerlich war mein heimatliches Ruppin, wie poetisch das aus bankrutten Kaufleuten bestehende Swinemünde, wo ich von meinem 7. bis zu meinem 12. Jahre lebte und nichts lernte.* [...] *das Leben auf Strom und See, der Sturm und die Überschwemmungen, englische Matrosen und russische Dampfschiffe, die den Kaiser Nikolaus brachten, – das war besser als die unregelmäßigen Verba, das einzig Unregelmäßige, was es in Ruppin gab. Ja, Swinemünde war herrlich* (an Georg Friedlaender, 22. Oktober 1890).

Juli – September. Besuch der Volksschule.

Ab Oktober. Privatunterricht bei den Eltern. Die anekdotische Lehrmethode des Vaters hinterläßt tiefe Spuren.

1828

Ab Ostern. Privatunterricht zusammen mit anderen Kindern der besseren Gesellschaft im Haus von Kommerzienrat Krause, erst bei Dr. Lau und dann bei Dr. Philippi.

19. Dezember. Hinrichtung durch Rädern des Swinemünder Mörderpaares Mohr: *Nur einzelnes* [...] *prägte sich mir mit ähnlicher Lebendigkeit ein* (MEINE KINDERJAHRE).

1830

1830. Erstes erhaltenes Dokument Fontanes: ein Schulheft mit Aufzeichnungen zur deutschen Geschichte (Faksimiledruck 1995).

Spätherbst. Dichtung und Aufführung eines Lustspiels zum Abschied von Dr. Lau: *Es war ungebührlich lang, und kein Mensch hörte recht zu, was mich traurig machte* (MEINE KINDERJAHRE).

1831

30. Dezember. Buchgeschenke zum 12. Geburtstag: I. J. G. Schellers »Lateinisches Handlexikon«, A. Stielers »Schulatlas«, K. T. Beckers zehnbändige »Weltgeschichte für Kinder und Kinderlehrer« (1801–1805).

Während der Swinemünder Jahre erste Begegnung mit Gedichten der Klassiker und – wegen der Vorliebe des Vaters für diesen Autor – Walter Scotts Romanen, einer lebenslangen literarischen Liebe Fontanes: *Ja, Walter Scott* [...] *ist ein Segen wie Wald- und Bergluft. Die Menschen schreiben schließlich doch so, wie sie sind. Er war ein entzückendes Menschen-Exemplar, ein echter wirklicher Gentleman* (an Emilie, 18. Juni 1884).

Erste Reimversuche und Beginn des historischen Interesses: *Von Kindesbeinen an hab' ich eine ausgeprägte Vorliebe für die Historie gehabt. Ich darf sagen, daß diese Neigung mich geradezu beherrschte und meinen Gedan-*

*ken wie meinen Arbeiten eine einseitige Richtung gab.
Als ich in meinem zehnten Jahre gefragt wurde, was ich
werden wollte, antwortete ich ganz stramm: Professor der
Geschichte. [...] Um dieselbe Zeit war ich ein enthusiasti-
scher Zeitungsleser, focht mit Bourmont und Duperré in
Algier, machte vier Wochen später die Julirevolution mit
und weinte wie ein Kind, als es nach der Schlacht bei
Ostrolenka mit Polen vorbei war* (an Theodor Storm,
14. Februar 1854). Das Revolutionsjahr 1830, vor allem
der vergebliche polnische Freiheitskampf, weckt das politische Bewußtsein: *Kein anderer Krieg, unsere eigenen
nicht ausgeschlossen, hat von meiner Phantasie je wieder
so Besitz genommen wie diese Polenkämpfe. [...] Ein Jahr
lang dauerte der polnische Insurrektionskrieg, während
welcher Zeit ich mich zu einem kleinen Politiker herange-
lesen hatte* (Meine Kinderjahre). Von nun an tritt die
Zeitung an die Stelle der in Neuruppin produzierten
»Gustav Kühnschen Bilderbogen«.
Nach dem späten Bericht in Meine Kinderjahre entwickelt sich in Swinemünde Fontanes ausgesprochene
Neigung zum Versteckspielen – in der Hoffnung, nicht
entdeckt zu werden –, ein psychisches Phänomen, das
mehrfach für das Verständnis seiner Romane fruchtbar
gemacht worden ist.

1832

Ostern. Einschulung in die Quarta des Neuruppiner Gym-
nasiums mit dem strengen Rektor Thormeyer: *ein mindestens sechs Fuß hoher alter Herr [...], gedunsen und rot
bis in die Stirn hinauf, die Augen blau unterlaufen, das
Bild eines Apoplektikus* (Meine Kinderjahre; vgl. die
gleichnamige Gestalt in Der Stechlin). Wohnung beim
dortigen Superintendenten. *Was ich dahin mitbrachte,
war etwa das Folgende: Lesen, Schreiben, Rechnen; bibli-*

sche Geschichte, römische und deutsche Kaiser; Ent-
deckung von Amerika, Cortez, Pizarro; Napoleon und
seine Marschälle; die Schlacht bei Navarino, Bombarde-
ment von Algier, Grochow und Ostrolenka; Pfeffels Ta-
bakspfeife, »Nachts um die zwölfte Stunde«, Holteis
Mantellied und beinah sämtliche Schillersche Balladen
(MEINE KINDERJAHRE).

1833

26. Juni. Erster erhaltener Brief Fontanes, an die Mutter,
die ihm im Gegensatz zum jovialen Vater als strenge und
harte Erzieherin erscheint.

1. Oktober. Umzug nach Berlin, wo Fontane den größten
Teil seines Lebens, gut 65 Jahre, verbringen und an 17
verschiedenen Adressen wohnen wird. Besuch der Berliner Gewerbeschule von C. F. von Klöden, deren Schwer-
punkt (seit 1832 mit Abitur) Naturwissenschaften, praktische Tätigkeiten und moderne Sprachen sind. Fontane
schwänzt viel Unterricht. Wohnung zunächst in der Schü-
ler-Pension Wallstraße 73.

Oktober. Theater: Schiller, »Turandot«, *eins der ersten*
Stücke, die ich [...], *als ich 1833 nach Berlin kam, im Kö-*
nigstädtschen Theater sah (an Paul Schlenther, 18. Dezember 1889).

1834

Januar. Umzug in die Burgstraße 18 zu dem leichtsinni-
gen, lebenslustigen Onkel August Fontane (1801–1870,
Halbbruder des Vaters) und seiner Frau Philippine
(1810–1883, »Tante Pinchen«, *eine junge Frau von wenig*
über dreißig, die während ihrer frühesten Jahre – und ihre
Jahre hatten sehr früh begonnen – ungewöhnlich hübsch
gewesen sein sollte, VON ZWANZIG BIS DREISSIG).

Fontane lernt Georgine Emilie Caroline Rouanet
(*14. November 1824) kennen, seine spätere Ehefrau.
Die im Nachbarhaus wohnende, außereheliche Tochter
des Militärarztes Georg Bosse und der Witwe Thérèse
Rouanet, die mütterlicherseits zum größeren Teil französischer Abstammung ist – ihr Großvater Rouanet (1747–
1837) kommt in den späteren 1760er Jahren aus Frankreich über die Schweiz nach Preußen und wird nach
jahrelangem Militärdienst Stadtkämmerer in Beeskow –,
wird 1827 von Rat Karl Wilhelm Kummer adoptiert und
wächst als *damals ziemlich verwilderte[s] Kind* (VON
ZWANZIG BIS DREISSIG) ohne viel familiäre Geborgenheit
auf.

Sommer. Für einen Schulaufsatz Ausflug zum Schlachtfeld
von Großbeeren, den Fontane 1894 in MEIN ERSTLING:
»DAS SCHLACHTFELD VON GROSSBEEREN« als *meine erste
Wanderung durch die Mark Brandenburg* bezeichnet.
*In meinem fünfzehnten Jahre schrieb ich mein erstes Ge-
dicht, angeregt durch Chamissos »Salas y Gomez«. Natürlich waren es auch Terzinen. Gegenstand: die Schlacht
von Hochkirch* (an Storm, 14. Februar 1854).
Erste »Pennälerliebe« zu Minna Krause: *Das Haus, das
Du in Heringsdorf bewohnst, kenn' ich ganz genau; in
dem großen Vorderzimmer hab' ich als 15jähriger Faul-
pelz oft bewundernd gestanden, wenn Eduard Devrient
und seine Wirtin, die dazumal bildschöne Kommerzien-
Rätin Krause am Klavier spielten, sangen und deklamier-
ten. Draußen aber, nach dem Walde zu, war es noch schö-
ner; – da lief ich stundenlang dem schönen Backfisch der
schönen Frau nach, und hatte Herzschmerzen, wenn ich
die Gemütsruhe der jungen Dreizehnjährigen sah, die
saure Kirschen und aus der Speisekammer gestohlne
Backpflaumen aß, während ganz andres Verlangen mir
die Kehle zuschnürte* (an Bernhard von Lepel, 21. August
1851, vgl. auch den Brief an Mete, 28. August 1889).

1835

Ostern. Umzug mit Onkel August in einen Neubau in der Großen Hamburger Straße 30/30a.

1836

Ostern. Schulabgang mit dem »Einjährigen«. Um diese Zeit Lektüre: James Fenimore Cooper, »Der Spion«.

1. April. Beginn der Lehre in der Apotheke »Zum Weißen Schwan«, *Spandauer Straße [77], nahe der Garnisonkirche* (VON ZWANZIG BIS DREISSIG), deren Besitzer Wilhelm Rose Fontane später als die Inkarnation des Bourgeois beschreibt (ebd.). Vor dem Lehrbeginn, am **28. März**, auf Wunsch Roses Prüfung durch den »Königlichen Stadtphysikus« Dr. Natorp, der bezeugt, »daß der Fontane sehr gute Kenntnisse der Latinität und anderer Schuldisziplinen besitze auch eine sehr gute Handschrift schreibe, daß sonach seiner Annahme als Lehrling der Apothekerkunst gesetzlich nichts entgegen stehe«. Fontane empfindet in den nächsten gut zehn Jahren schmerzlich den unüberbrückbaren Gegensatz zwischen der banalen Apothekerarbeit und der poetischen Berufung.

20. Mai. Fontanes Konfirmation durch Pastor Fournier in der französisch-reformierten Kirche in der Klosterstraße, allein, da er am allgemeinen Einsegnungstag krank ist. Auch Emilie ist in Begleitung seiner Eltern anwesend.

1837

Fontanes Vater erwirbt nach dem Verkauf der Swinemünder Apotheke die Adlerapotheke in Mühlberg an der Elbe.

1838

23. April. Geburt der Schwester Elise († 1923).

26. August. Fontanes Vater erwirbt nach dem Verkauf der Mühlberger Apotheke die Apotheke in Letschin (Oderbruch), ein weiterer finanzieller Schritt bergab.

Während dieser frühen Berliner Jahre: erste Theatererlebnisse, erste Balladen und lyrische Gedichte. – Eifriger Leser und Zeitungsleser, vor allem bei regelmäßigen Konditoreibesuchen. – Erste intensivere Begegnung mit klassischer Musik: Oratorienaufführungen in der Garnisonkirche, bei denen Fontane einschläft: *So ist es mir, bei großen Musikaufführungen, mein Lebelang ergangen* (Von Zwanzig bis Dreissig).

1839

23. September. Emilies Konfirmation.

14.–21. Dezember. Veröffentlichung der Erzählung Geschwisterliebe in sechs Folgen in Fontanes *Leib- und Magenblatt* (Von Zwanzig bis Dreissig), dem provinziellen »Berliner Figaro« – Fontanes literarisches Debüt, mit vielen Lyrikeinlagen, unter dem Namen »Fontan«.

19. Dezember. Erfolgreiche Prüfung zum Apothekergehilfen, auf Empfehlung des Lehrherrn ein Vierteljahr vor der regulären Zeit, wieder vor Stadtphysikus Dr. Natorp.

1840

Januar. Eintritt in den Platen-Klub. Mitglieder u. a. der Maler Flans und Egbert Hanisch. *Die meisten waren Studenten, unter denen wieder die Theologen überwogen* (Von Zwanzig bis Dreissig).

9. Januar. Prüfungszeugnis: »sehr gute Kenntnisse der

Chemie Pharmacie Botanik und Latinität«. Fontane arbeitet und wohnt bis Herbst weiter in der Schwanen-Apotheke.

27. Januar. Erste Gedichtveröffentlichung, Der KRANKE BAUM und WIE KANN'S AUCH ANDERS SEIN! im »Berliner Figaro«; bis **11. März** folgen weitere zehn, als letzte:

9.–11. März. Fontanes erste Balladenpublikation, im »Berliner Figaro«: *Und das Jahr nach dem Epos HEINRICH IV. schrieb ich meine erste Ballade, die ich vielleicht ohne Erröten jetzt als mein Machwerk ausgeben könnte. Die Ballade hieß VERGELTUNG, behandelte in drei Abteilungen die Schuld, den Triumph und das Ende des Pizarro und wurde unter Gratulationen von dem betreffenden Redakteur in einem hiesigen Blatte gedruckt* (an Storm, 14. Februar 1854).

24. Mai. Fontanes Gedicht ICH HABE OFT … als erster Eintrag in Emilies Poesiealbum *zur Erinnerung an einen wahrheitsliebenden deutschen Jüngling.*

7. Juni. Der Tod König Friedrich Wilhelms III. versetzt Fontane wie viele andere in politische Aufbruchstimmung: *Ich zählte, so jung und unerfahren ich war, doch ganz zu denen, die das Anbrechen einer neuen Zeit begrüßten, und fühlte mich unendlich beglückt, an dem erwachenden politischen Leben teilnehmen zu können* (VON ZWANZIG BIS DREISSIG).

Sommer. Eintritt in die Lenau-Gesellschaft. Mitglieder u. a. Julius Faucher, Hermann Maron, Fritz Esselbach. Faucher macht Fontane mit Lenaus Lyrik bekannt: *Das damals erstandene Exemplar hat mich durchs Leben hin begleitet, und ich lese noch darin* (VON ZWANZIG BIS DREISSIG). – *Bevor der Herbst da war, hatte ich* [...] *zwei größere Arbeiten vollendet: eine [epische] Dichtung, die sich HEINRICHS IV. ERSTE LIEBE nannte, und einen Roman unter dem schon das Sensationelle streifenden Titel: DU HAST RECHT GETAN. Der Stoff zu der erstgenannten epischen Dichtung war einer Zschokkeschen Novelle, der*

Roman einem Ereignis entnommen, *das sich eben damals
in einem abgelegenen Teile von Mark Brandenburg zuge-
tragen hatte* (ebd.). Beides hat nicht überlebt, obwohl der
Roman nach dem späten Fontane *irgendwo gedruckt
worden* (ebd.) ist. Auch die Chronologie, wie der späte
Fontane sich an sie erinnert, kann nicht stimmen, da er
diese Texte auf den Sommer 1840 verlegt, aber glaubt, die
im März im »Berliner Figaro« veröffentlichte Ballade
(vgl.: 9.–11. März) ein Jahr später geschrieben zu haben.

Juli. Fontane richtet für seine Freunde – darunter schon
Bernhard von Lepel? (vgl.: September 1845) – *ein Fest,
ein reines Bacchanal* aus: *Waldmeisterbowlen wurden in
immer neuer Zahl und Menge gebraut, den ganzen Tisch
entlang standen Vergißmeinnichtkränze in Schüsseln, Toaste drängten sich an Toaste, und so sangen wir bis in die
Nacht hinein. Mir ist nachträglich immer das hohe Maß
von Freiheit erstaunlich, das sich die Jugend unter allen
Umständen zu verschaffen weiß* (Von Zwanzig bis
Dreissig).

Herbst. Lektüre: Gedichte von Nikolaus Lenau und Anastasius Grün.

21. September. Als Geburtstagsgeschenk für die Mutter die
erste Zusammenstellung der Gedichte von 1837–1840
(»Erstes grünes Buch«, mit einem Anhang in der Handschrift der Mutter von weiteren Gedichten von 1840/41;
die Handschrift ist seit 1945 verschollen).

30. September. Ausscheiden aus der Schwanen-Apotheke.
In der letzten Zeit dort Lektüre: *Beinah alles, was ich
vom »Jungen Deutschland« weiß, weiß ich aus der Zeit
her, und Mundt, Kühne, Laube, Wienbarg – Gutzkows
ganz zu geschweigen – waren damals Haushaltsworte für
mich* (Von Zwanzig bis Dreissig).

1. Oktober. Arbeitsantritt in Dr. Kannenbergs Apotheke in
Burg bei Magdeburg. In der *grausame[n] Langeweile*
(Von Zwanzig bis Dreissig) dort entsteht das satirische
Epos Burg (Erstveröffentlichung 1929), das sich, *in star-*

ker Anlehnung an die »Spaziergänge eines Wiener Poeten« (VON ZWANZIG BIS DREISSIG) von Anastasius Grün, über die Kleinstadtbürger lustig macht.

30. Dezember. Rückkehr nach Berlin.

1841

3. Januar. Beginn einer Typhuserkrankung. Fontane liegt sieben Wochen bei dem Freund Fritz Esselbach in Berlin (Alte Jakobstraße) krank, dann bei den Eltern in Letschin.

1. April – 30. März 1842. Arbeit in Dr. Neuberts Apotheke »Zum Weißen Hirsch« in Leipzig, wo Fontane sich in revolutionären Kreisen bewegt. Wohnung: ein kümmerliches Zimmer im Hause mit Kollegen.

Sommer. Eintritt in den politisch radikalen Herwegh-Klub, u. a. mit dem Verleger Robert Binder, Wilhelm Wolfsohn, Max Müller: *Burschenschaftler sowie Schriftsteller siebenten Ranges wurden mein Umgang* (an Gustav Schwab, 18. April 1860). An Fontanes intensiver Teilnahme an der vormärzlich-revolutionären Stimmung und dem politischen Radikalismus dieses Kreises und dieser Jahre besteht kein Zweifel, obwohl er sie später als Zeit der *Freiheitsphrasendichtung* (VON ZWANZIG BIS DREISSIG) herunterspielt: *Es kam die Herweghzeit. Ich machte den Schwindel gründlich mit, und das Historische schlug ins Politische um* (an Storm, 14. Februar 1854). Beginn der Freundschaft mit Wilhelm Wolfsohn (1820–1865), bei dem Fontane kurzfristig versucht, Russisch zu lernen: *Doch schon in der zweiten Unterrichtsstunde war seine Geduld erschöpft, und er sagte mir:* »*Gib's nur wieder auf, du lernst es doch nicht.*« *So ist es mir mit einem halben Dutzend Sprachen ergangen: Italienisch, Dänisch, Flämisch, Wendisch – immer wenn ich mir ein Lexikon und eine Grammatik gekauft hatte, war es wieder vorbei*

(VON ZWANZIG BIS DREISSIG). Der aus Odessa stammende, deutsch- und russischsprachige, als Vermittler
zwischen beiden Literaturen dienende, publizistisch damals schon erfolgreiche und früh verstorbene Jude Wolfsohn, der Fontanes Literatenkarriere zu fördern bemüht
ist, wird in Leipzig Fontanes engster Freund. Neben dem
Briefwechsel mit Lepel gibt die zum gut Teil erhaltene
Korrespondenz zwischen Wolfsohn und Fontane den unmittelbarsten Aufschluß über Fontane in den vierziger
und fünfziger Jahren.

Max Müller gibt in seinen späten Lebenserinnerungen
»Auld Lang Syne« (1898) einen Eindruck Fontanes während der Leipziger Zeit: »Whilst at Leipzig [...]. I even
belonged to a poetical society, and I remember at least
two of us who in later times became very popular writers
in Germany. One was a Jew by the name of Wolfsohn
[...]. Another, Theodor Fontane, is alive, and one of the
best known und best loved novel-writers of the day. He
was a charming character, a man of great gifts, full of high
spirits and inexhaustible good humour. He began life in
a chemist's shop, and had a very hard struggle in his
youth, which may have prevented his growing to his full
height and strength. He might have been another Heine,
but the many years of hard work and hopeless drudgery
kept him from soaring as high as his young wings would
have carried him. I remember but little of his poetry now,
there remains but the sense of pleasure which I derived
from it at the time. [...] All young poets in Germany were
then liberal and more than liberal, all dreamt and sang of
a united Germany.«

21. September. Veröffentlichung des ersten Gedichts,
MÖNCH UND RITTER, in der erst seit 1. Juli erscheinenden,
politisch oppositionellen Zeitschrift »Die Eisenbahn. Ein
Unterhaltungsblatt für die gebildete Welt«, Leipzig; bis
Dezember 1843 folgen 27 weitere, darunter die Übersetzungen des englischen Arbeiterdichters John Prince.

Oktober. Ausflüge auf das Leipziger Schlachtfeld von Oktober 1813 (vgl. die Gedichte IN DER MARKKLEEBERGER SCHENKE); nach dem frühen Ausflug auf das Schlachtfeld von Großbeeren (vgl.: Sommer 1834) der Beginn von Fontanes lebenslanger Begeisterung für Schlachtfelder: *Historischen Grund und Boden zu betreten, hatte zu jeder Zeit einen besonderen Zauber für mich, und Schlachtfelder werd' ich denn auch wohl in Westeuropa nicht viel weniger als hundert gesehen haben* (VON ZWANZIG BIS DREISSIG).

10. November. Das Beachtung findende satirische Gedicht SHAKESPEARES STRUMPF erscheint im »Leipziger Tageblatt« anläßlich des Erwerbs einer Weste Schillers durch den Leipziger Schiller-Verein.

1842

20. Februar. Ausbruch von Gelenkrheumatismus als Spätfolge der Typhuserkrankung.

Frühjahr. Angebot, als Redakteur »Die Eisenbahn« zu übernehmen, was Fontane wohl wegen der geringen Bezahlung und um sich politisch nicht zu sehr zu binden, ablehnt.

30. März. Ausscheiden aus der Hirsch-Apotheke.

Ostern. Reise mit Onkel August und Tante Pinchen in Begleitung Wolfsohns in die Sächsische Schweiz, dann Pflege im Leipziger Haushalt des Onkels und schließlich auf das empfehlende Attest von Prof. Dr. Albert Braune, »um seine sehr geschwächte Gesundheit zu verbessern«, Aufenthalt bei den Eltern, wohl bis **Ende Juni.**

Mai. Sammlung von politischen Gedichten von 1841–1843, die Fontane unter dem Titel »Gedichte eines Berliner Taugenichts« an das Literarische Comptoir in der Schweiz schickt. Er erhält sie im Juli ungelesen zurück.

Juni. Nach Fontanes Feuilleton CAFÉS VON HEUTE UND KONDITOREIEN VON EHMALS (vgl.: 16. Januar 1886) nächtlicher Besuch der Konditorei Fiocati am Mühlendamm mit Lepel – vorausgesetzt, der Veröffentlichung liegt ein tatsächliches Ereignis zugrunde. Textinterne Hinweise legen ohnehin das Jahr 1846 nahe.

25. Juni – 3. Dezember. Sieben anonyme, satirisch getönte politische und kulturelle Korrespondenzen in der »Eisenbahn«, die erste (Juni) aus Letschin, die übrigen (ab September) aus Dresden.

1. Juli – Ostern 1843. Beschäftigung in G. A. Struwes Salomonis-Apotheke in Dresden: *Ich verbrachte da ein glückliches Jahr, wenn auch nicht ganz so vergnüglich wie das in Leipzig* (VON ZWANZIG BIS DREISSIG). Vermutlich während dieser Dresdner Zeit Vater eines Kindes (vgl. Brief an Lepel, 1. März 1849). Es entstehen wahrscheinlich die Übersetzung von William Shakespeares »Hamlet« (Erstveröffentlichung 1966) und das John-Prince-Manuskript (Erstveröffentlichung 1961).

Zwischen 5. und 8. Juli. *Diese Leere, die mich so häufig beschleicht, und eben dann mich am ehsten erfüllt, wenn mir die Gegenwart äußere Glücksgüter mit vollen Händen in den Schoß wirft – sie wird nicht eher enden, als bis ich die Unbekannte, die Namenlose gefunden habe, die mich mit Sehnsucht erfüllt, nach der mein Herz in unglücklicher Liebe schmachtet, wenn man mich prosaisch schilt: »schlechter Laune« zu sein. – Werd ich jene Unbekannte, mein zweites Ich, werde ich sie finden? Ich werd es wähnen und – mich getäuscht sehen. So oft mich ein liebeverwandtes Gefühl beschlichen, ward es plötzlich öde und leer in meiner Seele; die Lippen, die eben noch von begeisterten Worten, vom Ausdruck tiefster Empfindung übergeströmt waren, unterdrückten mühsam ein Gähnen, und das Bewußtsein, daß alles eitel, wohl gar schal und abgeschmackt sei, gewann mehr und mehr Leben in mir* (an Wolfsohn).

29. Juli. Das einzige Gedicht in der Leipziger »Zeitung für die elegante Welt«: EINIGKEIT.

15. September. Das erste erhaltene Urteil eines außenstehenden Beobachters, des Kollegen Richard Kersting, in einem Brief an seine Mutter: Fontane »ist höchst liebenswürdig durch seine offene, stets gleichbleibende, sanfte Freundlichkeit, hat einigen Witz und einen großen Hang zur poetischen Schwärmerei«.

12. Oktober. Theater: Julius Mosen, »Bernhard von Weimar«; Kritik: **20. Oktober** in der »Eisenbahn«. Weitere Theateraufführungen im Oktober und November: Friedrich Schiller, »Die Räuber«, Shakespeare, »Hamlet«, Eduard von Bauernfeld, »Das Liebesprotokoll«, August von Kotzebue, »Der Verschwender wider Willen oder Kommissionsrat Frosch« und »Der grade Weg ist der beste«, Amalie von Sachsen, »Der Oheim«; ihre Kritik: **12. November** in der »Eisenbahn«.

1843

2. März. Kersting (vgl.: 15. September 1842) an seinen Bruder, der um diese Zeit das erste Porträt von Fontane zeichnet: »Fontane ist ein prächtiger Kerl, der mit seinem scharfen Verstand, hellen Geist und glühender Phantasie weit über mir steht, er liebt auch das Schöne und strebt nach dem Guten, aber sonst ein kurioser Kauz. Um Wissenschaft kümmert er sich gar nicht, Charakter habe ich noch nicht viel bemerkt, und daher sind seine Grundsätze schwankend, ohne inneren Halt. [...] Von Natur sehr sanft und gutmütig, kommen da bisweilen sehr jugendlich aussehende Widersprüche zum Vorschein, wie überhaupt sein geistiger Habitus viel Schönes, Edles, aber auch noch manches Unreife zeigt. Eitelkeit ist seine Hauptschwäche.«

Ostern. Ausscheiden aus der Salomonis-Apotheke. Rückkehr zunächst nach Leipzig, dann, vermutlich **Anfang Juli**, nach Berlin.

2. Mai. David Ottensooters Aquarell Fontanes.

Sommer. Lektüre: Alexander Puschkin, »Die Hauptmannstochter«.

23. Juli. In Berlin Einführung in den literarischen Verein »Der Tunnel über der Spree« (vgl.: 29. September 1844) durch Lepel. Am **30. Juli** Vorlesen der ersten vier Gedichte im »Tunnel«: AN EINE LINDE, IM AMSELGRUNDE, DER BLINDE KÖNIG, DER TRINKER (NACH NICOL).

1. August – 31. März 1844. Obwohl Fontanes Vater seinem Sohn 1844 bescheinigt, »vom 1ten April 1843 bis dahin 1844, die Defektar-Stelle in meiner hiesigen Apotheke [...] verwaltet« zu haben, kehrt Fontane offenbar erst am **1. August** ins väterliche Haus in Letschin zurück. Pläne, Pharmazie zu studieren (vgl.: 29. Februar 1844) und dazu das Abitur abzulegen; Vorbereitung dazu mit *Cicero und Tacitus, Mathematik und Algebra* (an Schwab, 18. April 1850), *Horaz und Livius* (VON ZWANZIG BIS DREISSIG).

13. Oktober. Erstes Gedicht in Cottas Stuttgarter »Morgenblatt für gebildete Leser«: EINES VATERS WEHKLAGE. AUS DEM ENGLISCHEN VON JOHN PRINCE; bis **Juni 1847** folgt eine Reihe weiterer, darunter die meisten aus MÄNNER UND HELDEN (vgl.: 22. April – 30. Juni 1847).

1844

29. Februar. *Schließlich die kurze Anzeige, daß ich mich wieder der Giftmischer-Zunft zugesellt habe und vom 1. April ab in Berlin Pharmazie studiere. Mit mir also war's nichts im Literatentum, der bloße Versuch hat mich bedeutend runtergebracht* (an Wolfsohn).

1. April. Dienstantritt als Einjährig-Freiwilliger beim Kaiser-Franz-Garde-Grenadierregiment in Berlin. Als Einjähriger braucht Fontane nicht in der Kaserne zu wohnen. Wohnung: Klosterstraße 64, 2 Treppen (bis **Herbst**).

Fontane
Kreidezeichnung von Hermann Karl Kersting, 1843

Frühjahr. Wiederbegegnung mit Emilie Rouanet: *Die Kleine, mittlerweile neunzehn Jahre alt geworden, war total verändert. Nicht bloß das Abruzzenhafte war hin, auch die mildere Form: das Südfranzösische hatte sich beinah ganz verflüchtigt, und die tiefliegenden dunklen Augen [...] sahen jetzt in dem hierlandes üblichen Halbgrau hell und lachend in die Welt hinein. Alles in allem, beweglich und ausgelassen, vergnügungsbedürftig und zugleich arbeitsam* (VON ZWANZIG BIS DREISSIG).

25. Mai – 10. Juni. Erster Englandaufenthalt mit der ersten touristischen Reisegruppe dieser Art von 97 Teilnehmern: nach Magdeburg mit der Bahn, dann Schiffsreise nach Hamburg und von dort nach London, Abstecher nach Brighton und Windsor. Die Reise geschieht auf Einladung des Freundes Hermann Scherz (1818–1888), *alten Ruppiner Angedenkens, mit dem ich meine frühesten Kinderjahre und dann später auch meine Gymnasialzeit [in Berlin] verlebt hatte* (VON ZWANZIG BIS DREISSIG). Scherz besitzt das Gut Kränzlin bei Neuruppin. Erste Befriedigung der Englandsehnsucht: *Seit Jahren blick' ich auf England wie die Juden in Ägypten auf Kanaan. [...] London hat einen unvertilgbaren Eindruck auf mich gemacht* (TAGEBUCH DER ERSTEN ENGLISCHEN REISE). – Während dieser Zeit fertigt I. W. Bruford seine Bleistiftzeichnung Fontanes an.

Sommer. Freundschaftlicher Umgang mit Max Müller, dem Fontane dann 1855 in England wiederbegegnet.

Herbst. Einzug in ein Mansardenzimmer in der Jüdenstraße 55 (bis **Frühjahr 1845**).

2. September. Der erste erhaltene (kurze) Brief an Emilie Rouanet. Vom Briefwechsel der späteren Ehepartner sind erhebliche Teile erhalten (von Fontane über 500, von Emilie etwa 200 Briefe – das Dokument einer spannungsreichen Lebensbeziehung). Die Briefe der Brautzeit allerdings werden nach Emilies Tod auf ihren Wunsch verbrannt.

29. September. Mit dem Vereinsnamen »Lafontaine« Aufnahme in den unpolitischen »Tunnel über der Spree«, den
Berliner »literarischen Sonntags-Verein« eher konservativer Prägung, dessen Zweck laut Statuten darin besteht,
»in einem heitern, geselligen Zusammensein produktiv-
künstlerische Tätigkeit zu fördern und durch freundlich-
ernste Beurteilung der gelieferten Arbeiten sowohl den
Arbeitenden das Fortschreiten auf einem richtigen Wege
zu erleichtern als in sämtlichen Mitgliedern reinen ästhetischen Geschmack zu erhalten und auszubilden. Er
schließt hiermit zwar keine Kunst von sich aus, vorzug-
weise jedoch widmet er seine Bestrebungen der Dichtkunst und nächst ihr der Musik«. Viel Bedeutendes bringt
der »Tunnel« in den 70 Jahren seiner Existenz nicht hervor. Unter den Schriftstellern überdauern nur Storms und
Fontanes und im geringeren Teil Paul Heyses Werke ihre
Zeit. Bis zum Stiftungsfest am 3. Dezember 1857 werden
laut »Kreuzzeitung« vom 15. Dezember 1857 7372 neu
entstandene Gedichte im »Tunnel« vorgetragen. Fontane
liest bis **3. Dezember 1864**, vor allem aber in den vierziger Jahren, über 100 Gedichte im »Tunnel« vor und hat
vor allem mit seinen Balladen großen Erfolg. Er findet
hier eine geistige Heimat und viele Freunde (u. a. Friedrich Eggers, 1819–1872; George Hesekiel, 1819–1874;
Paul Heyse, 1830–1914; Franz Kugler, 1808–1858; Wilhelm von Merckel, 1803–1861, und Lepel). Vgl. Fontanes
späte Erinnerungen an den »Tunnel« in VON ZWANZIG
BIS DREISSIG und in CHRISTIAN FRIEDRICH SCHEREN-
BERG. Der Tunnel überlebt Fontane um einen Monat,
aber dieser nimmt am **31. Dezember 1865** zum letzten
Mal an einer Sitzung teil und ist ihm schon Jahre vorher
entfremdet: *Dem Tunnel bin ich entwachsen. Was Or-
dentliches kommt ja nur selten vor, und schlechte oder
mittelmäßige Gedichte sind mir jetzt ein Greuel* (an Emilie, 23. Mai 1863). Den selbstbewußten Eindruck des jungen Fontane im »Tunnel« fängt, allerdings wohl recht

verklärend, Heyse in einem Gedicht zu Fontanes 70. Geburtstag ein:

> Da ging die Tür, und in die Halle
> Mit schwebendem Gang wie ein junger Gott
> Trat ein Verspäteter, frei und flott,
> Grüßt in die Runde mit Feuerblick,
> Warf in den Nacken das Haupt zurück,
> Reichte diesem und dem die Hand
> Und musterte mich jungen Fant
> Ein bißchen gnädig von oben herab,
> Daß es einen Stich ins Herz mir gab.
> Doch: *Der* ist ein Dichter! wußt' ich sofort.

Vgl. Fontanes späte Erinnerung: *Es kommt nun darauf an, daß einen das Leben, in Gemäßheit der von einem vertretenen Spezialität, richtig einrangiert. So kam es, daß ich, trotz meiner jämmerlichen Lebensgesamtstellung, doch jeden Sonntag Nachmittag von 4 bis 6 richtig untergebracht war, nämlich im Tunnel. Dort machte man einen kleinen Gott aus mir. Und das hielt mich* (an Friedlaender, 3. Oktober 1893).

Winter. Lektüre: Lord Byron, »Childe Harold«.

1845

Um 1845. Vermutliche Entstehung der im Archiv des Cottaschen »Morgenblatts« wiederentdeckten, damals nicht veröffentlichten Erzählung ZWEI POST-STATIONEN (Erstveröffentlichung 1991). Ebenso fällt vermutlich in diese Zeit auch das parodistische Trauerspiel DER LETZTE LIEPEWINKLER (Erstveröffentlichung 1969).

16. Januar – 25. März. Freundschaftlicher Umgang mit Wolfsohn, der sich während dieser Zeit in Berlin aufhält, anscheinend nicht sehr erfolgreiche Vorträge hält und vermutlich bei Emilies Adoptivvater, Rat Kummer, wohnt.

22. März. Abschluß der Soldatenzeit als Unteroffizier. Rückkehr zu den Eltern. Der Vater bescheinigt wieder seine Anstellung, diesmal als »Rezeptor« vom 1. Januar – 1. Juli 1845.

19. Juni. Das Gedicht DER WETTERSEE im »Morgenblatt für gebildete Leser«: *Ihr Urteil über den WETTERSEE kann ich nicht unterschreiben, wiewohl ich auch jetzt von anderer Seite her erleben muß, daß man seinen Bruder, WENERSEE [vgl.: 19. Juli], bevorzugt. Beide Gedichte sind grundverschieden, der WENERSEE ist ganz mein und gehört zu den wenigen Sachen, die keiner Anregung durch ein anderes Kunstwerk, keinem Vorbild, keiner Erzählung ihre Entstehung verdanken. Ein Blick auf die Karte erzeugte au moment das ganze Gedicht. Mein Poetenberuf, meine schöpferische Kraft erhellt deshalb aus diesem WENERSEE ungleich mehr, als aus seinem Seitenstück, damit aber ist keineswegs erwiesen, daß das Gedicht selbst – wie es da liegt – das minder poetische und weniger gelungene sei. Mir ist der Stoff gegeben, ich habe nur geschichtet und versifiziert, auf diesen Stoff aber laß ich nichts kommen, die poetische Natur des schwedischen Volks, die dies Sagenhafte geboren und von Geschlecht zu Geschlecht vererbt hat, nimmt es mit meiner Phantasie und Erfindungsgabe vollkommen auf* (an Friedrich Witte [vgl.: 24. Juni], 3. Februar 1851).

24. Juni. Aufnahme der Tätigkeit als Rezeptor in Dr. Schachts Polnischer Apotheke in Berlin, Friedrichstraße 153 a, wo Fontanes Freundschaft mit Friedrich Witte (1829–1893), dem Apothekerlehrling, späteren Reichstagsabgeordneten und Besitzer einer pharmazeutischen Fabrik in Rostock, beginnt. Eine ganze Anzahl der Briefe Fontanes an Witte ist erhalten.

Wohnung (bis **Ende Juni 1846**) im Hause.

29. Juni. Erstes »Tunnel«-Protokoll Fontanes. Er schreibt periodisch bis Mai 1854 fast 100 Protokolle.

19. Juli. Das Gedicht DER WENERSEE im »Morgenblatt für gebildete Leser«.

19. Juli – 4. Oktober. Stellvertretender Sekretär des »Tunnels«.

September. Erster erhaltener Brief an den preußischen Offizier, langjährigen Freund und »Tunnel«- und gelegentlichen Reisegefährten (vor allem auf der schottischen Reise von 1858) Bernhard von Lepel (1818–1885), dessen literarische Ambitionen sich nicht erfüllen und von dem sich Fontane mit den Jahren entfremdet. Der Briefwechsel zwischen beiden ermöglicht den unmittelbarsten und offensten Einblick in Fontanes persönliche und literarische Entwicklung von den vierziger bis zu den sechziger Jahren (vgl.: 9. November 1863, 17. Mai 1885).

8. Dezember. Verlobung mit Emilie Rouanet. *Das Hervorstechende ihres Wesens ist, körperlich und geistig, das Interessante, sie wird mich auch da zu fesseln wissen, wo mir größere Schönheit, umfassenderes Wissen und selbst tieferes Gefühl auf meinem Lebenswege begegnen sollten. Mit einem Wort sie ist »liebenswürdig«, sie hat jenes unerklärliche Etwas, was Allem einen Reiz verleiht* (an Wolfsohn, 10. November 1847).

In diesem Jahr eine neue, umfangreiche Sammlung von über 100 Gedichten (»Zweites grünes Buch«, Handschrift seit 1945 verschollen).

1846

30. Juni. Ausscheiden aus der Polnischen Apotheke.

Sommer. Vorbereitung auf die Staatsprüfung im chemischen Labor von Prof. Franz Leopold Sonnenschein in Berlin; Wohnung bei Onkel August in der Dorotheenstraße 60. In der **zweiten Jahreshälfte** gibt es ein Zerwürfnis mit Onkel August, nach dem Fontane nicht mehr bei dem Onkel wohnt. Nach Fricke, »Emilie Fontane« (Berlin 1937), beruhen die Auseinandersetzungen vermutlich darauf, daß Tante Pinchen über Emilies Familienverhältnisse klatschte.

Emilie Rouanet
Pastell von Th. Hillwig, 1848

Mitte Juli. Theater: Gotthold Ephraim Lessing, »Minna von Barnhelm«.

15. Juli. Das Gedicht RIZZIOS ERMORDUNG im »Morgenblatt für gebildete Leser«.

21. August. Das Gedicht DER STERBENDE DOUGLAS im »Morgenblatt für gebildete Leser«.

Herbst – September 1847. Zur weiteren Vorbereitung auf die Apothekerprüfung bei den Eltern in Letschin.

13. Dezember. Über Fontanes Gedichte im »Tunnel«-Protokoll von Wilhelm von Merckel: »Der Verfasser streift überhaupt anscheinend mit der Poesie seit einiger Zeit an der Linie hin, welche die Maler in den schlesischen Webern und dem Jagdrecht zu überschreiten beginnen, und der Vorwurf einer quasi tendentiösen Richtung, die der Kunst ihr Höchstes, die Ruhe, zu entwinden strebt, dürfte ihn am Ende nicht ungeneckt lassen.« Der Kommentar weist auf die unausgetragene Spannung zwischen Fontanes politisch-radikalen Überzeugungen und seiner Zugehörigkeit zum konservativen »Tunnel« hin. Gerade Merckel, von dem der berüchtigte Satz »Gegen Demokraten helfen nur Soldaten« stammt, ist betont staatstreu.

1847

7. oder 8. Januar. Fontane fährt zur Vorbereitung auf die Apothekerprüfung nach Berlin und wohnt anscheinend bei Emilies Adoptivvater.

2. März. Staatsexamensurkunde als approbierter Apotheker erster Klasse (Note: gut) mit der »Befugnis zur Verwaltung und zum Besitze einer Apotheke in den Königlichen Landen unter der Bedingung [...], daß er die ihm nach den Medizinal-Verordnungen obliegenden Pflichten gewissenhaft erfüllen werde«. Fontane kehrt nach der Prüfung nach Letschin zurück.

22. April – 30. Juni. Die preußischen Feldherrnlieder (vgl.:
Dezember 1849) im »Morgenblatt für gebildete Leser«:
*Ihr Wert ist in verschiedenen literarischen Kreisen Berlins
verschieden beurteilt worden. Der* SEIDLITZ *wurde der
Liebling aller;* SCHWERIN *war mannigfachem Tadel aus-
gesetzt. Man fand in Bezug auf Letzteren, daß ich nicht
genug charakterisiert habe. Ich habe mich von der Rich-
tigkeit dieses Urteils nicht überzeugen können* [...].
SCHILL *wurde zuvorkommend aufgenommen* [...]. *Ich
scheine Glück mit der Kavallerie zu haben, obschon ich
selber eine Karikatur von Reiter bin* (an Hermann Hauff,
18. Mai). Die Gedichte erscheinen fast gleichzeitig im
»Soldatenfreund«.

Sommer. Scheitern des Kaufs einer Apotheke in Frankfurt
(Oder) aus finanziellen Gründen.

Ende Juli. Fontane hält sich eine Woche in Ludwigslust
auf, wo Emilie bei ihrer Halbschwester den Sommer verbringt.

1. Oktober. Eintritt als Erster Apotheker in Dr. Jean Auguste Ferdinand Jungs Apotheke »Zum schwarzen Ad-
ler«, Neue Königstraße 50 (bis **Sommer 1848**), dort auch
Wohnung, und zwar *wie der Salzhering in seiner Tonne.*
[...] *ich bewohne eine Schandkneipe, einen Hundestall,
eine Räuberhöhle mit noch zwei andern deutschen Jüng-
lingen* (an Wolfsohn, 10. Januar 1848).

24. Oktober und 22. November. Fontane liest seinen Ge-
dichtzyklus ROSAMUNDE im »Tunnel« vor.

2. November. Fontane bietet dem »Morgenblatt für gebildete Leser« den ROSAMUNDE-Zyklus zur Veröffentlichung an, aber er erscheint hier erst nach der Buchaus-
gabe (**13.–20. September 1850**): *Mein Bestes, was ich bis
jetzt geschrieben habe, sind Balladen und Charakter-
zeichnungen historischer Personen; ich habe dadurch eine
natürliche Übergangsstufe zum Epos und Drama einge-
nommen und diesen Sommer bereits ein episches Gedicht
in neuen (kleinen) Gesängen geschrieben, das hier auf die*

*Berliner Herzen seines Eindrucks nicht verfehlte und
Dir vielleicht mit nächstem im »Morgenblatte« zu Gesicht kommen wird, wenn nicht die größere Ausdehnung
des Gedichts seine Aufnahme unmöglich macht. Titel:*
VON DER SCHÖNEN ROSAMUNDE *(an Wolfsohn, 10. November).*

10. November. Ein inhaltsreicher Brief an Wolfsohn aus
Letschin: *Der geistige, mithin der bedeutsamere Verkehr
wird durch ein altes Weib unterhalten, das nicht unähn-
lich der Norne im Scottschen »Piraten« allsonnabendlich
ein Felleisen in die Apotheke wirft und in Nacht und
Grauen gespensterhaft verschwindet. Das alte Weib trägt
einen geflickten Rock und Schmierstiefel, ihr »guten
Abend« klingt wie das Donnerwetter eines Bootsknechts
– ihre Reise geht auch nicht durch die Lüfte, sondern
knietief durch dicksten Dreck, dennoch erscheint sie allen
Hausbewohnern stets wie ein Engel vom Himmel, reizend wie Schillers Mädchen aus der Fremde. Die Stetser-
wartat, Immergesegnete (was ich nicht auf interessante
Liebeszustände zu beziehen bitte) ist die Küstriner Bücherfrau, die allwöchentlich im Dienst ergraute Journale
wie altbackenen Kuchen aus ihrem Füllhorn auszuschüt-
ten pflegt. Unter diesen glänzt als ein Stern erster Größe
die »Europa«, dann und wann mit Beiträgen von Carl
Wilhelm Wolfsohn –* die Bücherfrau wird später das Mo-
dell von Hoppenmarieken in VOR DEM STURM. *– Ich
habe in meiner Liebe viele Kämpfe durchgemacht; ich
habe (ohne deshalb meine Braut je minder geliebt zu haben) meine Verlobung wie eine Übereilung betrachtet, ich
habe mir die Befähigung abgesprochen, je ein Weib glücklich machen zu können, und habe gleichzeitig meinen eignen Untergang als eine Gewißheit vor Augen gesehn; zu
dem allen hab ich den Höllensoff brennender, verzwei-
felnder Eifersucht gekostet, oder richtig, meine Seele monatelang damit getränkt. Diese Zeiten sind vorüber; unter
allen diesen Stürmen hat sich meine Liebe bewährt; ich*

darf sie als einen geklärten Wein betrachten, der, wenn auch nicht feuriger mit den Jahren wie Rheinwein, doch auch nicht schlechter wie Medoc werden wird. - [...] ich bin jetzt von meinem Recht durchdrungen, ein Gedicht zu machen; das mag Dir andeuten, daß ich ein anderer geworden bin. [...] Ich könnte Dir erzählen, daß ich mit dem Cottaschen »Morgenblatt« auf dem besten Fuße stehe, könnte Dir mitteilen, daß man in mich dringt, meine Sachen zusammenzustellen und rauszugeben – indessen wiederhol ich Dir, es ist nicht diese Anerkennung von außen, sondern die tief innere Überzeugung, daß ich einen Vers schreiben kann, was mein Fiduzit erweckt. Diese Überzeugung läßt mich ruhig und bedachtsam handeln; ich laufe mir nicht nur nicht die Beine ab, um einen Buchhändler zu ergattern, sondern ich danke sogar für diejenigen, die mir unter der Hand angeboten werden. Was gut ist, bleibt gut, und das andre mag fallen, wenn es vor der eignen, gereifteren Kritik nicht mehr bestehen kann. – Das Lyrische hab ich aufgegeben, ich möchte sagen, blutenden Herzens. Ich liebe eigentlich nichts so sehr und innig wie ein schönes Lied, und doch ward mir gerade die Gabe für das Lied versagt.

1848

18. März. Nach mehreren demonstrationsreichen Tagen voller Ausbruch der »Märzrevolution« in Berlin, die nach zwei von Soldaten aus Versehen ausgelösten Schüssen auf dem Schloßplatz zu erbitterten Barrikadenkämpfen führt. Fontane nimmt daran aktiv teil (vgl. seine beschönigende Darstellung in VON ZWANZIG BIS DREISSIG). Vor allem seine Briefe vom Herbst 1848 an Lepel, dem er als »Satyr-Gesicht mit einer Jakobiner-Mütze« (an Fontane, 1. Juni) erscheint, bezeugen sein radikal-demokratisches Engagement; ähnlich ein später Brief an Friedlaender: *Heute vor*

47 Jahren feierte ich den Sieg der »Revolution« mit einem
Karabiner in der Hand, den ich, am Tage vorher, aus dem
Königstädtischen Theater geräubert hatte, um damit für
die Freiheit zu kämpfen; ich stellte ihn aber bei Seit' als
ich ihn hatte, weil ich seiner Schußkraft fast noch mehr
mißtraute als meiner Heldenschaft. Wer sich in Preußen
auf Revolutionen einlassen will, muß sehr optimistisch
leichtsinnig oder sehr tapfer sein (19. März 1895).

Mai. Aufstellung als Wahlmann für die preußische Land-
tagswahl.

Sommer. Theater: Shakespeare, »Julius Caesar«.

Zweite Jahreshälfte. Lektüre: *Thomas Percys »Reliques of*
ancient English poetry« und [...] *Walter Scotts »Minstrelsy*
of the Scottish border« [...], *zwei Bücher, die auf Jahre hin*
meine Richtung und meinen Geschmack bestimmten.
Aber mehr als der mir aus ihnen gewordene literarische
und fast möchte ich sagen Lebensgewinn gilt mir der un-
mittelbare Genuß, den ich von ihnen gehabt habe (VON
ZWANZIG BIS DREISSIG).

31. August – 7. November. Vier radikale politische Korrespondenzen in der »Berliner Zeitungshalle«, dem Organ
des »Zentralausschusses der deutschen Demokratie«, in
deren erster, Aufsehen erregender Fontane den Untergang Preußens im vereinigten demokratischen Deutschland prophezeit: *Diese Auferstehung Deutschlands wird*
schwere Opfer kosten. Das schwerste unter allen bringt
Preußen. Es stirbt. Jeder andere Staat kann und mag in
Deutschland aufgehen; gerade Preußen muß darin un-
tergehen. [...] *Innerhalb der Nationalitäten aber wer-*
den die Stammverschiedenheiten wieder in ihr Recht
treten, und diese Rückkehr zum Natürlichen bringt Preu-
ßen um seine Existenz. Bayern, Sachsen, Schwaben, sie
werden in Deutschland aufgehen, der großen deutschen
Republik werden diese Namen nicht fehlen. Aber eine
preußische Republik ist eine Unmöglichkeit; Preußen
muß zerfallen.

15. September. *Ich bin [als Pharmazeut] in [dem Berliner
Krankenhaus] Bethanien bei freier Wohnung und
Station mit 20 rth. [= Reichstalern] angestellt. Nur während zweier Mittagsstunden hab' ich in der Apotheke zu
arbeiten; die übrige Zeit ist mein* (an Lepel, 17. September). Fontanes Aufgabe: die pharmazeutische Ausbildung
zweier Diakonissen.

November. Fontane beginnt die etwa ein Jahr anhaltende,
intensive Arbeit an der Tragödie KARL STUART: *Ich will
die englische Revolution dramatisch behandeln: bewe-
gende Ideen, Leben, Handlung, Charaktere und die Seele
der Tragödie – die Schuld – ist da [...]. Nicht das Schaf-
fott Straffords baute dem Könige sein eignes, sondern sein
Hochmut sein Nichtverstehn alles dessen, was die Zeit
forderte, sein Eigensinn mit Schwäche wunderlich ge-
paart, seine Doppelzüngigkeit, seine Volksverräterei, sein
lächerliches Hinüberschielen nach den angemaßten u.
dann eingebüßten Prärogativen der Krone* (an Lepel,
17. November). Das Projekt, mit dem sich Fontane *seit
mindestens 3 Jahren* (an Lepel, 22. November) trägt, soll
also die revolutionäre politische Situation der Zeit be-
leuchten. Nur der erste Akt wird vollendet, die erste
Szene in GEDICHTE (1851) publiziert; Erstveröffentlichung der zweiten Szene 1969. Als Fontane das Fragment
am **21. Oktober 1849** im »Tunnel« vorliest, warnt
Merckel vor »Tendenzliteratur«.
Lektüre: Scott, vier Romane.

10. November. Mit dem Einrücken der preußischen Trup-
pen in Berlin unter General von Wrangel und der Auflösung der preußischen Nationalversammlung ist die Revolution in Berlin zu Fontanes Erschütterung geschla-
gen.

Januar. Aufenthalt in Letschin.

1. März. *Denke Dir: »Enthüllungen No II«; zum zweiten Male unglücklicher Vater eines illegitimen Sprößlings* (an Lepel). Fontane erhält die Nachricht durch ein Schreiben aus Dresden. Wann und wo das Kind gezeugt ist, ist ungeklärt.

11. März. *Am Donnerstag führte mich Fanny Lewald zu Ball; bei ihrem Schwager Gurlitt war Geburtstag* (an Lepel, 13. März).

24. März. Zum 30. Hochzeitstag der Eltern verfaßt Fontane das scherzhafte Dramulett DER WESTPHÄLISCHE FRIEDE (Erstveröffentlichung des nicht vollständig erhaltenen Textes 1980).

14. Mai. *In spätestens 8 Wochen denk ich auf dem Wege nach New York zu sein* (an Lepel). Nicht ganz ernst gemeinte Auswanderungspläne schon 1848, vgl. das Gedicht LIEBCHEN, KOMM . . .

Juli. Aufenthalt in Letschin. – Scheitern des Kaufs einer Apotheke in Köpenick. – Auswanderung von Onkel August nach Amerika.

30. September. Ende der Anstellung in Bethanien. Fontane beabsichtigt, als freier Schriftsteller sein *literarisches Leben auf den »Vers« zu stellen* (VON ZWANZIG BIS DREISSIG). Wohnung: Chambre garnie in der Luisenstraße 12, drei Treppen (bis **Oktober 1850**).

5. Oktober. *Kannst Du mir nicht sagen, mein lieber Lepel, warum ich zu gar nichts komme? Ich mache so geringe Ansprüche, und doch, – selbst das Kleinste wird mir verweigert. 400 Taler, worauf mit Recht der Spruch erfunden ist: »zum Leben zu wenig, zum Sterben zu viel« ersehn ich nun schon seit Jahr und Tag, und obschon ich gar nicht wählerisch bin, obschon ich all und jede Subaltern-Stellung, die nicht besondere Fachkenntnisse erheischt, mit Freuden annehmen würde, dennoch ist es nicht möglich,* *auch nur ein solches minimum zu ergattern. Es gibt mehr denn 2 Dutzend Posten, zu denen ich nicht schlechter wie andre Menschenkinder zu verwenden wäre. Geschäftsführer einer Apotheke, Eisenbahnbeamter, Sekretär, Kalkulator, Registrator, Lehrer in Chemie, Geographie und Geschichte, Konstabler-Wachtmeister, Redakteur einer gesinnungslosen Zeitschrift* (an Lepel).

19. Oktober. Versuch, über Gustav Schwab dem Stuttgarter Verlag Cotta den Band GEDICHTE anzubieten; ebenso am **18. April 1850**; Cottas Ablehnung am **13. Mai 1850**.

18. November – 13. April 1850. Durch Wolfsohns Vermittlung, der Fontane finanziell helfen will, Berliner Korrespondent der demokratischen »Dresdner Zeitung« mit 29 radikalen politischen Korrespondenzen unter der Sigle TE. Der Artikel »Preußen: Ein Militär- oder Polizeistaat« (8. Dezember) wird *wegen der durchgehenden altpreußischen Gesinnung* (an Wolfsohn, 11. Dezember) nicht akzeptiert: *Blicken wir nun auf das jetzige Preußen! Da gibt es auch Dünkel und Übergriffe;* [...] *es sind die nackten, durch nichts entschuldigten Unverschämtheiten einer ebenso ruhm- wie rücksichtslosen Polizei. Und was das Schlimmste ist, diese Polizei steht über dem Gesetz!* [...] *Jeder Tag bringt neue Übergriffe, neue Rechtsverhöhnungen dieser heiliggesprochenen, unantastbaren Kaste, und vergeblich bettelt das Volk bei den vorgesetzten Behörden dieser staatsrettenden Grobiane um ein Fünkchen Recht.* [...] *wir wenden uns, in altpreußischem Stolz, mit Schmerz und Scham von einer Regierungsform ab, die* [...] *an die Stelle eines militärisch organisierten Rechtsstaates das Schreckensregiment polizeilicher Willkür gesetzt hat.* – Fontanes Reaktion auf das Nichterscheinen des Artikels: *Es geht daraus hervor, daß ich für jene Zeitung nicht schreiben kann, wenn gerade das, was mich am meisten erwärmt und erhebt, von ihr verworfen werden muß. Ich bin nun mal Preuße und freue mich, es zu sein.* [...] *Mein Gehen mit der Dresdner*

Zeitung kann daher nur ein flüchtiges sein. Die Gegenwart bietet des Traurigen genug: ich werde Gelegenheit haben, nach wie vor auf die Polizei zu schimpfen und den augenblicklichen Kammerjammer zu bejammern. Aber die Entrüstung über unpreußische Handelsweise der jetzigen preußischen Machthaber wird nie so weit gehn, daß ich das Kind mit dem Bade ausschütte und wohl gar Land und Volk schmähe, aus Liebe zu dem ich überhaupt nur in Entrüstung geraten konnte (an Wolfsohn, 11. Dezember).

28. November. *Im Schoße der Kunst herrscht genau dasselbe Leben und Streben wie draußen im Getriebe der Welt: überall machen sich zwei völlig auseinandergehende Richtungen bemerkbar – die nationale und die weltbürgerliche. Die eine zehrt von der Vergangenheit, die andere lebt in der Zukunft; jene dient der Geschichte, diese einer Idee. So sehen wir zu gleicher Zeit und in gleicher Zahl politische Dramen entstehen, von denen die einen für das allgemein Menschliche, für das Recht auf Freiheit und das Recht der Revolution in die Schranken treten, während die anderen in Verherrlichung des Nationalen ihre Aufgabe erkennen und, ohne einer höheren Wahrheit die Ehre zu geben, das Heimische preisen, weil es heimisch ist, und das Fremde – als Fremdes, und um nichts anderes, verwerfen* (aus der Korrespondenz in der »Dresdner Zeitung«).

Dezember. Erscheinen der ersten selbständigen Publikationen Fontanes: VON DER SCHÖNEN ROSAMUNDE. ROMANZENZYKLUS (Dessau: M. Katz), Emilie gewidmet, und MÄNNER UND HELDEN. ACHT PREUSSEN-LIEDER (Berlin: A. W. Hayn). *Meine MÄNNER UND HELDEN,* die mich auf einen Schlag zu einer kleinen Berühmtheit machten; an drei, vier Stellen wurden sie zu gleicher Zeit gedruckt, der Tunnel hatte gejubelt, in Theatern und öffentlichen Lokalen wurden sie gesungen und G. Schwab bedauerte in einer Vorrede, »daß er die Bekanntschaft dieser Lieder im

›Morgenblatt‹ *zu spät gemacht habe, um sie noch in seine Sammlung aufnehmen zu können«. Seitdem sind sie volkstümlich geworden und die Lieder vom alten Zieten und Derfflinger stehen in allen Anthologien* (an Emilie, 15. Juni 1879). Weitere Auflagen von Von der schönen Rosamunde 1852 und 1865. – Rezensionen: Über beide: »National-Zeitung«, 10. Januar 1850, »Blätter für literarische Unterhaltung«, 17. August 1850, Nr. 197, »Die Gegenwart«, Bd. 8, 1853, S. 64 f. (Rudolf Gottschall); über Rosamunde: »Blätter für literarische Unterhaltung«, 27. Mai 1850, Nr. 126, »Literarisches Zentralblatt für Deutschland«, 12. März 1853, Nr. 11 (Franz Kugler?); über Männer und Helden: »Blätter für literarische Unterhaltung«, 16. August 1850, Nr. 204.

18. Dezember – 11. Januar 1850. Reise über Dresden (Besuch bei Wolfsohn) zu Emilie und ihrer Mutter in Liegnitz, dann mit ihr zu seinen Eltern.

1850

5. Januar. Erste öffentliche Lesung Fontanescher Werke durch Julius Schramm: Rosamunde und Gedichte.

10. Januar. Die Gedichte Guter Rat, Der erste Schnee und Das Fischermädchen in der »National-Zeitung«.

12.–17. Februar. Reise zu Scherz nach Kränzlin.

April. Übersetzung von Catherine Gores Roman »The Money Lender«; nicht erhalten. – »Tunnel«-Sekretär bis **Dezember 1853.**

April/Mai. Emilie in Letschin.

18. April. Fontanes erster autobiographischer Abriß in einem Brief an Schwab.

3. Mai. *Ich soll so'n Stück Mitarbeiter am Feuilleton der »Deutschen Reform« (ministeriell) werden* (an Wolfsohn). Am **9. Mai** erscheint die erste Korrespondenz nach Londoner Erlebnissen von 1844 – Fontanes erstes Feuilleton über England überhaupt – in »Deutsche Reform. Politische Zeitung für das constitutionelle Deutschland« (EIN TAG IN EINER ENGLISCHEN FAMILIE); weitere folgen am **12. und 29. Mai, 11. Juni, 16. und 17. Juli** (an den letzten beiden Daten der Aufsatz CHRISTIAN FRIEDRICH SCHERENBERG).

17. (?) – 27. Mai. Fontane abwesend von Berlin; wahrscheinlich in Letschin.

22. Mai. Das Gedicht DER BALL IN PARIS im »Morgenblatt für gebildete Leser«.

19. Juni. Erster der gut 100 erhaltenen Briefe Fontanes an Paul Heyse (1830–1914), den lebenslangen, jüngeren Freund und Schriftstellerkollegen, dessen glänzende literarische und gesellschaftliche Karriere – er lebt ab Herbst 1854 in lebenslanger finanzieller Sicherstellung durch den bayrischen König in München – mit Fontanes Erfolglosigkeit kontrastiert. Fontane lernt Heyse im »Tunnel« kennen, wo dieser am 28. Januar 1849 aufgenommen wird. Geistig trennen sich ihre Wege, weil Heyse im schönheitlichen Konservatismus des Münchner Kreises steckenbleibt und Fontanes zunehmende realistische Tendenz mit tiefer Abneigung verfolgt. Fontanes Urteil über Heyse: *Er ist zwar nicht im Einzelnen [...] der Beste, aber im Ganzen ist er der am reichsten Beanlagte unter allen Lebenden. In Deutschland. Nichtsdestoweniger hab ich den Eindruck: was er leisten konnte, hat er geleistet. Er kann über das, was schon da ist, nicht hinaus* (an Wilhelm Hertz, 18. August 1879). Im Gegensatz zu Fontanes im wesentlichen posthumem Ruhm bleibt Heyses großes Ansehen ein Ruhm zu Lebzeiten. Er erhält 1910 den Nobelpreis für Literatur. Fontane rezensiert zwischen 1854 und 1889 siebzehn Werke Heyses.

26. Juni. Fontane bietet dem Berliner Verlag Alexander Duncker seinen Band GEDICHTE an; dieser lehnt ab.

Sommer. Spätere Erinnerung an Schwächezustände: *Ich weiß auch, daß ich mich im Sommer 50, vor Wut wei-*

Krankenhaus der Diakonissenanstalt Bethanien
Stich von W. French nach einer Zeichnung von A. H. Payne

nend, aufs Bett geworfen habe, weil ein viertelstündiger Gang durch die Luisenstraßen-Sonne mich todmatt gemacht hatte; seitdem sind 32 Jahre vergangen und unzählige Kraftmeier von damals schlottern, humpeln und husten jetzt um mich her (an Mete, 17. Februar 1882).

5. Juli. Heyse liest Eggers, Scherenberg, Ernst Schultze und Max Fontane bei Fontane sein Drama »Francesca da Rimini« vor.

18. (?) – 24. Juli. Besuch in Letschin.

20. Juli. Annahme des Bandes GEDICHTE durch den Berliner Verlag C. Reimarus.

28. Juli – 4. August. Nach dem *unglückliche[n] Ausgang der Schlacht bei Idstedt* (VON ZWANZIG BIS DREISSIG) Aufbruch nach Schleswig-Holstein ins Gebiet des preußisch-dänischen Krieges; Fontane bleibt aber in Altona. Seine Motive für die übereilte Reise sind nicht ganz klar: *Der Zweck meiner Reise ist [...] dem Kriegsschauplatz möglichst nah zu sein* (an Lepel, 28. Juli), oder als Feldapotheker im Korps von der Tanns Beschäftigung zu finden. *Ein Merckelscher Brief, mit einer Anstellung wurde mir zur Rückberufungs-Ordre* (an Lepel, 4. August), denn er erhält in Altona am **30. Juli** das Angebot einer Stelle im preußischen Innenministerium als Lektor in dem im Sommer 1848 zur »Organisation der gesamten konservativen Presse, und zwar vorzugsweise der Preußischen« (Denkschrift Merckels) gegründeten »literarischen Kabinett«, dem seit 1. April der »Tunnel«-Freund Wilhelm von Merckel vorsteht, *vom 1. August cr. ab bis auf weiteres mit monatlich vierzig Taler Diäten*; dadurch Wechsel *vom rothen Republikaner zum Reaktionär reinsten Wassers* (an Lepel, 8. April 1851) als Angestellter der Regierung Otto von Manteuffels (ab September 1848 preußischer Innenminister, von Dezember 1849 bis November 1858 Ministerpräsident), die konsequent die Konterrevolution durchführt. Fontanes politische Wende vom radikalen Demokraten der Vormärzzeit zum konservativen Preußen der Restaurationszeit hat damit begonnen.

Herbst (?). Theater: Jean Racine, Phèdre.

1. Oktober. Der Vater verkauft die Letschiner Apotheke seinem Schwiegersohn Hermann Sommerfeldt (1820–1902, Mann der Schwester Jenny). Trennung der Eltern in freundlichem Einvernehmen und ohne Scheidung. Fontanes Mutter zieht mit seiner Schwester Elise erst nach Berlin und dann nach Neuruppin. Der Vater zieht erst nach Eberswalde, dann nach Neustadt a. d. Dosse und 1855 nach Schiffmühle bei Freienwalde a. d. Oder.

10. Oktober. Annahme der Einladung zur Mitarbeit an Wolfsohns und Robert Prutz' Zeitschrift »Deutsches Museum«; aber lediglich die Ballade DER TAG VON HEMMINGSTEDT (vgl.: 6. April 1851) erscheint dort.

16. Oktober. Auf Grund seiner anscheinend gesicherten finanziellen Situation durch die Anstellung heiratet Fontane Emilie Kummer-Rouanet nach fünfjähriger Verlobungszeit. Trauung in der französisch-reformierten Parochialkirche in der Berliner Klosterstraße. *Ich habe viele hübsche Hochzeiten mitgemacht, aber keine hübschere als meine eigene* (VON ZWANZIG BIS DREISSIG). Wohnung: Puttkamerstraße 6 (bis **Herbst 1851**), von wo Fontane einen ersten Eindruck des gemeinsamen Lebens gibt: *Die Wohnung ist reizend, das tägliche Brot erscheint, gut zubereitet, als »Gemüse und Fleisch« auf dem zweigedeckten Tisch, die Betten (nichts Unerhebliches im Ehestande, wie Sie gehört haben werden) sind mit Hülfe von Matratzen und Sprungfedern so bequem wie möglich, an Ruhe fehlt es nicht und an Arbeit auch nicht (dieser letztere Satz bezieht sich auf mein Leben im allgemeinen und nicht etwa auf die Betten), so daß ich – da sich das lachende Gesicht meiner Frau nur selten in Schmollfalten legt – ein undankbarer Esel sein müßte, wenn ich nicht voll Freude und Zufriedenheit sein wollte* (an Witte, 1. November). – Die stabile, aber durch Fontanes künst-

lerische, sensible und nicht sehr familienbewußte Natur
und Emilies bourgeoise Züge und ständige finanzielle
Sorge vielen Spannungen unterworfene Ehe hält bis
Fontanes Tod. Metes zurückblickendes Urteil: »Tatsächlich ist die Ehe meiner Eltern die glücklichste, bewährte-
ste und schön menschlichste gewesen, in die ich je Einblick gehabt, und ganz sicher ist die Zuneigung meines
Vaters für meine Mutter größer und unkomplizierter gewesen wie umgekehrt« (Mete an Franz Servaes, 2. März
1905).

November. Erscheinen des Bandes GEDICHTE (Berlin: Carl
Reimarus, Impressum: 1851, »Miniaturausgabe«). – Rezensionen: »Kreuzzeitung«, 15. Dezember, Nr. 292 (George Hesekiel), »Vossische Zeitung«, 19. Dezember, Nr.
296 (Hermann Kletke), »National-Zeitung«, 21. Dezember, Nr. 594, »Adlerzeitung«, 7. Juni 1851, Nr. 109 (Lepel), »Blätter für literarische Unterhaltung«, 19. Juni
1852, Nr. 25.

29. Dezember. Reise nach Schwedt an der Oder mit Emilie
zur Hochzeit von deren Bruder.

31. Dezember. Verlust der Stellung durch Auflösung des
»literarischen Kabinetts« wegen Manteuffels Beförderung
vom Innenminister zum Ministerpräsidenten. Das Au-
ßenministerium lehnt Fontanes Übernahme ab. Abfin-
dung: 50 Taler. Er verschwindet *für immer aus den heiligen Hallen, in denen ich 5 mal 4 Wochen Zeuge der Sau-
cen-Bereitung gewesen war, mit welchen das lit[erarische]
Kabinett das ausgekochte Rindfleisch Manteuffelscher
Politik tagtäglich zu übergießen hatte. Gott sei Dank
kann ich mir nachträglich das Zeugnis ausstellen, daß von
meiner Seite kein Salz-, Senf- oder Pfefferkorn jemals zu
der Schandbrühe beigesteuert worden ist* (an Lepel, 7. Januar 1851).

Januar – März. Arbeit an dem Epos BARBAROSSA, zum erstenmal 1848 von Lepel erwähnt (an Fontane, 19. September 1848): *So vernehme denn das große Wort, daß ich ein Epos, ein richtiges, wirkliches, großes Epos zu schreiben gedenke. Stoff: Barbarossa. Du entsinnst Dich, daß das ein alter Plan ist, aber jetzt erst fühl' ich meine Flügel in so weit gewachsen, daß ich mich mit einer Aussicht auf Erfolg an die Sache wagen kann. Vor 3 Jahren hatt' ich die Begeisterung; ich bilde mir ein jetzt auch die Kraft dazu erobert zu haben* (an Lepel, 7. Januar). Schon am **19. März** ist Fontane *von dem Stoff ganz zurückgekommen* (an Witte).

3. Januar. *Daß meine augenblickliche Lage eine harte und freudlose ist, wirst Du begreifen; mit mir ging es wohl – aber die Tränen meiner Frau!* (An Wolfsohn.) – Das finanziell schwierigste Jahr Fontanes beginnt, was ihn so kurz nach der Heirat verbittert und was er zum Teil darauf zurückführt, daß er sich *dazu hergegeben hat, an unserem Manteuffelschen Hexenbrei mit zu kochen,* denn dadurch ist er *ruiniert in der öffentlichen Meinung* (an Witte, 1. Mai). Aber auch sein revolutionärer Leumund spielt dabei wohl eine Rolle.

7. Januar. *Ja, es ist eine Schandwirtschaft* [...]. *Aber es wird ihnen eingetränkt werden, – und sie wissen's. Eine neue Februar-Revolution und es wird sein – Heulen und Zähneklappern. Das nächste Mal fechten nur schwarze Husaren, – und es wird kein Pardon gegeben. Man muß Pessimist werden; den Weg der Reform hat man verschmäht, die Revolution tritt in ihr Recht.* [...] *Die Weihnachtstage hab ich mit meiner Ehehälfte im Bette zugebracht, unsre Christ-Krippe bestand in einer Höllen-Grippe* (an Lepel).

13. März. *Durch erfolgte Auflösung des literarischen Kabinetts urplötzlich meiner Existenzmittel beraubt,* richtet er ein Gesuch an den preußischen König, *aus dero Schatulle* *mir eine bestimmte Unterstützung auf bestimmte Zeit angedeihen zu lassen.* Der Antrag wird auf Grund der Aktennotiz des Innenministers abgelehnt, daß »die politischen Gesinnungen des p. Fontane nicht ganz lauter« seien.

Ostern – 1. Oktober. Emilie und Fontane betreiben eine Schülerpension, geben es aber bald wieder auf, denn *der Vorteil ist gering und der Ärger unerträglich. Wer die Sache nicht lediglich als Geschäft betreibt und, wie wir, den kindischen Wunsch hat, all den Rüpeln und Flegeln wirklich genügen zu wollen, der ist verloren. Meine Frau will von diesen »Männern der Zukunft« nichts mehr wissen* (an Witte, 1. Mai).

6. April. Fontanes Ballade DER TAG VON HEMMINGSTEDT, entstanden im **Januar und Februar**, gewinnt den jährlichen Gedicht-Wettbewerb im »Tunnel« mit 16 zu 7 Stimmen.

10. April. Erstes Zeichen internationalen Ansehens: Karoly Kertbeny (1824–1882) widmet Fontane seine deutsche Übersetzung von Janos Aranys (1817–1882) Epos »Die Eroberung von Murany«. *Meine ROSAMUNDE hat ihn so begeistert* (an Witte, 1. Mai).

14. April – 19. (?) Mai. Apothekenvertretung in Bethanien.

Ende April. Plan, *ein Volksbuch »Gustav Adolf« zu schreiben* (an Witte, 1. Mai). Nach den ersten Kapiteln, die Werner Hahn, dem Herausgeber der »Deutschen Reform«, nicht gefallen, Aufgabe des Projekts (vgl. Brief an Lepel, 14. Juni).

1. Mai. *Dem Tunnel bin ich total entfremdet* (an Witte).

22. Juni. Ausflug des »Tunnels« nach Finkenkrug (*15 Mann hoch*) (an Witte, 1. Juli).

23. Juli. Die Bewerbung als Sekretär der Berliner Gartenbaugesellschaft wird abgelehnt.

27. Juli. *Im Winter bin ich sehr geneigt, Vorlesungen (6) über englische Lyriker und Epiker zu halten –* 1. die Minstrels; 2. Chaucer, Shakespeare, Milton, Dryden, Pope;

3. MacPherson, Chatterton, Burns; 4. Byron, Shelley; 5. Thomas Moore, Wordsworth, Southey, Coleridge; 6. Gegenwartsautoren –. *Ich stecke bereits in den Vorarbeiten* (an Lepel). Es bleibt bei dem Plan.

14. August. Geburt des ersten Sohnes George Emile († 1887).

21. August. Plan, *auf ½ Jahr oder länger nach Edinburg zu gehen* (an Lepel).

4. September. *Ich persönlich verhalte mich jetzt den politischen Gedichten des Jahres 48 gegenüber (was ihre politische, meist extreme Richtung angeht) völlig indifferent und kritisiere sie als Ästhetiker mit derselben Unparteilichkeit wie z. B. die gleichzeitigen Gedichte der Royalisten und Puritaner zu den Zeiten Cromwells* (an Lepel).

Herbst. Erscheinen des von Fontane herausgegebenen »Deutschen Dichter-Albums« (Berlin: Janke), einer Lyrikanthologie: *Was den Inhalt, die getroffene Auswahl, angeht, so glaub' ich mich kurz dahin erklären zu können, daß ich bestrebt gewesen bin, dem Einfachen, Frischen und Gesunden – das vor nicht allzulanger Zeit in Gefahr stand, durch Schwulst, Pathos und Bilderwust überwuchert zu werden – nach meiner Kraft zu seinem Recht zu verhelfen.* [...] *Die Auswahl beginnt mit dem Jahre 1813. Der gerechtfertigte Wunsch neben anerkannt Trefflichem der frühern Dezennien auch vor allem das hervorragende Neue und Neuste zu bringen, mag es entschuldigen, wenn den jüngsten Kräften und Erscheinungen unserer Literatur mehr Feld eingeräumt worden ist, als ihnen verhältnismäßig gebühren mochte* (Vorwort). Bis 1857 drei weitere Auflagen. – Englischer Sprachunterricht bei P. Solly, Lektor an der Berliner Universität, und bei einem Schotten (Fricke).

1. Oktober. Aufgabe der Pension und Umzug, Witte zeitweise als Untermieter: *Der beste Teil unserer Wohnung (Louisenstraße No 35) ist Chambre garnie vermietet, und nur zwei Zimmerchen sind zu unsrer Verfügung* (an

Wolfsohn, 21. Januar 1852). Wohnung hier bis **Ende September 1855**.

13. Oktober. Ablehnung der Bewerbung um eine Subalternstelle im preußischen Unterrichtsministerium.

24. Oktober. Gesuch an Ryno Quehl, den Leiter der am 6. Januar als Nachfolgeinstitution des »literarischen Kabinetts« gegründeten »Centralstelle für Preßangelegenheiten« um Anstellung bei der Nachfolgerin der »Deutschen Reform«, der ministeriellen »Preußischen Zeitung« (wegen des Adlers im Titelkopf »Adlerzeitung« genannt und so zitiert).

1. November. Mitarbeiter der »Centralstelle« unter Honorierung von Artikeln in der »Adlerzeitung«. *Ich habe mich heute der Reaktion für monatlich 30 Silberlinge verkauft und bin wiederum angestellter Scriblifax (in Versen und Prosa) bei der seligen »Deutschen Reform« auferstandenen »Adler-Zeitung«. Man kann nun mal als anständiger Mensch nicht durchkommen* (an Lepel, 30. Oktober). – Laut Fontane besteht seine Tätigkeit in folgendem: *Ich korrespondierte bis zum 1ten April 1852 für kleinere, von der Centralstelle aus zu unterstützende Blätter, namentlich für das Danziger Dampfboot, die Erfurter Zeitung, so wie später für die Heidelberger und mittelrheinische Zeitung* (an Immanuel Hegel, Chef der »Centralstelle«, 28. Oktober 1853). In die Arbeit danach gibt das WANGENHEIM-KAPITEL einen Eindruck: *Alle [...] hatten sich um neun oder halbzehn einzufinden und nun vier oder fünf Stunden lang auf einem Drehschemel zu sitzen, mit nichts beschäftigt, als eine große Tasse Bouillon (ich sehe noch die Fettaugen) zu trinken und alle möglichen Zeitungen zu exzerpieren. Diese Exzerpte, die genau das enthielten, was der Minister entweder schon am selben Morgen gelesen hatte, jedenfalls aber am nächsten Morgen in seiner Zeitung finden mußte, wurden denn auch wohl, ich weiß es nicht, aber ich muß es annehmen, als furchtbare Makulatur, als noch tief unter Aktenmate-*

*rial stehendes Material, aufgespeichert und haben sicher-
lich nie was genutzt, noch weniger je ein Menschenherz
erfreut.*

3. November. *Ich erteile Unterricht in Deutsch, Geschichte
und Geographie* (an Lepel).

22. November. Erkrankung.

Dezember (?). Die Gedichte MARIA UND BOTHWELL und
DER ALTE FRITZ (ZUR ENTHÜLLUNGSFEIER DES FRIED-
RICH-DENKMALS IM AUGUST 1851) im »Deutschen Mu-
senalmanach für das Jahr 1852«.

1852

21. Januar. *Ich habe sehr traurige Monate zugebracht und
so recht kennen gelernt, entweder wie schwer es überhaupt ist, auch nur das bescheidenste Brot zu finden oder
aber wie wenig Leute es gibt, die bereit sind, es einem suchen zu helfen* (an Wolfsohn).

2. Februar. Besuch bei Wolfsohn in Dessau, Kontakt mit
dem Verleger Katz.

18. Februar. Gesuch an Quehl, nach England geschickt zu
werden, das am **23. Februar** gewährt wird: Es *hat sich die
Preußische Zeitung bereit erklärt, mir gegen Einsendung
von Feuilleton-Artikeln etc. mein jetziges Gehalt zu lassen, so daß wenigstens für meine zurückbleibende Frau
gesorgt ist* (an Wolfsohn, 27. Februar).

4. April – 25. September. Zweiter Englandaufenthalt, als
Korrespondent der ministeriellen »Adlerzeitung« mit
Beurlaubung von der »Centralstelle«. Reise über Köln
(5.), Aachen (6.–14.), Verviers, Lüttich, Löwen (15.),
Brüssel (16.), Antwerpen (17.–19.), Gent (20./21., von
dort Bericht über EINE KUNSTAUSSTELLUNG IN GENT,
der am **2. Juni** in der »Adlerzeitung« erscheint), Ostende (22.), Ankunft in London am **23. April**. Finanzielle
Unterstützung vom König (50 Taler), vom »Tunnel«

(100 Taler), vom Vater (200 Taler), von Scherz (monatlich 10 Taler); Alexander von Humboldt lehnt das Gesuch um 300 Taler ab.

Sogleich Begegnungen mit deutschen Emigranten, da er *die ersten 4 Tage* [...] *in – der deutschen Flüchtlingskneipe* (an die Mutter, 29. April) lebt, *das einzige Haus Londons* [...], *das ich gebunden war nicht zu betreten* (Tagebuch). Dann Wohnung in 14 Burton Street (bis **1. Juni**) und 1 Tavistock Square, in unmittelbarer Nähe von Charles Dickens, dessen Werke Fontane in den Londoner Jahren liest. – Liaison mit der preußischen Gesandtschaft unter Christian Freiherr von Bunsen (1791–1860). Fontanes finanzielle und berufliche Pläne (Kauf einer Apotheke) erfüllen sich nicht. Zeitweise gibt er Deutschunterricht, u. a. dem *sehr liebenswürdig[en]* (an Emilie, 12. Juli) Dr. James Morris, dem er trotzdem etwas fremd bleibt (vgl.: 24. Dezember 1895). Fontanes Anzeige in der »Times«: *A literary gentleman, (a Prussian and no refugee) who has a good knowledge of the English language, is desirous of meeting with a highly educated Englishman for the purpose of INSTRUCTING each other in their native LANGUAGES. Apply by letter, pre-paid, to Th. F., post-office, Leigh-street, Burton-crescent.* – Auch Handzettel verteilt Fontane: *M. Theodore Fontane, of Berlin, having devoted a large share of his time in his native country to the critical study of the Language and Literature of Germany, is desirous, on taking up his residence in England, of giving Lessons in that department of education to individual pupils, or familiar Lectures to family circles.* [...] *M. Fontane is the Author of various publications in the German Language, is of the Protestant Religion, and can give to those English families who will honour him with their patronage, the highest references in this country.* [...] *August 1852.*

Wichtigste Lektüre: *Wenn Du ein höchst interessantes Buch lesen willst, so hole Dir das oftgenannte »Vanity*

Fair« von [William Makepeace] Thackeray [...], *ich stell'*
es fast noch über Dickens (an Emilie, 20. Juli).
Wiederholte Überlegungen, die Poesie aufzugeben. London erscheint ihm wieder als *das Größte, was diese Erde*
hat (an Emilie, 14. Juni). Rückblickendes Urteil: *Blick' ich*
zurück, so hat mein Leben hier viel Ähnlichkeit mit dem,
das ich vor 31 Jahren in London führte. Bewundernd ging
ich vom Hyde-Park nach Regents-Park, entzückt stand
ich auf Richmond-Hill und sah den may-tree blühn, die
Luft, die ich atmete, die Reichtumsbilder, die ich sah, – al-
les tat mir wohl, aber ich ging doch wie ein Fremder oder
als ein nicht zu voller und ganzer Teilnahme Berechtigter
durch all die Herrlichkeit hin. Immer bloß Zaungast (an
Mete, 4. August 1883).
12. April. *Katholizismus* [...] *eine große Volksverdum-*
mungs- im günstigsten Fall eine klug eingerichtete Volks-
beherrschungs-Anstalt. [...] *Der Protestantismus kann*
einpacken (aus Aachen an Emilie).
23. April. Theater: Michael William Balfes Oper »The Bo-
hemian Girl«.
2. (?) Mai – um 20. Juni. Die schwangere Emilie hält sich
bei ihrem Halbbruder in Liegnitz auf.
8. Mai. Besichtigung von Westminster Abbey: *The wonder*
of the world oder the miracle of the universe will mir doch
nicht voll als das erscheinen; gegen den Kölner Dom (ich
spreche nur vom Stil, in Bezug auf Größe ist ohnehin keine
Rivalität möglich) fällt die Abtei im Allgemeinen und die
Kapelle Heinrich's des VIIten in's besondre ab (Tagebuch).
10. Mai. *Und der Dichter [Fontane]?! Laß die Toten ruhn!*
(An Lepel.)
12. Mai. Vorstellung beim preußischen Gesandten.
18. Mai. Theater: Shakespeare, »King John«.
26. Mai. Erscheinen von Fontanes erster englischer Korrespondenz in der »Adlerzeitung«; bis **12. November**
17 weitere (ab der fünften unter dem Titel LONDONER
BRIEFE), alle mit der Sigle F.

2. – Ende Juni. Gastspiel eines deutschen Theaters mit Emil Devrient, den Fontane schon von Dresden her flüchtig kennt, in London. Fontane rezensiert Goethes »Egmont« (**10. Juni**), Schillers »Don Carlos« (**10. Juni**), Shakespeares »Hamlet« (**22. Juni,** zweifelhaft) und Lessings »Emilia Galotti« (**24. Juni**) in der »Adlerzeitung«; vgl. das Kapitel DAS DEUTSCHE THEATER IN LONDON in EIN SOMMER IN LONDON.

14. Juni. Besuch der National Gallery: *An der Spitze: die Murillos; lieblicheres als der Knabe (Johannes?) mit dem Lamm ist nicht zu sehn* (Tagebuch).

16. Juni. Besuch des British Museum: *Den ägyptischen, den etruskischen und griechischen Saal vorzugsweise durchstudiert. Wie lieblich die Griechen, wie widrig die Ägypter! Spiegelte sich nicht in allem, neben dem Häßlichen, jene Großartigkeit, die in den Pyramiden ihren höchsten Ausdruck fand, es wäre nicht anzusehn. Nichts ist schön, aber alles ist imposant; wie häßlich und wie hoch zugleich diese Art Bestattung; wie viel Sitte lebt nicht in diesem Todes-Kultus. Uns sind die Toten eine Last, kein Gegenstand der Verehrung mehr [...]. Manchen von uns ruiniert der Glanz des Lebens; in Ägypten ruinierte der Glanz des Todes [...]. Im Übrigen bewahr' uns Gott in Gnaden vor aller Mumien-Sitte, wie viel Sittlichkeit ihr auch zu Grunde liegen mag. Ein scheußlicher Gedanke so auf die Nachwelt zu kommen* (Tagebuch).

22. und 30. Juni. Besuch der jährlichen Gemäldeausstellung der Royal Academy of Arts in der National Gallery: *Kritiklos jede Schmieralie angenommen und das schlechteste neben das gute und beste gehängt. Da ist eine schwimmende »Ophelia« [von John Everett Milais], ein »Daniel in der Löwengrube« [von James Ward], eine »Zerstörung von Sodom und Gomorrha« [von John Martin], die wirklich alles überbieten, was kontinentale Tuschkasten bisher gesündigt haben* (Tagebuch).

30. Juni. *Ich sollte [Devrient] ins französische Theater begleiten, lehnte es aber ab. Die »french actors« (nur 10 Mann) sollen eine rüde Bande sein, talentvoll nur Levassor. In Bezug auf Weiber herrscht Gütergemeinschaft; die Nächte hindurch wird gespielt und gesoffen, gesungen und gekeilt – es sind immer noch die alten Franzosen, la grande nation – perdue, über kurz oder lang holt sie doch der Teufel, sie sind fertig* (Tagebuch).

24. Juli. Fontanes Finanzsituation beleuchtet Emilies Brief an ihren Mann nach London: »Von hier aus ist Niemand im Stande Dir Etwas zu senden. Mutter ist bereits durch Max auf ein Vierteljahr bankerutt u. Papa der seit 2 Tagen hier ist, erklärte mir heute, er wüßte kaum, wie nach Neustadt zurückkehren. Ich, – lebe durch Pump von Witte u. sehne sehr den 1ten herbei; dann muß ich Franke und den Tischler bezahlen, muß Torf kaufen, so daß ich genötigt bin, Dir von den 40 rt. die mir Quehl für Dich versprochen, die 15 rt. von mir zu der 5 Pfundnote zugelegten, abzuziehen, um doch eine kleine Summe zu den nötigen Ausgaben bei meiner Entbindung zur Verfügung zu haben. [...] Die Geldangelegenheiten sind doch wirklich zu miserabel bei uns.«

6. August. *Ich will hier nämlich Apotheker werden. Kann ich eine Summe von vielleicht tausend Talern auftreiben, so geschieht es jedenfalls, denn ich wiederhol' es, ich habe die Gnade satt und würde hier ein ganz raffinierter Geschäftsmann mit Anpreisungen, Zeitungsannoncen, Goldbuchstaben und allem Tod und Teufel sein* (an Emilie).

2. September. Geburt des zweiten Sohnes Rudolf, der am 15. des Monats stirbt und den Fontane daher nie sieht.

25. September. Rückkehr nach Berlin.

26. September. Sekretär des »Tunnels« bis **Mai 1854.**

1. Oktober. Wiederaufnahme der Tätigkeit bei der »Centralstelle«.

7. Oktober. Das Gedicht SIR WALTER RALEIGHS LETZTE NACHT in der »Adlerzeitung«.

17., 19. und 21. Oktober. Die von Lepel für Fontane aufgegebene Anzeige in der »Vossischen Zeitung«: »Unterricht im Englischen namentlich Konversationsstunden (über englische Literatur und englisches Leben) erteilt ein junger Mann, der so eben von einem längeren Aufenthalt in London zurückgekehrt ist. Die Stunde 15. sgr. [= Silbergroschen], für mehrere Teilnehmer billiger.«

November. Auf Eggers' Anstoß Gründung der »Ellora«, einer Abzweigung des »Tunnels«: *Eggers hat mich in seinen Zirkel gezogen, der allwöchentlich mal Sitzung hält und aus Dr. [Karl] Zöllner [...], [Wilhelm] Lübke, Eggers, Otto Roquette, [Richard] Lucae und meiner Wenigkeit besteht. Der herrschende Ton ist sehr liebenswürdig, nur nach meinem Dafürhalten nicht scharf genug* (an Witte, 4. Dezember). *Bei Eggers [...] versammelt sich jetzt allwöchentlich ein gemütlicher Kreis: dichtert, rhetort, musiziert, philosophiert und – frißt* (an Heyse, 8. Dezember).

9. November. Die erste Berliner Korrespondenz in der »Deutschen Allgemeinen Zeitung« des Leipziger Verlags Brockhaus, bis **20. Dezember 1853** folgen mehrere weitere.

Ende November. Prüfung als englischer Sprachmeister (Fricke).

Dezember. Zweite Auflage von ROSAMUNDE: *Eben hab' ich die Korrekturbogen meiner ROSAMUNDE durchstudiert. Wollt' ich das Ganze noch mal machen, so würd' es gewiß schlechter ausfallen (mir ist in diesen 5½ Jahren doch ein gut Teil Naivetät und noch manches andre unaussprechliche Etwas flöten gegangen), nichtsdestoweniger sind ein paar Geschichten drin, die der gereiftere Geschmack nicht recht übers Herz bringen kann* (an Lepel, 3. November).

9. Dezember. Gründung des »Rütli«, einer weiteren Abzweigung des »Tunnels«, ebenfalls auf Eggers' Initiative. Man trifft sich am Sonnabendnachmittag. Neben Eggers, Kugler, Merckel, Lepel, Heyse und Adolph von Menzel gehört auch Fontane zu den Gründungsmitgliedern. Das

Jahrbuch »Argo«, das schon am 6. Dezember geplant
wird, ist das poetische Organ des Kreises. Fontanes Urteil aus späterer Sicht: *Der Rütli ist jetzt reine Kaffeege-*
sellschaft, womit kein Tadel ausgesprochen sein soll. In
den alten Eggers'schen Zeiten, wo die besten Gespräche
durch Kunstblatt-Angelegenheiten, die sich endlos fort-
spannen, mal auf mal unterbrochen wurden, war es viel
langweiliger. Es ist wirklich nur Pflicht einzuräumen, daß
ich doch niemals einem Kreise angehört habe, in dem
durch Friktion so viel Anregung gegeben, so viel Leben
und Wärme produziert worden wäre. Gespräche über
Kunst, namentlich über gewisse kitzliche, eben jetzt in
Streit begriffene Punkte [...], kommen gewiß nicht allzu
häufig vor (an Heyse, 23. Dezember 1860).
12. Dezember. Vorlesung des Gedichts DIE JÜDIN, das einen Ritualmord an einem Christenkind thematisiert, im
»Tunnel«. Das Urteil schwankt »zwischen Verwerflich
und Sehr Gut« (»Tunnel«-Protokoll). Fontane nimmt die
Ballade in die »Argo für 1854« mit der Anmerkung auf,
daß die ihr zugrunde liegende, *dem dunkelsten Mittelal-*
ter angehörige Vorstellung [...] längst als Erfindung eines
blinden Fanatismus aufgedeckt ist. DIE JÜDIN erscheint in
den Auflagen der GEDICHTE bis 1892. Dann folgt Fontane Gustav Karpeles' Aufforderung, sie in der nächsten
Auflage wegzulassen: *Anno 50 war das alles nicht so*
schlimm, heut liegt es anders (an Karpeles, 19. Juni
1892).

1853

1. Januar. Rezension von Max Ring, »Stadtgeschichten
II. Teil: An der Börse« im »Literarischen Centralblatt für
Deutschland«.
22. Januar. Rezension von Bertold Auerbach, »Schwarz-
wälder Dorfgeschichten« im »Literarischen Centralblatt
für Deutschland«.

Februar. Übernahme der Schlußkorrektur der »Adlerzeitung«: *Ich habe jetzt nämlich nur von 8–11 Uhr abends Zeitungsdienst.* [...] *Meine Beschäftigung ist auf der Druckerei und nennt sich »Revision« oder »letzte Korrektur« der Preußischen Zeitung. Diese Arbeit sagt mir zu. Gesellschaftsbesuche werden dadurch freilich unmöglich und die gemütlichen Abendplaudereien fallen fort, aber welche Segnung auf der andern Seite, den ganzen Tag für sich zu haben* (an Witte, 16. Februar).

23. Februar. Fontane über sein Gedicht WANGELINE VON BURGSDORF ODER DIE WEISSE FRAU: *Man pflegt sein Neustes immer für sein Bestes zu halten. Ich kann das von der vorliegenden Arbeit nicht sagen. Ich glaube, sie hat Mängel und Fehler* [...]. *Ich darf ohne Übertreibung sagen, daß ich Preußen und die Hohenzollern so aufrichtig und so immer wachsend liebe, daß ich wohl wünschte, ein Gedicht, das so durch und durch ein vaterländisches und seinem Stoff nach ein Unicum ist, – wäre nun auch der Familie, deren Haussage es behandelt, so wie meiner Loyalität würdig* (an Lepel). Ähnlich noch ein Jahr später: *Nie hab' ich ein Gedicht mühsamer und liebevoller behandelt als diese letztgenannte Ballade. Es sollte was Vaterländisches werden und die konfusen Sagen über den Gegenstand zu etwas Einigem und Dichterischem abklären, aber meine Bemühungen sind an der Sprödigkeit des Stoffes gescheitert. Die Arbeit, glaub' ich, ist nicht talentlos, aber verfehlt* (an Storm, 27. März 1854).

März. Influenza-Erkrankung, aus der sich eine Lungenentzündung entwickelt, die den Sommer über auskuriert wird. Wegen des Verdachts auf Schwindsucht nimmt Fontane im **Juni/Juli** Urlaub von der »Centralstelle«. Er ist von **5. Juni – Anfang Juli** im Krankenhaus Bethanien bei einer Ober-Salzbrunnen-Kur und geht vom **5.–28. Juli** zur Erholung zu seinem Freund Scherz nach Kränzlin. Aufschneiderisch schreibt er im Brief vom

Fontane
Bleistiftzeichnung von Luise Kugler, 29. Mai 1853

4. Juli an den Verleger Brockhaus, *daß ich schon morgen mit Frau und Kind ins Bad reise.* Als gesundheitliches *Rettungsmittel* erscheint ihm eine aus finanziellen und familiären Gründen unmögliche ein- bis zweijährige *Reise nach Italien* (an Wolfsohn, 7. Juli). In dieser Zeit entwickelt Fontane die Gewohnheit, die in den letzten Lebensjahrzehnten zu seinem »Markenzeichen« wird: das Tragen eines Schals. Im Rückblick erscheint ihm die gesundheitliche Krise folgendermaßen: *Ich war im Winter 52 auf 53 sehr herunter, man sagte mir rund heraus, es sei nicht mehr viel los mit mir, aber ich glaubte es nicht. Ich ging in ein Krankenhaus (nach Bethanien), trank 3 oder 4 Wochen Salzbrunn, brauchte eine Nachkur auf dem Lande – frische Luft und Molke, und genas. Seitdem hab ich keinen Anfall mehr gehabt, wobei ich bemerken muß, daß ich sehr, sehr vorsichtig bin, bei Nacht zwei seidene Tücher umbinde und immer in einem Cache-nez stecke, nur 2 oder 3 Monate im Sommer trag ich's nicht direkt um den Hals, hab es aber immer bei mir, ganz ungeniert wie einen Spazierstock in der Hand, und binde es um, sowie ich ein Lüftchen spüre* (an Wolfsohn, 7. November 1860).

8. März. Erster Brief an den Husumer Dichter Theodor Storm (1817–1888), dem Fontane am **26. Dezember 1852** im Hause Kuglers zuerst begegnet. Da Storm von 1853 bis 1856 als Gerichtsassessor in Potsdam lebt und Gast in »Tunnel« und »Rütli« ist, ist der Kontakt mit Fontane in diesen Jahren recht intensiv. Fontane bewundert Storms Lyrik, obwohl er seinen Lebensstil für provinziell hält und seinen Antiborussismus nicht schätzt: *Ich bin nicht zufrieden hier mit meinem Leben [...], das aber segne ich [...], daß ich aus dem heraus bin, was ich mit einem Wort das »Theodor-Stormsche« nennen möchte, aus dem Wahn, daß Husum oder Heiligenstadt oder meiner Großmutter alter Uhrkasten die Welt sei. Es steckt Poesie darin, aber noch viel mehr Selbstsucht und Beschränkt-*

heit (an Merckel, 20. September 1858). – Der Briefwechsel zwischen beiden ist weitgehend erhalten (erste vollständige Publikation 1981). Im **September 1864** (vgl.: 6.–30. September 1864) kommt es zu einer Wiederbegegnung. Vgl. auch: 5. September und Juli 1854.

27. März. Der Redakteur Friedrich Zarncke bezeichnet Fontane anhand von dessen Rezensionen für das »Literarische Centralblatt für Deutschland« als »einen durchaus noch in den Rudimenten des Denkens und Urteilens befangenen, im schriftlichen Ausdruck stets trivial werdenden Mann« (Zarncke an Eggers).

29. Mai. Luise Kuglers im Haus ihres Bruders Franz Kugler angefertigte Bleistiftzeichnung Fontanes.

Frühsommer – 24. März 1855. Auf Vermittlung Ludwig Metzels jeden Montag Unterricht (*Schulmeister für alles*, DAS WANGENHEIM-KAPITEL) der Töchter der Geheimräte von Wangenheim und Fender. Die Beziehung zum katholischen Haus Wangenheim führt zu einer lebenslangen Freundschaft.

17. Juni. Fontanes Aufsatz über Storm in der »Adlerzeitung«.

2. Juli. Auf königlichen Erlaß wird »dem, zur Zeit im Diakonissenhause Bethanien befindlichen, Schriftsteller Theodor Fontane eine einmalige Unterstützung von 100 Rth. [= Reichstalern] gewährt«, nachdem Kugler am **4. und 10. Juni** Eingaben an den Geheimen Kabinettsrat Emil Illaire gemacht hat.

5.–28. Juli. Fontane ist bei Scherz in Kränzlin, während die schwangere Emilie in Begleitung von Scherz' Frau nach Dresden und in die Sächsische Schweiz reist.

Vor Ende Juli (?). JAGDGESCHICHTEN AM CAP in der »Rostocker Zeitung«.

Anfang August. Intensive Arbeit an der Novelle JAMES MONMOUTH.

5. September. Storm hält sich zur Klärung seiner beruflichen Situation fast vier Wochen im Haus Kuglers in Ber-

lin auf: *Das gab schöne, anregende Tage und eine Fülle,
für die hier kein Raum ist* (an Witte, 3. Oktober).

Oktober (?). Erscheinen von Fontanes erstem literaturkriti-
schen Aufsatz, UNSERE LYRISCHE UND EPISCHE POESIE
SEIT 1848, im 1. Band der kurzlebigen, von Karl Biedermann herausgegebenen Leipziger Zeitschrift »Deutsche
Annalen zur Kenntnis der Gegenwart und Erinnerung an
die Vergangenheit«: *Was unsere Zeit nach allen Seiten hin
auszeichnet, das ist der Realismus.*

3. Oktober. *Ich arbeite jetzt an Zusammenstellung eines
großen Werks: Volksgeist und Volksleben in seinen (des
Volkes) Inschriften. [...] Die Inschriften hierlandes,
wenn man sie als einen Ausdruck des Volksgeistes (im
Gegensatz zu den gelehrten Inschriften an Museen, Bi-
bliotheken usw.) faßt, finden sich nur in Kirchen und
Kirchhöfen. Dahin hab ich die Augen zu richten* (an
Witte). Es bleibt bei dem Plan.

Mitte Oktober. »Argo. Belletristisches Jahrbuch für 1854«,
hrsg. von Theodor Fontane und Franz Kugler (Dessau:
Katz). Fontanes Beiträge: die Erzählungen TUCH UND
LOCKE, GOLDENE HOCHZEIT, JAMES MONMOUTH, drei
Balladen mit englischer Thematik (JOHANNA GREY, DIE
HAMILTONS ODER DIE LOCKE DER MARIA STUART, SIR
WALTER RALEIGHS LETZTE NACHT) und neun Übertra-
gungen altenglischer Balladen mit ausführlichem Kom-
mentar. – Rezensionen: »Unterhaltungen am häuslichen
Herd«, Dezember, Nr. 11 (Karl Gutzkow), »Blätter
für literarische Unterhaltung«, 16. Februar 1854, Nr. 16
(Hermann Marggraff).

14. Oktober. Geburt des dritten Sohnes Peter Paul. – Kündigung durch die »Centralstelle«, bei der sich Fontane am
7. Dezember wieder bewirbt. Am **16. Dezember** genehmigt der Geheime Regierungsrat Hegel die Wiederanstellung zum **1. Januar 1854**.

1. November. Mitarbeit an der »Preußischen Korrespondenz«.

Nach Weihnachten. *Fand in Louisenstraße 35 drei Treppen hoch eine Nachweihnachtsfeier statt, zu der alle unverheirateten Freunde erschienen. Auch du* (an Heyse, 4. Januar 1886).

1854

Erste Hälfte. Fontane muß sich wiederholt Geld von Lepel leihen.

1. Januar. Wiederanstellung bei der »Centralstelle«.

16. Februar. Begegnung mit Joseph von Eichendorff. Laut Storms Brief an seinen Vater vom 24. Februar kommentiert Fontane das Ereignis: *Es ist doch etwas Famoses um einen alten Poeten, wenn er ein Echter ist.* Vgl.: 6. Januar 1857.

6. April. Tod des Sohnes Peter Paul. – Nervenzusammenbruch.

13.–19. April. Zur Erholung nach Letschin.

10.–20. Juni. Erholung bei Scherz in Kränzlin.

18. Juni. *Überall fühl ich meine äußerste Überflüssigkeit, das bloße Toleriertsein, und mit dem sterbenden Selbstvertraun stirbt zugleich die einzige Garantie einer glücklichen Zukunft* (an Heyse).

Juli. Verstimmung mit Storm wegen Fontanes angeblich »frivolem« Benehmen. Fontane entschuldigt sich: *Ich habe nicht Lust, hier den deutschen Biedermann par excellence zu spielen, aber ich darf mit gutem Gewissen behaupten, daß ich von Natur offen, ehrlich, unverstellt und ein lebhaftes, unterm Einfluß der Minute stehendes Menschenkind bin. Ich hab es noch immer nicht gelernt, mich im Zaume zu halten. Ich lache und weine noch im Theater, wenn die Situation komisch oder rührend ist. Ich bin noch so dumm [...], meinen letzten Groschen zu teilen, und ich platze auch mit einer Zweideutigkeit heraus, wenn mir gerade danach zu Mute ist. Ich habe hinsichtlich meiner Taten und Worte eine große Unbekümmert-*

*heit, und von meinen Worten möcht ich gelegentlich sa-
gen: sie haben mich* (an Storm, 25. Juli).

26. Juli. Erscheinen der am **5. Juli** beendeten langen Rezension von Gustav Freytags Roman »Soll und Haben«: *Preußen ist der Staat der Zukunft, weil er, solang es einen Protestantismus gibt, immer »einem tiefgefühlten Bedürfnis« entsprechen wird, und das Bürgertum [...] ist unbestritten die sicherste Stütze jedes Staats und der eigentliche Träger aller Kultur und allen Fortschritts. – Die Juden sind mal da und bilden einen nicht unwesentlichen Teil unserer Gesellschaft, unseres Staates. Zugegeben, daß es besser wäre, sie fehlten oder wären anders, wie sie sind, so wird uns doch umgekehrt der Verfasser darin beipflichten, daß es nur zwei Mittel gibt, sie loszuwerden: das mittelalterliche Hepp, Hepp mit Schafott und Scheiterhaufen oder eine allmähliche Amalgamierung, die der stille Segen der Toleranz und der Freiheit ist.*

27. Juli. Rezension von Alfred Tennyson, »Gedichte« im »Literaturblatt des Deutschen Kunstblattes«.

August. Erscheinen von EIN SOMMER IN ENGLAND (Dessau: Katz), Fontanes erstem größeren Prosawerk. – Rezensionen: »Atlantis«, Nr. 21, »Die Grenzboten«, 2. Semester (J. Schmidt), »Deutsches Museum«, Nr. 45 (Robert Prutz), »Unterhaltungen am häuslichen Herd«, 1855, Nr. 13.
Lektüre: Grimms »Märchen« und Storm, »Schleswigholsteinische Sagen«.

12. September. *Gearbeitet hab' ich einiges, doch steht von Schill und Wolsey noch nichts auf dem Papier. Es werden auch noch vierzehn Tage vergehen* (an Storm). Aus dem Schill-Projekt entwickelt sich schließlich der Roman VOR DEM STURM. WOLSEY bleibt Fragment, dessen genaue Entstehungszeit ungewiß ist. Helmuth Nürnberger, der es 1965 zuerst veröffentlicht, setzt die erhaltene Reinschrift nach Juli 1857 an.

3. Dezember. Die Ballade ARCHIBALD DOUGLAS mit großem Erfolg im »Tunnel« vorgelesen; sie erscheint in der »Argo für 1857« (vgl. aber: 7. Januar 1856).

16. Dezember. Übernahme des englischen Lektorats in der »Centralstelle«: Zusammenstellung von Auszügen aus englischen Zeitungen für deutsche. Vom **21. Dezember – 17. August 1855** 33 bisher unveröffentlichte Berichte aus der englischen Presse, Vorläufer der »Deutsch-englischen Korrespondenz«, die Fontane dann 1855–1856 direkt in London erstellt.

Ab November. Auf Vermittlung Lepels hält Fontane für »zwei Offiziere u. ihre Frauen«, von Selchow und von Seeckt, »geschichtliche Vorträge [...] über brandenburgische Geschichte von den Hohenzollern an« (Lepel an Fontane, 24. Oktober), Bezahlung: 1 Taler pro Stunde. Laut Charlotte Jolles' Auszügen aus dem verschollenen Tagebuch von 1854 finden solche Geschichtsvorträge auch bei Hauptmann von Borcke statt. Am **8. November** spricht Fontane *bei Herrn von Selchow über Karl den Großen. Zugegen die Familien von Borcke und Knesebeck,* am **15. November** *bei Hauptmann von Borcke [...] über die letzten Karolinger.* Als weitere Themen zeichnet Fontane auf: *Über Mazarin und die Fronde – Mazarin; Colbert – Über die sächsischen Kaiser – Lessing; Hainbund; Goethe – Französische Revolution – Barbarossa; Hohenstaufen – Don Carlos; Wallenstein* (Tagebuch).

1855

Anfang. Lektüre: Novellen von Heyse und Kugler.

18. Januar. Auf Anweisung der »Centralstelle« Berliner Korrespondent der »Westphälischen Zeitung«.

Frühjahr. Der Vater zieht nach Schiffmühle bei Freienwalde a. d. Oder. Das erhaltene Wohnhaus ist als Fontane-Stätte hergerichtet.

1. April. Laut Frickes »Chronik« Plan einer Italienreise.

31. Mai. Der Aufsatz SCHERENBERG (BEI GELEGENHEIT SEINES ABUKIR) im »Literaturblatt des Deutschen Kunstblattes«.

Pfingsten. Geburt des vierten Sohnes Hans Ulrich, eines Siebenmonatskindes, in Luckenwalde († 8. Juni).

8. Juni. Ablehnung, Berliner Korrespondent des »Manchester Guardian« zu werden.

21. Juli. Konstitution des provisorischen Vorstands der geplanten Berliner Zweigstelle der Schiller-Stiftung in der Wohnung Fontanes, der auch im »Tunnel« für das Unternehmen wirbt.

19. August. Metzel schlägt Fontane für den England-Posten der »Centralstelle« und den Aufbau einer »Deutschenglischen Korrespondenz« vor: »Als der geeignetste dazu erscheint mir der pp. Fontane, welcher eine ansprechende Persönlichkeit hat und wenngleich als politisch durchgebildet nicht betrachtet werden kann, so doch soviel allgemeine geschichtliche Kenntnisse, sprachliche Fertigkeit und in Folge zweimaliger längerer Anwesenheit in London Personal- und Ortskunde besitzt, daß das Unternehmen Aussicht auf Erfolg durch seine Mitwirkung bietet.«

21. August. Manteuffel bestätigt den Antrag mit einem ministeriellen Reisezuschuß von 300 Talern.

7. September. Reise über Hamburg zum dritten, mit Unterbrechungen fast dreijährigen Englandaufenthalt, um im Auftrag der preußischen Regierung die »Deutsch-englische Korrespondenz« zur politischen Orientierung der deutschen Presse aufzubauen. 14 fast ausschließlich preußische Zeitungen beziehen sie. Von Anfang an ein hoffnungsloses Unternehmen, da es schon eine ähnliche, politisch weniger gegängelte Korrespondenz gibt und Fontane die soliden Arbeitsmöglichkeiten fehlen. Die Unterstützung durch den Berliner Kollegen Dr. Menzel vom 1. Oktober – 31. März 1856 erschwert den Auftrag eher (vgl. Briefe an Metzel, 1. und 5. Dezember 1855).

Fontane steht sich finanziell während dieser Jahre recht
gut. Er bekommt bis Ende 1856 ein Monatsgehalt
von 140 Talern (davon 40 Taler Familienzulage), das
sich danach auf 165 Taler erhöht. Nach Übersiedlung
der Familie im Juli 1857 erhält er ein Jahresgehalt von
2000 Talern.

Umgang während dieser Jahre vor allem: die deutschen
Journalisten im Exil Dr. Beta (d. i. Heinrich Bettzich,
1813–1876) und Julius Faucher (1820–1878), mit dem
Fontane London *ganz oben und tief unten* (VON ZWAN-
ZIG BIS DREISSIG) durchstreift, der Sprachwissenschaft-
ler und Oxford-Professor Max Müller (1823–1900), der
Apotheker Julius Schweitzer, der englische Arzt Dr.
James Morris (1826–1900) und die englische Familie
Merington. – Fontane frequentiert das Café Divan an
der Straße »Strand« für Kontakte und zum Arbeiten,
ein Treffpunkt vor allem der ausländischen Journalisten,
wo viele Zeitungen ausliegen (vgl. das Gedicht AN EMI-
LIE, 18. DEZEMBER 1855). – Regelmäßige Besuche ei-
nes englischen Debattierclubs und des Ausländerclubs
»Babel«.

Emilie hält sich im September mit George bei ihrer
Freundin Johanna Treutler in Neuhof bei Liegnitz in
Schlesien auf, wo sie im Lauf der Jahre viele Erholungsur-
laube, oft mit ihren Kindern, verbringt. Sie zieht dann
nach einem kurzen Berlinaufenthalt bis Ende des Jahres
zur Schwiegermutter nach Neuruppin. Den größeren Teil
des Januar 1856 ist sie dann bei ihrer Freundin Laura
Knochenhauer in Luckenwalde.

10.–17. September. Wohnung zunächst in »Seyd's Deutschem Gasthof«, Finsbury Square, dann bis **13. Oktober**
in 3 Campden Road.

12. September. *Ich bin gestern und heut tüchtig umher
gewesen und habe von der Omnibushöhe herab die üb-
liche Parade über London abgenommen. Mit einer Art
Schrecken hab' ich dabei wahrgenommen, wie kalt und*

gleichgültig mich dies Riesentreiben läßt. Es ist fast, als hätt ich vor 3 Jahren das Kapital meiner Bewunderung bis auf den letzten Pfennig ausgezahlt (Tagebuch).

13. September. Beginnend mit »Henry VIII«, sieht Fontane in den nächsten zwei Jahren mehr als zehn Shakespeare-Stücke; auf die Theatererlebnisse baut er seine Serie von Aufsätzen über Shakespeare und das englische Theater auf (vgl.: 1. November – 16. Juni 1857).

15. September. Theater: Shakespeare, »Richard III«.

19. September. *Ich war ein paar Tage krank und bin noch nicht recht wohl. Die total veränderte Lebensweise, bei Tage kein Schlafrock, bei Nacht kein warmes Bett und erbärmlich dünnen Tee statt starken Kaffes – da wird das deutsche Herz krank und der Magen dazu* (an Metzel).

13. Oktober. Wohnung: 23 Ormond Street, bis **Januar 1856** und dann wieder nach Emilies Rückkehr nach Berlin von **Juni – Ende Juli 1856.**

18. Oktober. Storms Artikel über Fontane im »Literaturblatt des Deutschen Kunstblattes«.

24. Oktober. Theater: Shakespeare, »Hamlet«.

1. November – 16. Juni 1857. Neun Aufsätze über SHAKESPEARE AUF DER MODERNEN ENGLISCHEN BÜHNE im »Literaturblatt des Deutschen Kunstblattes«, die erweitert und verändert in fünf Kapiteln vom **8.–26. Januar 1857** unter dem Titel DIE LONDONER THEATER MIT RÜCKSICHT AUF SHAKESPEARE in der »Zeit« und dann in AUS ENGLAND erscheinen.

27. Oktober. Theater: Shakespeare, »Othello«.

19. November. Erste Nummer der »Deutsch-englischen Korrespondenz«.

14. Dezember. Theater: Shakespeare, »Henry IV, Part One«.

1856

7. Januar. Die erst 1986 entdeckte Erstveröffentlichung der Ballade ARCHIBALD DOUGLAS in der »Deutschen Jugendzeitung«, gezeichnet »Bornemann (Berlin)«: *In einem miserablen alten Übersetzungsbande von Walter Scott* [...]*, graumarmoriert mit blutrotem Schnitt, fand ich die ARCHIBALD DOUGLAS Geschichte als lange Anmerkung zu einer der weniger bekannt gewordenen W. Scottschen epischen Dichtungen. Die Geschichte verläuft da aber umgekehrt: König Jacob läßt den Douglas abfallen* (an den Verlag G. Grote, 7. Mai 1897). – Emilies Reaktion auf das Gedicht: »Wer einen ARCHIBALD DOUGLAS geschrieben, versündigt sich, wenn er sagt: ›es drippelt nur‹. Die ›Menge‹ macht den Dichter nicht, ein einziges Gedicht kann einen unsterblich machen; dies ist ein früherer Ausspruch von Dir« (an Fontane, 17. Januar 1857).
Späte Folge des Erfolgs dieser zusammen mit HERR VON RIBBECK AUF RIBBECK IM HAVELLAND wohl populärsten Ballade Fontanes: *Denken Sie sich, Sonntag vor acht Tagen kam [der Sänger Arnold von Senfft-Pilsach] zu mir, um zu fragen, ob er mir den Sonntag darauf den ARCHIBALD DOUGLAS vorsingen dürfe. Da Sie Senfft besser kennen als ich, so wissen Sie, daß diese Anfrage eine Anmeldung war. Also nächsten Sonntag. Richtig, er kam, nachdem er mir's am Freitag vorher noch mal auf einer Sechserkarte angezeigt hatte; beiläufig in einer schauderösen Handschrift. Vergleicht man es mit seiner Stimme, so kann man sagen: er singt wie ein Pommer (wo er her ist), aber er schreibt wie ein Sachse. Nun denken Sie sich eine »Matinée musicale« bei Fontanes; Rot- und Weißwein, Ungar, und namentlich so viel Weingläser auf japanischen Tabletts, wie irgend aufzutreiben waren. Dazu King's Cake von Schilling. Ich sagte nachher zu Zöllner: »Wird der ARCHIBALD DOUGLAS noch 3mal bei mir gesungen, so bin ich bankrutt.« Und nun ging es los. Natür-*

lich hatt ich auch stimmen lassen müssen, und ein junger Klaviermensch, ich glaube, Herr Otto Schmidt, war mit von der Partie. Jetzt Noten auf den Stuhl gepackt, entweder weil es zu niedrig war oder weil er was Hartes haben wollte, Stimmgabel raus (mit der Senfft beständig operiert wie andre mit dem Lorgnon), und »Ich hab es getragen sieben Jahr« brauste durch meine sieben Fuß hohen Hallen. Um gerecht zu sein, er sang es recht gut und hatte die Genugtuung, auf uns alle eine große Wirkung ausgeübt zu haben. Der Mensch stellte aber sehr bald wieder den Sänger in Frage; er platzte vor Eitelkeit, und ich war froh, daß ich durch eine Flasche uralten Nordhäuser-Kornbranntweins, die ich, neulich von dorther als Geschenk erhalten, nun als Rarität hervorholte, seine Aufmerksamkeit einen Augenblick von seinen Triumphen abziehn konnte. Denn so sehr er Bismarck haßt, so hat er doch einzelnes mit ihm gemein; darunter die Vorliebe für Nordhäuser. Der Ungar wurde sofort wie Limonade behandelt und als »zu matt« zurückgeschoben (an Clara Stockhausen, 27. Dezember 1878).

23.–25. Januar. Reise von Emilie, George und Fontanes Schwester Elise nach London; am **25. Januar** Fontane in Dover, um sie abzuholen. Wohnung: 38 Berner Street, im **Mai**: 23 Cheptow Place.

Februar – November. Lektüre: Thomas Babington Macaulay, »History of England from the Accession of James the Second«.

8. Februar. *In Storm und Heines »Romanzero« gelesen* (Tagebuch).

8. März. Anordnung des Ministerpräsidenten von Manteuffel, die »Deutsch-englische Korrespondenz« aufzugeben: »Doch bin ich damit einverstanden, daß, wenn der p. Fontane es vorzieht, in England zu bleiben, anstatt in seine frühere Stellung bei der Central-Preßstelle wieder einzutreten, und wenn es seinen Intentionen entspricht, von dort politische Korrespondenzen und Berichte für das Gouvernement, sowie für die deutsche Presse zu liefern, ihm in dieser Eigenschaft als Korrespondent gegen näher zu bestimmende Verpflichtungen eine angemessene Subvention von etwa 1000 Rtl. jährlich gewährt werden.«

27. März. Theater: Shakespeare, »King Henry VIII«.

31. März. Einstellung der »Deutsch-englischen Korrespondenz«. Fontane bleibt als *eine Art Berichterstatter und Korrespondent* (an Eggers, 23. April) der preußischen Regierung in London. Seine Aufgaben werden in Metzels »Entwurf der Instruktion für den Literaten Theodor Fontane in London« vom selben Datum festgelegt als »Alles dasjenige [...], was in dem Bereiche der politischen Presse Englands liegt. In dieser Hinsicht wird Ihre Tätigkeit eine zwiefache sein: Einmal daß Sie mit Aufmerksamkeit den Gang der politischen Diskussionen sowie die Parteientwicklung innerhalb der englischen Presse verfolgen und darüber von Zeit zu Zeit Bericht erstatten, dann daß Sie eine direkte Einwirkung auf diese selbst zu gewinnen suchen, und in der deutschen, sei es durch das Medium der Schlesinger deutsch-englischen Korrespondenz, sei es auf direktem Wege durch Korrespondenzartikel für deutsche Blätter, die Ihnen entweder zugewiesen werden oder mit denen Sie selbst unter Genehmigung der Centralstelle in Verbindung treten, Gegenstände der internationalen Beziehungen im Interesse des Preußischen Gouvernements behandeln. In allen diesen Punkten haben Sie zunächst den Weisungen der Königlich preußischen Gesandtschaft Folge zu leisten.« Instruktionen durch den Gesandten finden regelmäßig statt.

1. April. Ausflug nach Windsor.

6. April. *Emilie heimweh-krank wie immer* (Tagebuch).

9. April. Theater: Shakespeare, »Antony and Cleopatra«. Später im April möglicherweise auch »A Winter's Tale«.

6. Mai – 8. Juli. Auf ausdrückliche Instruktion durch die Regierung Fontanes allerdings bald wieder aufgegebene Mitarbeit bei der »Vossischen Zeitung« mit einigen Arti-

keln über England: *Die Vossin geb ich wieder auf. Es sind
Schafsköpfe. Dixi* (an Eggers, 18. Juni).

8. Mai. Matinée musicale in der preußischen Gesandtschaft:
Das diplomatische Corps großenteils zugegen. [...] *Außerdem viel englische Aristokratie* (Tagebuch).

9. Mai. *Abermaliger Entschluß, Frau und Kind nach Haus
zu schicken. Es wird Ernst* (Tagebuch).

18. Mai. Emilie kehrt nach Berlin zurück und zieht in die
Puttkammer Straße 4, 2 Treppen. Sie verbringt den
größeren Teil des Juni wieder in Luckenwalde und zieht
am 1. Juli in die Mansarde einer schönen Villa in der
Bellevuestraße 16. Fontane zieht zurück nach 23 New
Ormond Road.

29. Mai. Der Aufsatz KRISTALLPALAST-BEDENKEN in der
»Vossischen Zeitung«.

10. Juni. Besuch der jährlichen Kunstausstellung der Academy of Arts: *Köstliche Weiberporträts* (Tagebuch); Bericht
darüber in der »Vossischen Zeitung« am **27. Juni.**

13. Juni. Ablehnung von Fontanes Wunsch, nach Berlin
zurückzukehren, durch das Innenministerium.

24. Juni. Besuch des Sir-John-Soane-Museums in London.

6. Juli. Besuch von Waltham Abbey (vgl.: 28. Juli 1857).

7. und 21. Juli. Theater: Shakespeare, »Twelfth Night«.

11./12. Juli. Ausflug per Schiff zur Ostküste Kents: Mar-
gate, wo Fontane *von einem Gaul zu Boden geworfen* (an
Emilie, 12. Juli) wird, und Ramsgate. Zurück über Can-
terbury.

27. Juli. Ausflug nach Hampton Court mit englischen und
deutschen Bekannten: *Mein Körper war noch einmal jugendlich; ich lief mit Schweitzer um die Wette, sprang und
kletterte wesentlich besser und warf ihn beim zweiten
Ringen (trotz aller seiner Künste) zum Jubel der Ver-
sammlung – er hält sich nämlich für einen Rapps – hin.
Ich merkte deutlich, daß ich au fond viel stärker war,
denn ich purzelte das erste Mal nur durch eins seiner
Kunststücke und weil ich die Attacke machte; das zweite*

*Mal war ich bereits halb erschöpft und warf ihn doch
ohne besondre Anstrengung. Es ist eigentlich nicht Eitelkeit, daß ich Dir das schreibe, sondern eine Art kindliche
Freude darüber, daß die alten Gebeine immer noch halten
und daß man es selbst mit dem jungen Volke siegreich
aufnehmen kann. Geisteskraft ist gut, aber Körperkraft
ist auch nicht übel* (an Emilie, 28. Juli).

2. August. *Daran, daß ich anfange, an Musik Gefallen zu
finden, merk ich deutlich, daß ich alt werde* (an Emilie).

3. August. *Immer Hammel; ich kann es kaum noch aushalten; ich gäbe 1 Rthr [= Reichstaler] für eine Portion Scho-
ten und Mohrrüben oder für eine Satte saurer Milch.
Mein Magen ist hin* (Tagebuch).

5. August. Theater: Donizettis Oper »La figlia del regi-
mento«.

9. August. Wohnung: 92 Guilford Street, bis **Mai 1857.**
Dann kurzfristig 9 East Compton Street.

10.–13. August. Besuch bei Max Müller in Oxford mit Abstechern nach Warwick Castle, Kenilworth und Stratford
on Avon (vgl.: Januar 1861).

19. August. Erste Erwähnung dessen, was später zu den
Wanderungen durch die Mark Brandenburg wird:
Einen Plan gemacht. »*Die Marken, ihre Männer u.
ihre Geschichte. Um Vaterlands- u. künftiger Dichtung
willen gesammelt u. herausgegeben von Th. Fontane*«
(Tagebuch).

20. August. Theater: Shakespeare, »A Winter's Tale«.

28. August. Reise nach Berlin über Köln mit dem Londoner Verleger des »Morning Chronicle«, dessen geschäftli-
che Verbindung mit der »Centralstelle« sich zerschlägt.

17./18. September. Besuch des Vaters in Schiffmühle.

18./19. September. Besuch der Schwester Jenny in Letschin.

27. September. *Nachmittags zu Menzel. Sein »Hochkirch«
u. seine »Begegnung Kaiser Josephs u. Friedrichs des Großen im Schloß zu Neiße« gesehn. Das erstre ist nahezu*

fertig. Ein bedeutendes Bild, das nur wieder an jenem Fehler laboriert, dem man bei Menzel öfters begegnet, – kein eigentlicher Mittelpunkt, weder äußerlich noch innerlich (Tagebuch).

4.–23. Oktober. Rückreise Fontanes in Begleitung seines Vorgesetzten Dr. Metzel nach London über Leipzig, Bamberg (5.), Nürnberg (6.), München (7.–10., **8. Oktober**: Theater: Shakespeare, »Der Sturm«, **9. Oktober**: Ausflug zum Starnberger See), Ulm, Stuttgart (11.), Heidelberg (12.), Mannheim (13.) und Paris (14.–22., **18. Oktober**: Versailles), das ihn nicht sehr beeindruckt.

18. Oktober. Erster Artikel als Londoner Korrespondent in der »Neuen Preußischen Zeitung« (wegen des Kreuzes im Titelkopf »Kreuzzeitung« genannt und so zitiert): AM TAGE VON JENA AUF DER BRÜCKE VON JENA. Es folgt bis **Ende 1857**, als Fontane das feste Verhältnis beendet (vgl.: 3. Juni und 23. November 1857), eine Reihe von Artikeln über England; danach nur noch einzelne.

31. Oktober. Lektüre: Schiller-Balladen: »Das eleusische Fest« und »Hero und Leander«.

November. »Argo. Album für Kunst und Dichtung für 1857«, hrsg. von F. Eggers u. a. (Breslau: Trewendt und Granier). Fontanes Beiträge: die Tenzone REDEN IST SILBER, SCHWEIGEN IST GOLD mit Lepel und die Ballade ARCHIBALD DOUGLAS. – Lektüre: Johann Gustav Droysen, »Leben des Feldmarschalls Grafen York von Wartenburg«.

3. November. Geburt des fünften Sohnes Theodor Henry (Theo, † 1933).

10. November. Besuch im Marlborough House zur Ausstellung von 20 Gemälden William Turners; Bericht darüber, gezeichnet »Noel«, am **15. Januar 1857** im »Deutschen Kunstblatt«. Weitere Besuche: **31. Dezember 1857**, **27. Juli 1858**.

Januar. Nach Ablehnung der ersten Korrespondenz Kündigung der Mitarbeit bei »Westermanns Monatsheften«; im **Februar** erscheint Fontanes einziger englischer Beitrag darin: Nachträgliches über das Weihnachtsfest – Theatralisches – Transportationsfragen. – Erscheinen der Broschüre Die Londoner Wochenblätter.

1. Januar. Verlängerung des beruflichen Aufenthalts in London um ein Jahr, dann 1858 um drei weitere Jahre.

3.–9. Januar. Sechs Artikel über Die englischen Wochenblätter in »Die Zeit. Neueste Berliner Morgenzeitung«.

6. Januar. Lektüre: Heyse, »Die Braut von Cypern«, im darauf folgenden Brief an Heyse eine Lobeshymne auf Eichendorffs »Aus dem Leben eines Taugenichts«, *den ich so sehr hoch stelle, wahrscheinlich zu hoch.* [...] *Der Taugenichts ist after all nicht mehr und nicht weniger als eine Verkörperung des deutschen Gemüts, die liebenswürdige Type nicht eines Standes bloß, sondern einer ganzen Nation. Kein andres Volk hat solch Buch. Ein Buch aber, in dem sich vor einem, auf wenigen Blättern und mit der Naivietät eines Märchens, die tiefsten Seiten unsres Lebens erschließen, ein solches Buch muß was Apartes sein.*

8. Januar. Theater: Shakespeare, »The Merry Widows of Windsor«.

20. Januar. Fontanes Leserbrief A Word for Prussia and her King im »Morning Chronicle«.

24. Januar. *Von Herrn Witting (Musik-Direktor in Lippstadt) die Komposition dreier Lieder von mir* (Tagebuch) – die ersten Kompositionen Fontanescher Texte. Wittings Bitte, ein Opernlibretto zu schreiben, lehnt er ab.

28. Januar. *Geplaudert über die neusten Romane von Dickens: Little Dorritt* [...]*, Hard Times, Dombey & Son, Bleak House etc.* (Tagebuch).

5. Februar. Theater: Sheridan, »The School for Scandal«.

6. Februar. Theater: Shakespeare, »A Midsummer Night's Dream«.

7. Februar. Nachricht vom Plan einer englischen Übersetzung von EIN SOMMER IN LONDON – zu Fontanes *Entsetzen* (Tagebuch), wohl wegen der darin verwendeten Übernahmen aus englischen Quellen.

11. Februar. Theater: Shakespeare, »Othello«.

18. Februar. Theater: Shakespeare, »The Two Gentlemen of Verona«.

21. Februar. Theater: Shakespeare, »Macbeth«.

26. Februar. Lektüre: Heine, »Reisebilder«.

27. Februar. Theater: Shakespeare, »The Comedy of Errors«, Sheridan, »The Rivals«.

4. März. Theater: Shakespeare, »Henry IV, Part One«.

26. März – 28. April. Urlaub in Berlin.

15. April. Theater: Shakespeare, »Macbeth«.

17./18. April. Besuch des Vaters in Schiffmühle.

Mai. In Erwartung ihrer Umsiedlung nach London nimmt Emilie Englischunterricht bei Mrs. Nessler und schreibt ihrem Mann am **23. Mai** einen Brief auf englisch: »I am tormenting myself, to write an english letter to you, but what does one not do for love.«

4. Mai. Besuch der jährlichen Kunstausstellung der Royal Academy of Arts in der National Gallery, Bericht in der »Kreuzzeitung« am **19. Juni**: DIE LONDONER KUNSTAUSSTELLUNG.

6. Mai. Theater: Shakespeare, »Richard II«.

18. Mai. Lektüre: In George Grote, »Geschichte Griechenlands«.

22.–24. Mai. Das Gedicht LOUIS FERDINAND geschrieben, das erst am **13. Februar 1859** im »Tunnel« vorgelesen und in der »Argo für 1860« veröffentlicht wird.

26. Mai. Das am **15. und 16. Mai** geschriebene Gedicht DIE FAHNE SCHWERINS in der »Kreuzzeitung«.

Juni. George und Theo haben Masern.

3. Juni. *Die halbjährige Praxis, die ich nun als »Kreuzzeitungs«-Korrespondent habe, hat mich gelehrt, daß ich an dem Blatt in keinerlei Weise, auch nicht in allerbescheidenster, mitzubauen habe, sondern daß ich ein bloßes Ornament bin. Sie wissen, daß ich ein bißchen Esprit, ein bißchen Witz, eine passable Schilderungsgabe und einen dito Stil habe und sind darauf aus, nach der Seite hin, mich so gut wie möglich zu verwenden. Aber politisch bin ich Ihnen eine Null und Sie gestatten meinen Auffassungen, meinen Urteilen über Dinge und Personen kaum irgend Zutritt, geschweige Einfluß* (an Tuiscon Beutner; vgl.: 23. November).

4. Juni. *Ein Buch intendiert, unter dem Titel: »Brandenburgische Geschichten.« (z. B. also: der falsche Waldemar, die Hussiten vor Bernau. Geschlechter u. ihre Sagen. Derfflinger. Sidonie von Borck. (pommersch.) Die kurfürstl. Schlösser. Rheinsberg. Kohlhaas. Prinz von Hessen Homburg etc.)* (Tagebuch). Es bleibt bei dem Plan.

13. Juni. Lektüre: In Julian Schmidt, »Geschichte der deutschen Nationalliteratur im neunzehnten Jahrhundert«.

28. Juni. Manteuffel genehmigt Fontanes weitere Einstellung auf drei Jahre ab **1. Januar 1858**.

28. Juni – 9. Juli. Reise nach Manchester (mit Abstecher nach Liverpool am **5. Juli**) zur großen Kunstausstellung. Die Eindrücke werden zu der Artikelserie AUS MANCHESTER verarbeitet, die vom **3. Juli – 7. November** in der »Zeit«, dann 1860 in AUS ENGLAND erscheint. Darin über die Präraffaeliten: *Die wahre Bedeutung der Schule indes liegt in dem, was ich lyrische Vertiefung genannt habe. Es sind Poeten. Die Präraffaeliten haben das Gebiet des malerischen Stoffs, des künstlerischen Vorwurfs ebenso geschickt wie kühn zu erweitern und das alte Material, wenigstens teilweise, tiefer aufzufassen gewußt.* – Über John E. Millais' Bild »Autumn Leaves« (1855/56): *In jener reizvollen Vieldeutigkeit [...] liegt auch der Zauber dieses Bildes. Es ist dies nicht die Unbestimmtheit der künstleri-*

*schen Schwäche, die nur unbestimmt ist, weil das Be-
stimmte jenseits ihrer Kraft liegt, es ist jene Unbestimmtheit, die immer da waltet, wo ein reiches inneres Leben
sich in seiner Ganzheit vor uns erschließt und, statt einsei-
tiger Befriedigung, eine vielfache und fruchtbare Anregung gibt* – ein für Fontanes spätere Romankunst eminent wichtiges Urteil.

6. Juli. *Ruskins Broschüre über die Präraphaeliten gelesen*
(Tagebuch).

22. Juli. Theater: Shakespeare, »Macbeth« in italienischer
Sprache mit der Tragödin Adelaide Ristori.

23. Juli. Emilie und die beiden Söhne übersiedeln nach
London, wo sie am **27. Juli** ankommen.

28. Juli. Der am **16. Juli** abgeschickte Aufsatz WALTHAM
ABBEY in der »Kreuzzeitung« (vgl.: 6. Juli 1856).

9. August. Bezug des Hauses 52 St. Augustine Road, wo
Fontanes bis **Januar 1859** wohnen – zum erstenmal seit
ihrer Heirat in finanziell und räumlich angenehmer Situation, vgl. die ausführliche Beschreibung an Merckels,
13. August.

26. September – Ende des Jahres. Lektüre: Herder, Ver-
schiedenes.

2. Oktober. *Das Brockhaussche Konversations-Lexikon gekauft* (Tagebuch).

21. Oktober. Der am **16. Oktober** geschriebene Aufsatz
THE WATERLOO-BRIDGE TRAGEDY in der »Kreuzzeitung«.

November. »Argo. Album für Kunst und Dichtung für
1858«, hrsg. von Friedrich Eggers u. a. (Breslau: Eduard
Trewendt). Fontanes Beiträge: acht Gedichte als TAGE-
BUCHBLÄTTER AUS FREMDE UND HEIMAT und die Ballade
DER LETZTE YORK: *Ich zähl es mit zu meinen besten Gedichten und war in den Grundgedanken so verliebt, daß
ich immer wieder an die Arbeit ging und die nicht geringen Schwierigkeiten zu überwinden trachtete* (an Henriette von Merckel, 12. Dezember).

1. November. Plan einer Parisreise.

10. November. Bericht Metzels an Manteuffel: »Fontane hat bei vielen sehr hoch zu schätzenden Eigenschaften nicht die Energie und die Beweglichkeit, dauernd auf einen Zweck hinzuarbeiten und dazu verschiedene Mittel in Anwendung zu bringen. Bei einem anständigen, fast romantisch-ritterlichen Wesen wird er zu leicht verletzt, wenn er auf gewöhnliche Lebenspfiffigkeit stößt, die die Ehrenhaftigkeit seines Verfahrens nicht genug würdigt oder ihr wohl gar mißtraut. Er läßt sein Gefühl dann walten und überträgt dasselbe auf die Sache, so daß das Gebiet des Unanständigen bei ihm riesengroße Dimensionen annimmt.«

23. November. Auflösung der festen Mitarbeit an der »Kreuzzeitung« zum **1. Januar** wegen politischer Differenzen: *Die Hauptsache ist, daß wir es nie zu einer rechten Einigung haben bringen können; mitunter schien es, als kämen wir uns näher, aber [...] wir (kamen) immer weiter von einander ab [...]. Ich selbst bin mir gewisser Unkonsequenzen sehr wohl bewußt, aber ich glaube andererseits bemerkt zu haben, daß auch die »Kreuz-Zeitung« ihren Cours nicht unwandelbar innegehalten hat und so ist es denn, ohne irgend welches Aufgeben von Grundanschauungen in Bezug auf England zu milderen Auffassungen von Ihrer zu herberen von meiner Seite gekommen. Wir haben uns, von unseren ursprünglichen Positionen aus, in beinah entgegengesetzter Richtung fortbewegt. Indien ist der besondere Punkt der Meinungsverschiedenheiten geworden. Ganz England, so wie es in Beziehung zu Indien genannt wird, ekelt mich an. Als der Kampf begann, war ich noch ein guter Engländer, voller Sympathien für die Sache dieses Landes. Das ist längst vorüber. Diese »rothaarigen Barbaren« mit allen ihren stolzen Eigenschaften, die ich nie bestreite, sind ein Räuber- und Piratenvolk durch und durch. Ich habe die feste Überzeugung, daß die Wetterwolke Gottes über* *diesem Volke steht. Von einem England, das »Buße tut in Sack und Asche« sprechen, ist barer Unsinn. Die Kirchlichkeit ist groß in diesem Lande; für seine Religiosität aber, für seinen Glauben, soweit er im Gemüt und nicht im Charakter wurzelt, zahl' ich keinen Sixpence. So miserable, so madig wie ihre Reformation war, so ist die englische Kirche auch geblieben. Und solch Volk soll das große Banner der Kreuzzüge entfalten?! Die Wege Gottes sind zwar wunderbar, aber ich bezweifle es vorläufig, daß er sich des begeisterungslosen Speckhöckertums bedienen wird, um Asien zu christianisieren, oder daß er vorhat, irgend einen Galgenvogel aus der Warren Hastings-Schule zum Gottfried von Bouillon zu machen* (an Beutner; vgl.: 3. Juni).

26. November. Vortrag Fontanes im Babel Club: THE REVIVAL OF THE GERMAN LITERATURE DURING THE LAST CENTURY.

25. Dezember. Das Gedicht VOLKSLIED in der »Kreuzzeitung«.

1858

25. Januar. Hochzeit des preußischen Prinzen Friedrich Wilhelm, des späteren Kaisers Friedrich, und der britischen Princess Royal Victoria in London. Fontane berichtet darüber in der »Zeit« in einer Reihe von Feuilletons: DER PALAST VON ST. JAMES UND DIE ROYAL CHAPEL (**7. und 8. Januar**); DIE ZWEI LETZTEN TRAUUNGEN IN DER ROYAL CHAPEL (**17. und 19. Januar**); FESTLICHE VORBEREITUNGEN IN STADT UND SCHLOSS WINDSOR (**21. Januar**); DIE ERSTE FESTVORSTELLUNG IN »IHRER MAJESTÄT THEATER« ZU LONDON (Shakespeare, »Macbeth« mit Samuel Phelps) (**23. Januar**); DER HOFBALL, DIE REVUE BEI WOOLWICH, UNSERE PRINZEN, UNSERE PRINZEN IN LONDON, DER BESUCH IN WOOLWICH und ALLES ZU SEINER ZEIT (**25. Januar**); DIE SOIRÉE IN PRUS-

sia House (**28. Januar**; sie findet am **23. Januar** statt);
Die »Kolonnade« von St. James am Vermählungs-
tage (**29. Januar**); Am Abend des Vermählungstages
(**30. Januar**); Die Abreise der hohen Neuvermählten
(**5. Februar**). – Fontanes Gedicht Willkommen. Zur Be-
grüssung Ihrer Königlichen Hoheit der Prinzessin Friedrich Wilhelm erscheint dort am **8. Februar**
anonym.

28. Februar. *Wir träumen jetzt von einer Pariser Reise, die
soll das Blut wieder warm und flüssig und die Seele wieder freudig und produktiv machen. Etwas von der Art
muß geschehn, sonst schlaf ich ein. Wenn wir Sie doch in
Paris treffen könnten* (an Merckel, der den Vorschlag am
11. März ablehnt).

März. Lektüre: Immermann, »Münchhausen«, Caroline
von Wolzogen, »Leben Schillers«.

28. März. Hugo von Blombergs Bleistiftzeichnung Fontanes.

30. April. Wegen der schlechten Gesundheit Wunsch, auf
Staatskosten ein Jahr nach Italien geschickt zu werden
(vgl. Brief an Henriette von Merckel). – *Ich möchte
3 Bände zu gleicher Zeit edieren. Band I: Bilderbuch aus
England (lauter kurze Skizzen, wie ich deren nachgerade
so viele geschrieben habe). Band II: Die englische Presse.
Die englische Kunst. Das englische Theater. Band III:
Englische Balladen, alte und neue, übersetzt von
Th. F.* (ebd.).

Mai. Lektüre: Droysen, »Preußische Geschichte«.

10. Mai. Lektüre: Hauff, »Das Wirtshaus im Spessart«:
ziemlich langweilig (Tagebuch).

12. Mai. Besuch der Sommerausstellung der Royal Academy of Arts.

13. Mai und 17. September. Übersetzung von Abschied
Lord Maxwells aus Scotts »Minstrelsy of the Scottish
Border«, am **3. April 1859** im »Tunnel« vorgelesen, ver-
öffentlicht in dem Aufsatz Die alten englischen und

schottischen Balladen im »Morgenblatt für gebildete Leser«.

22. Mai. Besuch der Bridgewater Gallery: *Drei schöne Raf-faels, ein herrlicher Domenichino, eine conceptio immacu-lata von Guido Reni (außerordentlich schön), ein Turner, ein Paul de la Roche und viele Niederländer* (Tagebuch).

Juni. Lektüre: die alttestamentlichen Bücher »Ruth« und »Samuel«.

3. Juni – 31. Juli. Sieben Feuilletons über London unter dem Titel Von der Weltstadt Strassen in der »Kreuz-zeitung«.

Sommer. Nervenkrise, Brust- und Halsleiden.

Juli. Lektüre: Homer, »Ilias«.

August. »Argo. Album für Kunst und Dichtung für 1859«, hrsg. von F. Eggers u. a. (Breslau: Eduard Trewendt). Fontanes Beiträge: vier Übertragungen altschottischer Balladen.

5. August – 4. September. Aufenthalt Lepels in London.

9.–25. August. Schottlandreise mit Lepel: Edinburgh mit Abstechern nach Linlithgow und zum Schlachtfeld von Floddenfield (10.–12.), Stirling mit Abstechern zur Tal-enge der Trossachs und nach Loch Kathrine (13./14.), Perth (15.), Inverness mit Abstecher zum Schlachtfeld von Colloden (16./17.), auf dem Caledonian Canal nach Oban mit Abstechern zu den Inseln Staffa und Iona (18./19.), Bowling, Balloch mit Abstechern nach Loch Lomont (20./21.), Glasgow, Edinburgh mit Abstechern nach Kinross, Loch Leven, Leith, Melrose, Abbotsford, dem Wohnsitz Walter Scotts (22.–24.): *Es waren schöne Tage (16) und wenn ich, so Gott mich leben läßt, längst ein alter Krepel sein werde, der die Vossische liest und bei Odeums Kaffe trinkt, werd' ich alten Staatshämorrhöida-rien mit einem letzten Rest von Feuer – während sie ihre Sechser-Zigarre rauchen – von Edinburg erzählen und von Stirling und Perth und von Inverneß und dem Schlosse Macbeths drin König Duncan ermordet wurde.*

Wenn dann die alten Jungen das Maul aufsperren und die letzten Haare, die ihnen Gott gelassen hat, sich in die Höhe sträuben, werd' ich dieser schottischen Reise, an der Hand eines lieben und nachsichtigen Freundes in Wehmut und Dankbarkeit gedenken (an die Mutter, 17. September). Ähnlich enthusiastisch noch die späte Erinnerung im Brief an Mete, 16. Mai 1888: *Jetzt sind es 30 Jahre* [...], *daß ich mit Lepel die Reise machte, eine der schönsten in meinem Leben, jedenfalls die poetischste, poetischer als Schweiz, Frankreich, Italien und alles, was ich später sah.*

23. August. Die Überfahrt von der Leven-Insel mit dem Douglas-Schloß, von dem die vom schottischen Adel gefangene Maria Stuart 1558 entfloh, löst bei Fontane träumerische Assoziationen an das Rheinsberger Schloß aus und führt zu dem Entschluß, die Mark Brandenburg zu beschreiben: *So war das Bild des Rheinsberger Schlosses, das, wie eine Fata Morgana, über den Leven-See hinzog, und ehe noch unser Boot auf den Sand des Ufers lief, trat die Frage an mich heran: so schön dies Bild war, das der Leven-See mit seiner Insel und seinem Douglas-Schloß vor dir entrollte, war jener Tag minder schön, als du im Flachboot über den Rheinsberger See fuhrst, die Schöpfungen und Erinnerungen einer großen Zeit um dich? Und ich antwortete: nein* (Vorwort zu DIE GRAFSCHAFT RUPPIN). Ähnlich in dem Brief an Mete, 16. Mai 1888: *Das interessanteste Blatt für mich ist das mit dem Douglasschloß im Kinroß-See, zu dem ich mit Lepel im Boot hinüberfuhr, und als wir 2 Stunden später, nach Besichtigung von Schloß und Insel, über denselben See hin die Rückfahrt machten und ich dabei an Rheinsberg und den Rheinsberger See dachte, stand es in meiner Seele fest, die Mark Brandenburg und ihre Schlösser und Seen beschreiben zu wollen.*

26. August und 10. September. Lektüre: Heyse, »Sabinerinnen«.

9. September. Lektüre: Scott, »The Ley of the Last Minstrel«.

20. September. *Ich liebe nämlich das Land, in dem ich geboren wurde, mehr, aufrichtiger, selbstsuchtloser als die Mehrzahl meiner hier lebenden Landsleute und fühle, bei meiner wachsenden Neigung, vaterländisches Leben künstlerisch zu gestalten (wohlverstanden, im allerkleinsten Stil), die Trennung vom Vaterlande allerdings empfindlicher* (an Merckel).

28. September. Besuch des neuen Kensington Museums (Victoria and Albert Museum): *Nicht viel Interessantes mit Ausnahme der Bilder* (Tagebuch).

Ende September – Anfang Oktober. Lektüre: Varnhagen von Ense, »Denkwürdigkeiten«.

Oktober. Die Schwester Elise kommt nach London und bleibt bis zur Rückkehr der Familie Fontane nach Berlin.

7. Oktober. Beginn der preußischen Regentschaft des Thronfolgers Wilhelm für den geistesgestörten König. Erwartung einer liberaleren Politik.

25. Oktober. *Ich habe jetzt endlich angefangen, unsre schottische Reise zu beschreiben; es geht langsam, aber es geht doch* (an Merckel).

2. November. Ende der Ära Manteuffel mit dessen Entlassung als Ministerpräsident.

26. November. Geheimrat Hegel an Fontane: »Es scheint, daß Ihnen [...] die praktische Anlage, gleichsam die Industrie – im anständigsten Sinn – fehlt. Sie sind zu kontemplativ und zu kritisch. Sie betrachten die Personen und Zustände, wissen sie aber nicht zu behandeln und für sich nützlich zu machen, was auf die allerehrlichste und honetteste Weise geschehen kann.«

2. Dezember. Fontane bittet – unter dem unmittelbaren Eindruck dieser Kritik? – die preußische Regierung um vorzeitige Auflösung seines auf zwei weitere Jahre laufenden Vertrags: *Ich habe an den Staatsminister von Auerswald geschrieben und proponiert, daß ich von meinem*

Anspruch auf noch 2 Jahre London [...] *gern Abstand nehmen würde, wenn man mir ein 1jähriges Gehalt auszahlen und die Rückkehr in die Heimat – natürlich ohne alle weitren Ansprüche – gestatten wolle* (an die Mutter, 20. Dezember).

7. Dezember – 15. April 1859. Die Artikel über DIE LONDONER TAGESPRESSE in der »Preußischen Zeitung«, der Fortsetzung der »Zeit«.

31. Dezember. Ende der Anstellung auf eigenen Wunsch, weil Fontane es *dumm und verächtlich* findet, *Fahnenflüchtigkeit* (an Eggers, 31. Januar 1859) zu begehen, indem er sich nach seiner Identifizierung mit der Manteuffel-Regierung opportunistisch der neuen Regierung verschreibt: *Ich bin weder ein Kreuz-ztgs-Mensch, noch ein Manteuffliander, noch ein besondrer Anhänger des neuen Ministeriums von Bethmann-Hollweg bis Patow, ich bin ganz einfach Fontane, der bloß nicht Lust hat Manteuffeln unmittelbar nach seinem Sturze anzugreifen, weil besagter Manteuffel (dessen Pech am Hintern und dessen Polizei-Regime mir ein Greul gewesen ist) besagtem Fontane persönlich Gutes getan hat. Was ich getan und gesprochen habe, ist nichts als die ganz gemeine Pflicht des Anstands und Dankbarkeit* (an Lepel, 1. Dezember).

1859

Januar/Februar. Sechs Vorträge über Schottland zugunsten der Schiller-Stiftung.

15. Januar. Ende von Fontanes Englandaufenthalt, über Dover, Calais, Aachen, Köln kehrt er zurück nach Berlin. – Freier Schriftsteller. – Wohnung: Hotel de Pologne, Dessauer Straße 38 (**bis 22. Januar**).

19. Januar. Erfolglose Bewerbung bei Julius von Jasmund um die Nachfolge von Eggers als Redakteur der »Preußischen Zeitung«. *Zunächst werd ich ein Mitarbeiter des Feuilletons sein* (an Emilie).

22. Januar. Kurzfristig Einzug in die möblierte Wohnung Dessauer Straße 31.

5. Februar. Rückkehr der Familie nach Berlin in Begleitung von Martha Merington; George bleibt bis September in London. – Wohnung zunächst in der Pension Perlewitz, Jerusalemer Straße 29, aber Emilie ist den größeren Teil des März bei ihrer Schwiegermutter in Neuruppin.

11. Februar. Einladung Heyses an Fontane zu einem Besuch nach München, um sich um die Stelle als königlicher Privatbibliothekar zu bemühen.

13. Februar. Fontane liest sein Gedicht PRINZ LOUIS FERDINAND im »Tunnel« vor.

24. Februar – 29. März. Münchner Reise. Quartier: *recht hübsch und billig* (an Emilie, 26. Februar) im Gasthof »Augsburger Hof«. Rückweg über Leipzig. Umgang mit dem Münchner literarischen Kreis »Die Krokodile«. Trotz Lesung Fontanescher Gedichte durch Heyse vor König Maximilian II. (**14. März**) und einer Audienz bei ihm (**19. März**) ergibt sich beruflich nichts (vgl.: 28. Juni 1860). Mit Heyse besucht Fontane am **8. März** die Nienterschwaige im Süden Münchens und am **20. März** Schloß Nymphenburg.

28. März – 22. April. Berliner Gastspiel des englischen Schauspielers Samuel Phelps, der sechs Shakespeare-Rollen spielt; den größeren Teil davon hat Fontane schon in London gesehen; er besucht die »König-Lear«-Aufführung.

2. April. Rückkehr Emilies (aus Neuruppin).

6. April. Einzug in die Sommerwohnung Potsdamer Straße 33 (**bis Ende September**).

2. Mai. *Ich denke auch allen Ernstes daran, [ins Militär] einzutreten, nicht von Begeisterungs wegen, sondern um untergebracht zu sein, ich schwanke noch zwischen Train, Magazin-Inspektor und Lazarett-Apotheker. Und* *das alles nach 4 Jahren England! Wenn man 4 Jahre Zuchthaus gehabt hätte, könnt es nicht schlimmer sein* (an Heyse).

13. Mai. *Ich arbeite jetzt mit ziemlichem Fleiß und ziemlicher Lust an der Beendigung meines Buches über Schottland.* [...] *Meine Stellung hier ist wenig erfreulich: eine ungeheure Masse von Umgang, bei dem das Herz nicht froh wird, lauter gelöste Verhältnisse* [...]. *Ich, der ich wirklich sehr verengländert bin, muß doch zugeben: es steckt was besonders Tüchtiges in diesen Preußen, was erst recht rauskommt, wenn Not an Mann ist* (an Heyse).

15. Mai. Lektüre: Storm, »Späte Rosen« (im »Tunnel«).

29. Mai – 14. August. Vorabdruck von zehn Aufsätzen aus JENSEIT DES TWEED unter dem Titel BILDER UND BRIEFE AUS SCHOTTLAND in der »Vossischen Zeitung«.

29. Juni. Fontanes erster WANDERUNGEN-Aufsatz, am 22. Juni entstanden, in der »Vossischen Zeitung«: EIN STÜNDCHEN VOR DEM POTSDAMER TOR.

18.–23. Juli. Fontanes erste märkische Reise, nach Ruppin und in den Nordwesten der Grafschaft, in Begleitung Lepels – die erste der zahllosen märkischen Wanderungen und Reisen, die Fontane in den nächsten beiden Jahrzehnten zu Lokalstudien für seine WANDERUNGEN unternimmt.

23. Juli. Das schottische Feuilleton FLODDENFIELD in der »Berliner Revue«.

5.–8. August. Reise mit Freunden in den Spreewald. Die Eindrücke werden in vier Artikeln mit dem Titel IN DEN SPREEWALD. VIER REISE-KAPITEL vom **31. August – 3. September** in der »Adlerzeitung« abgedruckt; die ersten drei gehen in SPREELAND ein und werden am **5. und 16. August 1881** in der »Vossischen Zeitung« wiederabgedruckt.

30. August – 22. April 1860. Vorabdruck von sechs schottischen Reisebildern aus JENSEIT DES TWEED unter dem Titel DAS MACBETH-LAND in der »Kreuzzeitung«.

September. Laut Frickes »Chronik« Wiederaufnahme der Tätigkeit als Englischlehrer an der Privatschule von Fräulein Stiehler.

17. September. *Gestern Abend hab' ich von 9 bis 1 gearbeitet, wie mit Dampf, ein ganzes Kapitel. Es gehört noch zum Culloden-Tag und heißt: »The last chieftain«; – ich will es morgen an die Kreuz-Ztng. schicken* (an Emilie).

22.–27. September. Reise in die Altmark mit Wilhelm Lübke: Salzwedel, Seehausen, Stendal, Tangermünde, Jerichow.

Oktober/November. Intensive Arbeit am ersten Band der WANDERUNGEN.

1. Oktober. Wohnung: Tempelhofer Straße 51 (bis **September 1862**).

9. Oktober – 1. Januar 1860. Vorabdruck von neun schottischen Reisebildern aus JENSEIT DES TWEED unter dem Titel EINE REISE INS SCHOTTISCHE HOCHLAND im »Morgenblatt für gebildete Leser«.

16. Oktober. Der Aufsatz STENDAL UND DIE WINCKELMANN-STATUE in der »Kreuzzeitung«.

23. Oktober. Den Aufsatz CARWE mit Zustimmung im »Tunnel« vorgelesen. Er wird am **1. November** an die »Kreuzzeitung« geschickt und dort am **25. Dezember** veröffentlicht.

23. Oktober – 4. Dezember 1861. Vorabdruck einer Reihe von Aufsätzen aus den WANDERUNGEN über märkische Eindrücke unter dem Titel MÄRKISCHE BILDER in der »Kreuzzeitung«: RUPPIN, DAS RHINLUCH UND DAS HAVELLÄNDISCHE LUCH, GEIST VON BEEREN, LÖWENBRUCH, SCHLOSS BEUTHEN, DIE MÜGGELBERGE, DORF SALOW (EIN KAPITEL VON ALTEN SCHADOW), PRENDEN.

29. Oktober. Auf Anordnung des Regenten Fontanes Ausschluß aus dem Kreis der drei Vertrauenskorrespondenten des Chefs der ministeriellen preußischen Presse wegen einer journalistischen Indiskretion: Fontane antizipiert in einem Artikel in den »Hamburger Nachrichten«

die dann anders ausfallende Antwort des Regenten auf
eine politische Adresse der Stettiner Bürgerschaft. Fontane begreift die Ernsthaftigkeit seines Vergehens anscheinend nicht; jedenfalls spricht er im (verschollenen)
Tagebuch unter dem 14. September von einem *kleine[n]
Rüffel*, den er erhalten habe.

30. Oktober – 25. November 1860. »Haupt« des »Tunnels«.

November. »Argo. Album für Kunst und Literatur für
1860«, hrsg. von F. Eggers u. a. (Breslau: Eduard Trewendt). Fontanes Beiträge: Das Gedicht Das Trauerspiel von Afghanistan und die Ballade Prinz Louis
Ferdinand.

28. November. *Mein schottisches Reisebuch ist beendet, ich
bin schwach genug, es für gut und interessant zu halten,
und möchte es nun herausgeben* (an Wolfsohn).

5. Dezember. Antrag auf finanzielle Unterstützung durch
das Kultusministerium (vgl.: 12. Mai 1861).

21. Dezember. Der Verleger Hertz akzeptiert die Heraus-
gabe des Bandes Balladen. – *Die Kinder sind wohl und
recht nett, natürlich der Große mit dem üblichen Beisatz
von Waschlappig-, der Kleine von Rüplichkeit* (an die
Mutter).

23. Dezember. Veröffentlichung des durch ein Versehen in
Jenseit des Tweed ausgelassenen Kapitels Lochleven
Castle in der »Presse« (Wien).

31. Dezember. Erster erhaltener Brief an Mathilde von
Rohr (1810–1889), bei der Lepel Fontane offenbar in der
zweiten Jahreshälfte eingeführt hat. Ihr Name wird in deren Briefwechsel schon im Juli 1849 erwähnt. Persönlich
lernt Fontane Rohr wohl erst 1859 kennen. Sie wird eine
lebenslange, vertraute Freundin, die beharrlich zu Fontane hält, durch ihre aristokratischen Verbindungen für
ihn viele für die Wanderungen wichtige Verbindungen
anknüpft, der er häufig seine persönlichen Sorgen und
Probleme anvertraut und der gegenüber er sich rückhalt-
los ausspricht. Über 200 Briefe an Rohr sind erhalten.

Anfang Januar 1869 zieht sie sich als Konventualin ins Damenstift Dobbertin (Mecklenburg) zurück, wo Fontane und Mitglieder seiner Familie sie im Lauf der Jahre öfter besuchen.

1860

11. Januar – 14. März. »Herr Theodor Fontane, gleich ausgezeichnet als Dichter und Feuilletonist« (Anzeige in der »Vossischen Zeitung«, 8. Januar) hält zehn öffentliche Vorträge in »Arnims Hotel«, Unter den Linden, »über England, seine Parteien, seine Presse und einzelne Erscheinungen seiner Kunst und Dichtung« (Anzeige ebd., 3. Januar). Eintritt für die Serie 3 Taler, pro Vortrag 15 Silbergroschen, beim ersten Vortrag etwa 80 Zuhörer. Themen: Wighs und Tories, Englische Historienmalerei, Die Times, Tennyson, Das schottische Hochland und seine Bewohner, Die alten englischen und schottischen Balladen, Schottische Volksdichtung, Longfellow, Oxford und die englischen Universitäten, Melrose Abbey und Abbotsford. – Ein Schlaglicht auf die Restaurationszeit: Vorträge dieser Art gelten offenbar als politisch bedenklich. Jedenfalls enthält Fontanes (verschollenes) Tagebuch von 1859 unter dem **5. Dezember** den Eintrag: *Eingabe an den Polizei-Präsidenten von Zedlitz u. an Herrn v. Bethmann-Hollweg.* Am **14. Dezember** heißt es: *Um 8 zum Polizei-Leutnant; komisches Verhör wegen meiner Vorlesungen,* und am **31. Dezember** ist Fontane erneut auf dem Polizeipräsidium.

16. Januar. *Ich bereise jetzt unsre märkisch-brandenburgische Heimat und durchstöbre (wie ich's im Ausland gelernt habe) die alten Schlösser der Zietens, Schwerins und Winterfelds, auch wohl der Köckeritz und Itzenplitz, dazu die kleinen märkischen Städte mit ihren Männern und ihren Erinnerungen* (an Hauff).

30. Januar. Fontane bietet JENSEIT DES TWEED dem Verlag Julius Springer an und schickt ihm nach der Annahme am **2. Februar** das Inhaltsverzeichnis, am **21. Februar** und **12. März** den Text nach den Vorabdrucken.

18. Februar. Erwähnung von *Frl. v. Crayn,* dem Vorbild von Victoire von Carayon in SCHACH VON WUTHENOW, in Fontanes Brief an Rohr, die möglicherweise eine Begegnung arrangiert.

März – Oktober. Arbeit an den Fontane von Wolfsohn vermittelten über 40 unter verschiedenen Zahlenchiffren veröffentlichten Artikeln für das schon ab 1858 in Heften erscheinende Werk »Männer der Zeit. Biographisches Lexikon der Gegenwart (mit Supplement Frauen der Zeit)« (Leipzig: Carl. B. Lorck, 1860, 1862): Andreas Achenbach, Oswald Achenbach, Sir Charles Barry, Graf von Bernstorff, Wilhelm Camphausen, William und Robert Chambers, John Payne Collier, George Cruikshank, John Cumming, Heinrich Wilhelm Dove, Sir Charles Eastlake, Bogumil Goltz, Hans Gude, Paul Heyse, Eduard Hildebrandt, Theodor Hildebrandt, Botho von Hülsen, Sir Edward Landseer, Daniel Maclise, Adolph von Menzel, Alexander von Minutoli, Theodor Mügge, William Mulready, Otto von Raumer, David Roberts, Otto Roquette, Gustav Rose, Heinrich Rose, Christian Friedrich Scherenberg, Kaspar Scheuren, Teuwart Schmitson, Wilhelm Schott, Gilbert Scott, Hermann Stilke, Alfred Tennyson, Adolf Tidemand, Johann Wagner, Edward Matthew Ward, Thomas Webster, Ludwig Wichmann, Friedrich Wilhelm Wolff; Lina Fuhr, Catherine Grace Gore, Charlotte von Hagen.

8. März. Verlagsvertrag mit Hertz über die Publikation der BALLADEN nach einer mündlichen Vereinbarung vom **21. Dezember 1859.**

5. April. Ausflug nach Löwenbruch.

21. April. Ausflug nach Tegel.

28. April. Ausflug nach Pichelsberg und Schildhorn.

2. Mai. Ausflug zu den Charlottenburger Schlössern.

17./18. Mai. Ausflug nach Klein-Machnow, Teltow, Groß-beeren.

22. Mai. Ausflug nach Charlottenburg.

23.–27. Mai. Reise nach Schiffmühle (Vater), Wriezen, Let-schin (Schwester Jenny und Familie), Küstrin, Kriescht (Beerdigung des Bruders Max, der am 22. Mai dort stirbt), Gusow, Friedersdorf, Seelow: *In Gusow und Frie-dersdorf fand ich sehr interessante Ausbeute, besonders in letzterem Dorf. Die Friedersdorfer Kirche ist geradezu der Sanspareil unter allen Dorfkirchen, die ich bis jetzt gesehen habe, nicht an Schönheit, aber an historischem Interesse. Es verlohnt sich doch eigentlich nur noch, »von Familie« zu sein. Zehn Generationen von 500 Schultzes und Lehmanns sind noch lange nicht so interessant wie 3 Generationen eines einzigen Marwitz-Zweiges. Wer den Adel abschaffen wollte, schaffte den letzten Rest von Poe-sie aus der Welt* (an die Mutter, 28. Mai).

Anfang Juni. Erscheinen des die Schottlandreise zu-sammenfassenden Bandes Jenseit des Tweed (Berlin: J. Springer) – einzige Ausgabe zu Lebzeiten. – Rezensio-nen: »Kölnische Zeitung, 17. Juni, »Berliner Nachrichten von Staats- und gelehrten Sachen«, 28. Juni, Nr. 149 (W. L. = Wilhelm Lübke?), »Deutsches Museum«, Juli, 3. Semester, 2. Band (Fkg), »Europa. Chronik der gebil-deten Welt«, Juli, Nr. 29, »Vossische Zeitung«, 19. Juli, »Literaturblatt«, 6. Oktober, »Die Grenzboten«, 2. Se-mester, »Abendblatt zur Neuen Münchner Zeitung«, 23. Oktober.

1. Juni. Beginn der Tätigkeit als Redakteur der erzkonser-vativen Berliner »Kreuzzeitung« für den englischen Arti-kel: *Bis jetzt hab ich durchaus keine Ursach, den getanen Schritt zu bereun. Man wird mit den Jahren ehrlich und aufrichtig konservativer und läßt sich durch Persönlich-keiten und zufällige Vorkommnisse immer weniger in den großen Prinzipien beirren* (an Heyse, 28. Juni). In den kommenden zehn Jahren von Berlin aus eine Fülle von »unechten« englischen Korrespondenzen (Erstveröffentlichung 1996). Die Position gewährt Fontane viel freie Zeit, da er nur von 9.30 bis 12.30 in der Redaktion zu sein braucht (vgl.: 16. April 1870). Wegen der gemeinsamen Redaktionstätigkeit Freundschaft mit dem vom »Tunnel« her bekannten George Hesekiel, der Fontane an die »Kreuzzeitung« vermittelt und dort den französischen Artikel bearbeitet. – Ein Jahrzehnt lang ist Fontane nun in die konservative Politik Preußens eingebunden, die er, wie viele Briefe und Dokumente belegen, als seine eigene weltanschauliche Position betrachtet. Der konservative »mittlere« Fontane ist durchaus kein Mythos.

16./17. Juni. Reise mit dem Berliner Verleger Hertz, bei dem unter anderem DIE WANDERUNGEN DURCH DIE MARK BRANDENBURG herauskommen, nach Pankow, Rosenthal, Blankenfelde, Buch, Zepernick, Bernau.

20. Juni. *Abendbesuch von Lepel; er warnt mich vor »Reaktion« und »Katholizismus«* (Tagebuch) – offensichtlich wegen Fontanes Eintritt in die Redaktion der »Kreuzzeitung«.

24. Juni. Das Feuilleton DER WOLLMARKT in der »Kreuzzeitung«.

27. Juni. Konzert des Sternschen Gesangvereins in Treptow, Fontanes Bericht darüber in der »Kreuzzeitung« am **29. Juni** mit der Sigle Te.

28. Juni. Rückblickend auf die Münchner Bemühungen (vgl.: 14. 2. – 29. 3. 1859): *Eine Übersiedlung nach München* [...] *liegt nicht mehr innerhalb meiner Wünsche.* [...] *Es ist mir im Laufe der Jahre, besonders seit meinem Aufenthalte in London, Bedürfnis geworden, an einem großen Mittelpunkte zu leben, in einem Zentrum, wo entscheidende Dinge geschehen. Wie man auch über Berlin spötteln mag, wie gern ich zugebe, daß es diesen Spott gelegentlich verdient, das Faktum ist doch schließlich nicht wegzuleugnen, daß das, was hier geschieht und nicht ge-*

schieht, direkt eingreift in die großen Weltbegebenheiten. Es ist mir Bedürfnis geworden, ein solches Schwungrad in nächster Nähe sausen zu hören, auf die Gefahr hin, daß es gelegentlich zu dem bekannten Mühlrad wird (an Heyse).

30. Juni / 1. Juli. Ausflug *nach Löwenbruch, Jühnsdorf, Großbeeren etc.* (an Hertz, 29. Juni).

Juli (?). Erscheinen des Bandes Aus England. Studien und Briefe über Londoner Theater, Kunst und Presse (Stuttgart: Ebner und Seubert). – Rezensionen: »Wissenschaftliche Beilage zur Leipziger Zeitung«, 18. November, Nr. 93 (Wolfsohn), »Deutsches Museum«, 7. Februar 1863 (Prutz).

Mitte Juli. *Ich beschäftige mich jetzt ausschließlich mit dem Studium unserer Mark* (an Storm).
Lektüre: Friedrich Ludwig August von der Marwitz, »Aus dem Nachlasse«, das als Quelle für Vor dem Sturm Bedeutung gewinnt.

August. Dritter Ausflug nach Löwenbruch.

12. August – 12. November 1861. Vorabdruck von zehn märkischen Aufsätzen aus den Wanderungen unter dem Titel Bilder und Geschichten aus der Mark Brandenburg in Cottas »Morgenblatt für gebildete Leser«: Tegel, Das Schildhorn bei Spandau, Fehrbellin, Küstrin, Gusow, Buch (die letzten drei am **3. September** an den Verlag geschickt), Schloss Friedersdorf, Friedrich August Ludwig von der Mark, Alexander von der Mark, Die letzten Tage des Prinzen Heinrich von Preussen oder Der Rheinsberger Hof von 1786–1802.

1.–3. September. Ausflug nach Groß-Beuthen, Gröben, Siethen.

5.–8. September. Ausflug nach Seelow, Neu-Hardenberg, Küstrin, Tamsel, Reitwein, Podelzig.

12. September. *Ich will nun nächsten Sonntag [= 15. September] nach Prenden* (an Hertz).

17. September. Ausflug nach Seelow und Friedersdorf.

21. September. Ausflug nach Köpenick.

27. September – 13. Oktober. DIE BERLINER KUNSTAUS-
STELLUNG in vier Folgen in »Das Vaterland. Zeitung für
die österreichische Monarchie«.

1. Oktober. Erscheinen des Bandes BALLADEN, Wilhelm
Hertz gewidmet (Impressum: 1861; Berlin: Hertz), Fontanes erstes Buch bei dem Verleger. – Rezensionen:
»Kreuzzeitung«, 19. Oktober, Nr. 246 (Hesekiel), »Bre-
mer Sonntagsblatt«, 2. Dezember (P. J. Willatzen), »Spe-
nersche Zeitung«, 7. Dezember, Nr. 288, »Deutsches Museum«, 7. Februar 1861, »Europa«, 1861, Nr. 3, »Die
Grenzboten«, 2. Semester 1861.

29. Oktober. Kontaktaufnahme mit Eduard Mörike durch
Übersendung der BALLADEN.

30. Oktober. Zweiter Ausflug nach Köpenick, Grünau, auf
die Müggelberge, *verbrachte daselbst einen kostbaren Tag*
(an Hertz, 31. Oktober).

Anfang November. Ausflug nach Beeskow.

7. November. *Ich bin [...] jetzt mitunter krank nach Italien, vor allem krank nach Rom; ich sehne mich innerhalb
des Vergänglichen, das kaum die Stunde überlebt, nach
dem Irdisch-Ewigen* (an Heyse).

16. Dezember. Rezension von Hesekiels Romanen »Ein
Graf von Königsmarck«, »Vor Jena«, »Von Jena bis Kö-
nigsberg« und »Bis nach Hohen-Ziesar«, die als heraus-
fordernde Anregung auf VOR DEM STURM wirken, in der
»Kreuzzeitung«.

1861

2./3. Januar. Tod des preußischen Königs Friedrich Wilhelm IV., Beginn der Herrschaft seines Bruders Wilhelm,
des späteren deutschen Kaisers.

3., 5., 11. und 12. Januar. Vier Aufsätze über OXFORD (vgl.:
August 1856) im »Vaterland«.

5., 12., 26. Februar und 5. März. Fontanes Abhandlung über DIE ALTEN ENGLISCHEN UND SCHOTTISCHEN BALLADEN im »Morgenblatt für gebildete Leser«.

22. Februar. Prospektives Inhaltsverzeichnis einer zweibändigen Ausgabe der WANDERUNGEN DURCH DIE MARK BRANDENBURG an Hertz.

24. Februar. Verlagsvertrag über die Publikation der WANDERUNGEN DURCH DIE MARK BRANDENBURG [= DIE GRAFSCHAFT RUPPIN] mit Hertz.

2. März. Besuch beim Vater in Schiffmühle.

11. März. Der Aufsatz RUPPIN in der »Kreuzzeitung«.

21. März. Geburt der Tochter Martha (Mete, † 1917).

28./29. März. Ausflug nach Bernau, Blumberg, Werneuchen mit Hertz und Wilhelm Schwartz.

31. März / 1. April. Ausflug nach Nauen, Ketzin, Etzin, Paretz, Potsdam.

4. Mai. Besuch beim Vater in Schiffmühle.

12. Mai. Genehmigung von 300 Talern jährlich durch den Kultusminister Bethmann-Hollweg »zur Fortführung von ethnographischen und spezial-historischen Arbeiten« durch die Fürsprache von Mathilde von Rohr (vgl. 2. Dezember 1863).

24.–27. Mai. Ausflug nach Potsdam.

28. Mai – 4. Juni. Mit Hertz und Dr. Adolf Enslin in das Gebiet nordwestlich von Berlin: Oranienburg, Fehrbellin, Neuruppin, Rheinsberg, Wustrau, Meseberg und Besuch bei der Mutter in Neuruppin.

6. Juni. »F[ontane] lehnt das Anerbieten, die Redaktion der neuen Deckerschen Ztg. zu übernehmen, ab« (Exzerpt Charlotte Jolles' aus dem verschollenen Tagebuch).

17. Juni. Abschluß des ersten Bandes der WANDERUNGEN; Ablieferung des Manuskripts an den Verlag.

22. Juni. Ausflug nach Potsdam und zur Pfaueninsel.

29. Juni. Familienausflug zum Sternschen Gesangfest nach Treptow mit Familie Hertz (Plan).

5. Juli. Das Manuskript von WUSTRAU, CARWE, NEU-RUP-PIN an Hertz.

10. Juli. Erster märkischer Beitrag (DIE GRAFEN VON RUP-PIN) im konservativen »Wochenblatt der Johanniter-Or-dens-Balley Brandenburg« [zitiert als »Johanniterblatt«]; bis 1875 folgen über 60 weitere, die fast alle in die WAN-DERUNGEN übernommen werden.

17.–20. Juli. Vorabdruck von WERNEUCHEN aus SPREE-LAND in der »Kreuzzeitung«.

18. Juli. Das Manuskipt von RHEINSBERG an Hertz.

23. Juli. Ausflug zur Pfaueninsel und nach Potsdam.

August – Dezember. Vorabdruck von sechs märkischen Aufsätzen aus den WANDERUNGEN in »Unser Vaterland«: SCHLOSS ORANIENBURG, GENERAL VON GÜNTHER, DIE RHEINSBERGER KIRCHE, SCHLOSS KÖPENICK, BLUMBERG UND ETZIN UND SEIN HELDENMÜTIGER PFARRER.

11. August. Ausflug nach Neustadt und Gantzer.

10. September. Fahrt nach Biesenthal-Prenden.

15. September. Erneuter Ausflug nach Köpenick und in die Müggelberge, unmittelbar darauf Ausarbeitung des Auf-satzes DER MÜGGELSEE für DIE GRAFSCHAFT RUPPIN.

Zwischen 16. und 19. September. Ausflug nach Prenden (Plan).

28. (?) September. Ausflug nach Hohen-Jesar, Ziebingen, Tamsel, Schwedt, auch Frankfurt? (Plan).

1. Oktober. Ausflug mit Hertz: Steglitz, Dahlem, Schloß Grunewald, Schlachtensee, Wannsee, Zehlendorf. Der daraus resultierende Aufsatz AM WANNSEE am **4. Dezem-ber** in der »Kreuzzeitung«.

5. Oktober. Ausflug nach Klein-Machnow.

Mitte November. Erscheinen der WANDERUNGEN DURCH DIE MARK BRANDENBURG (Vorwort datiert: *im Novem-ber*, Berlin: Hertz, Impressum: 1862; ab 1865 unter dem Titel DIE GRAFSCHAFT RUPPIN): *Das Buch entstand in unmittelbarer Folge meiner Reisen durch England und Schottland; ich hatte einfach vor, ohne jegliche Prä-*

tension von Forschung, Gelehrsamkeit, histori-
schem Apparat etc. meinen Landsleuten zu zeigen, daß
es in ihrer nächsten Nähe auch nicht übel sei und daß es
in der Mark Brandenburg auch historische Städte, alte
Schlösser, schöne Seen, landschaftliche Eigentümlichkeiten
und Schritt für Schritt tüchtige Kerle gäbe. So entstand
das Buch »wandernd, plaudernd, reise-novelli-
stisch« [...]. *Erst als das Buch halb fertig war, fing ich an,*
unter Beibehaltung leichter, feuilletonistischer Form mich
in meine Aufgabe zu vertiefen, und so sind schließlich
verschiedene Arbeiten entstanden, die absolut Neues
bringen und in ihrem Kern weit über das bloß Unter-
haltliche hinausgehend, unsre Spezial-Geschichte in der
Tat bereichern (an Hertz, 24. November). – Rezensionen:
»Kreuzzeitung«, 3. Dezember, Nr. 282 (Hesekiel), »Johanniterblatt«, 11. Dezember, Nr. 50 (A. E. Brachvogel),
»Vossische Zeitung«, 24. Dezember, »Die Grenzboten«,
Bd. 4, 1861, S. 476 f.

19. November. Bei der Urwahl (Wahl der Wahlmänner für
die Wahl zum preußischen Abgeordnetenhaus) wird
Fontane in der dritten Klasse für die Konservativen zum
Beisitzer und Stimmenzähler (an Hertz) gewählt. *Man*
tut mir den Tort an, mich mit ins Bureau zu wählen. So
muß ich denn 5 Stunden in bitterer Kälte aushalten, um
schließlich den Sieg unserer Gegner registrieren zu kön-
nen (Jolles' Exzerpt aus dem verschollenen Tagebuch). –
Übrigens hab' ich doch auch heute wieder gesehn, daß
alle ernsten Leute, die nach Zuverlässigkeit, Treue, Cha-
rakter, meinetwegen auch ein bißchen nach Fanatismus
und Verbissenheit aussehn, Konservative sind; – das andre
ist doch der reine Triebsand, der durch die Strömung, wie
sie gerade geht, mal hierhin, mal dorthin geworfen wird
(an Hertz).

24. November. *Ich bin innerlich tief-müde seit Monaten,*
vielleicht seit dem Moment schon, wo ich von England als
eine geschlagene Truppe zurückkam (an Hertz).

1862

17. Februar. Vortrag im Militärkasino Potsdam über Die
Mark und die märkischen Kriegsobristen zur Zeit
des dreissigjährigen Krieges; der Text erscheint am **7.,
14. und 21. Mai** im »Morgenblatt für gebildete Leser«
und umgearbeitet am **22. und 29. Dezember 1872** in der
»Vossischen Zeitung«.

19. März. Vortrag im Hotel de Russie über Tamsel zum
Besten des Germanischen Museums, der am **24. März** im
Potsdamer Militärkasino wiederholt wird.

28. April. *Zur »Wahl« im Rothackerschen Saal; glänzender
Sieg der Demokraten; ich erhalte unter den Konservativen die meisten Stimmen (26)* (Jolles' Exzerpt aus dem
verschollenen Tagebuch).

1.–6. Mai. Reise in einem östlichen Bogen um Berlin von
Kossenblatt und Beeskow bis Werneuchen und Bernau.

20. (?) Mai – 27. Juli. Reise Emilies nach Neuhof zu Treutlers. Sie reist dann eine Woche nach Neuruppin, um
George und Theo von dort abzuholen.

7.–9. Juni. Ausflug nach Königs-Wusterhausen und Mit-
tenwalde.

20./21. Juni. Ausflug nach Teupitz: *Ich reiste am Freitag
abend um 8 hier ab und war um 4 Uhr morgens in Teupitz, schlief 3 Stunden in einem Bett, in dem wenigstens
schon einer geschlafen hatte, fuhr dann über den schönen
See, besuchte Schloß und Kirche, zuletzt einen Berg, von
dem aus man die ganze Herrschaft Teupitz mit ihren Bergen und Seen überblickt, fuhr um 2½ wieder ab und war
um 9½ schon wieder in Berlin* (an Emilie, 23. Juni).

23.–29. Juni. Reise in das Odergebiet: *In Sonnenburg zum
Johanniter-Ritterschlag [mit Hesekiel] [...], zu Fuß nach
Küstrin zurück (dritthalb Meilen). Per Bahn nach Frank-
furt weiter [24., ab dort bis zum 26. mit Adolf Enslin],
mit dem Dampfschiff [...] bis Schwedt. [...] Besuch von
Schloß und Park. Nach Angermünde und Neustadt-*

Eberswalde [25.], in einem offnen Wagen nach Falken-
burg, [...] nach Freienwalde. Besuch der interessanten
Kirche. Uchtenhagensche Bilder und Denkwürdigkeiten.
Schloßberg, Ruinenberg [26.]. Von Wriezen nach Let-
schin. Mit Sommerfeldts geplaudert. [27.]. Morgens nach
Küstrin. [...] Um 10 nach Tamsel. [...] aufs Zorndorfer
Schlachtfeld gefahren [28.] (an Emilie, 30. Juni). Über
Küstrin und Frankfurt nach Berlin zurück. Die Ein-
drücke sind in dem Aufsatz SANKT JOHANNISTAG IN SON-
NENBURG am **26. Juni** in der »Kreuzzeitung« und sonst in
DAS ODERLAND verarbeitet.

24. und 27. Juni. Vorabdruck von TAMSEL aus ODERLAND
in der »Kreuzzeitung«, wohin Fontane das Manuskript
am **15. April** schickt.

7. Juli. Emilies politische Einstellungen in Fontanes konservativer Phase in einem Brief an ihren Mann: »Was Du
über Lepel schreibst, hat mich wieder in tiefster Seele be-
trübt, je mehr Du mit ihm auseinander kommst, je mehr
zieht es mich zu ihm, und namentlich stimme ich so oft
mehr mit seinen liberalen Gesinnungen als Deinen konservativen, mir ist oft, als sähest Du die Dinge verschlei-
ert an. Hier ist alles Fortschritt, aber es wird nur von
Männern Politik gesprochen, die Frauen halten sich fer-
ner davon« (vgl.: 9. November 1863).

16. Juli, 6., 13., 20. und 27 August, 10. und 17. September.
Vorabdruck von EINE PFINGSTFAHRT IN DEN TELTOW aus
DAS ODERLAND im »Johanniterblatt«.

29. Juli. *Die Billigkeit erheischt das Geständnis, daß ich*
schon schönere Kinder [als George] gesehn habe; er hat
mitunter sehr glückliche Momente, aber im allgemeinen
hab ich ein Gefühl davon, daß er dem versammelten Volk
nicht angenehm ist. Ich wünsche ihm und uns, daß es an-
ders wird. Ich habe aber meine Bedenken; er spielt sich
gern aus, ist eitel, empfindlich, bequem und hat, außer
mäßig guten Geistesgaben, eigentlich nichts Frisches, Ge-
winnendes, Elektrisches, das die Neigung der Menschen

erobert (an Emilie). Fontane bescheinigt George nach dessen frühem Tod, daß er *sich, anfangs wacklig, von Jahr zu Jahr mehr zu einem tüchtigen Charakter entwikkelt hatte* (an Hermann Wichmann, 7. Juli 1894).

24. August. Ausflug nach Schloß Friedrichsfelde.

29. August. Ausflug nach Lichtenberg.

13.–21. September. Reise in das Gebiet nordöstlich von Berlin zwischen Eberswalde und Neu-Hardenberg: Falkenberg, Köthen, Freienwalde, Wriezen, Kunersdorf, am **14. September** beim Vater in Schiffmühle. *Es soll eine Erholung sein und ist eigentlich eine riesige Arbeit. Schlösser, Kirchen, Kirchhöfe, Inschriften, Grabschriften, Bilder, Statuen, Parks, Grafen, Kutscher, Haushälterinnen, Vater, poetische Drechslermeister – alles das und hundert andres dazu* (an Emilie, 16. September).

Herbst. »Christian Daniel Rauch: Denkmal Albrecht Thaer's zu Berlin. Text von Theodor Fontane« (Berlin: Wiegandt und Hempel), eine Festschrift zum 1860 eingeweihten Denkmal des landwirtschaftlichen Pioniers.

27. September. Wohnung: Alte Jakobstraße 171, Parterre links (bis **Ende September 1863**).

30. September. Fahrt nach Luckenwalde.

Oktober. Bemühungen um die Übernahme der Redaktion des »Johanniterblattes«.

5. Oktober. Kurzbiographie an Hertz mit Fontanes *Umschreibung resp.* [...] *Verleugnung der Apothekerschaft* [...]; *doch haben mich meine Erfahrungen seit 10 Jahren gelehrt, daß es geraten ist, über diesen dunklen Punkt ohne weitre Lichtverbreitung hinzugehn. – Theodor Fontane wurde am 30. Dezember 1819 zu Neu-Ruppin geboren. Er besuchte das Gymnasium seiner Vaterstadt, dann die Gewerbeschule in Berlin, da er vorhatte Naturwissenschaften, besonders Chemie zu studieren. 1841–43 lebte er in Leipzig und Dresden, dann kehrte er nach Berlin zurück, wo er von da ab seinen Wohnsitz nahm und sich literarisch beschäftigte. Er gewann Zutritt in das Kugler-*

sche Haus und wurde befreundet mit Paul Heyse, Otto
Roquette, Theodor Storm, Scherenberg und andern Mit-
gliedern jenes Kreises. 1852 ging er auf ein halbes Jahr
nach England, dem von 1855 an ein längrer, beinah vier-
jähriger Aufenthalt in London folgte. 1859 kehrte er nach
Berlin zurück. Er redigiert seitdem den englischen Artikel
an der Neuen Preußischen Zeitung.

8. Oktober. Ernennung Otto von Bismarcks zum preußischen Ministerpräsidenten. Fontane begleitet die sensationelle Karriere des späteren deutschen Reichskanzlers
und Fürsten, der eine Hintergrundfigur in vielen Fontaneschen Romanen bildet, mit tiefer Bewunderung, aber
zunehmenden Vorbehalten gegenüber seinem Charakter
(vgl.: 24. Februar 1891 und 31. Juli 1898).

16. Oktober – 9. November. Ausführlicher Bericht über
DIE DIESJÄHRIGE KUNSTAUSSTELLUNG in acht Folgen, Sigle †, in der »Allgemeinen Preußischen (Stern-)Zeitung«.
Fontane besucht die Ausstellung in *den oft betretenen Sä-
len* ab September mehrmals.

25. November. Rezension von Hesekiel, »Stille vor dem
Sturm« in der »Kreuzzeitung«.

25. Dezember. Vorabdruck von EIN EIBENBAUM AUS HA-
VELLAND in der »Kreuzzeitung«.

1863

6. (?) Januar. Martha Merington zu Besuch aus England.

18. Januar. Vorabdruck von DER BLUMENTHAL aus ODER-
LAND in der »Kreuzzeitung«.

11. Februar. Vortrag im Hotel de Russie über DER
SCHLOSSBERG BEI FREIENWALDE.

19. Februar – 4. November. Vorabdruck von mehreren
Kapiteln aus DAS ODERLAND im »Morgenblatt für
gebildete Leser«: TAMSEL (EIN KAPITEL VOM ALTEN
SCHÖNING), ZORNDORF, PRÄDIKOW, HANS ALBRECHT

Fontane
Photographie von H. Lehmann & Co., 11. September 1863

v. Barfus, Schloss Kossenblatt, Friedland, Cu-
nersdorf.

17. April. Fahrt nach Paulinenaue und Selbelang.

Mai. Verhandlungen mit dem Verleger Alexander Duncker
über die Redaktion einer Zeitschrift, die nicht zustande
kommt.

28. Mai. Verlagsvertrag über die Publikation des zweiten
Bandes der Wanderungen mit Hertz.

3.–11. oder 13. Juni. *Reise in die Oderbruchgegenden* (an
Gustav von Kessel, 15. Juni) mit Lepel.

23. Juni. Ausflug nach Treptow zum Konzert des Stein-
schen Gesangvereins, Bericht darüber, anonym, am
25. Juni in der »Kreuzzeitung«.

12. Juli. Besuch der Ausstellung von »Denkwürdigkeiten
aus der Zeit Friedrichs II.«, Bericht darüber am **19. Juli**
in der »Kreuzzeitung«. – *Ein glücklicher Familienvater,
mit Frau und drei Kindern um mich her, befind' ich mich
eigentlich konstant in der nervösen Aufregung einer Be-
satzung, die jeden Augenblick einen Angriff erwartet,
und ich darf sagen, daß ich nunmehr das Gefühl der
Ruhe, des Ungestörtseins dankbar genieße. Des Morgens
kann ich ruhig eine Viertelstunde lang gurgeln, ohne irgend wen zu belästigen und meinerseits durch Zeichen
des Mißfallens belästigt zu werden. Auch bei Tisch ist es
mir eine Erquickung, nichts von Erziehung zu hören oder
selber erziehen zu müssen. Ich habe für diese Partien des
Familienlebens keinen Sinn; es hängt das damit zusammen, daß mir überhaupt ganz und gar der bürgerliche
Sinn fehlt, und daß mich nur das Adlige interessiert* (an
Emilie).

15. Juli. Fontane tritt mit anderen »Kreuzzeitungs«-Re-
dakteuren wegen einer Totenfeier für Ludwig Uhland
aus dem Verein der Berliner Presse aus (Wiederaufnahme:
4. November 1874). Seine Beziehung zu dem Verein: *Ich
bezahle meinen Beitrag, bin aber noch nie in dem Verein
»Presse« gewesen; Verkehr mit Schriftstellern, oder auch*

nur mit einem von ihnen, hab ich seit 25 Jahren nicht (an
Alfred Friedmann, 2. Januar 1883).

16. Juli. Reise nach Hamburg zur »Tier- und Maschinen-
ausstellung«. Ausführlicher Bericht darüber am **22. Juli** in
der »Kreuzzeitung«.

Gegen Ende Juli. Reise nach Ruppin.

22. August – 1. September. Reise nach Stettin, Swinemünde, Heringsdorf, Misdroy mit Lepel.

September. Abschluß der Arbeit an DAS ODERLAND.

11. September. Erste photographische Aufnahme Fontanes.

27. September. Ausflug nach Frankfurt und Kunersdorf
mit Hertz und dem Frankfurter Buchhändler Gustav
Harnacker und dessen Sohn.

29./30. September. Ausflug nach Strausberg, Wilkendorf,
Gielsdorf.

1. Oktober. Einzug in die Wohnung Hirschelstraße 14,
1. Stock (bis **Ende September 1872**, am 16. Oktober 1867
Umbenennung in Königgrätzer Straße 25).

8. Oktober. TORNOW-SEE im »Morgenblatt für gebildete
Leser«.

23. Oktober. Ausflug nach Lehnin.

31. Oktober – 3. (?) November. Reise nach Eberswalde,
Chorin mit Lepel und Lucae: »Fontane war übrigens
zum Totlachen komisch. Von jedem alten Stein wollte er
womöglich einen ganzen Roman ablesen (u. tat es meist
auch), u. ich sollte ihm von jedem Schnörkel womöglich
Tag u. Stunde seiner Geburt bestimmen. Ich könnte über
diesen kleinen Ausflug eine ganze Novelle schreiben«
(Lucae an Anna Witte, 7. November).

November. Erscheinen von DAS ODERLAND. BARNIM. LE-
BUS (zweiter Band der WANDERUNGEN): *Die Liebe ist dieselbe geblieben, Ernst und Eifer sind gewachsen; aber
andrerseits ist es wohl möglich, daß eine gewisse Frische,
Unbefangenheit und gefällige Plauderhaftigkeit fehlt, die
dem ersten Bande vielleicht wesentlich mit zu seiner guten Aufnahme verholfen haben. Ist ein solcher Unter-*

schied da, so ist er (selbst wenn der zweite Band mindres Glück hätte) doch nur eine natürliche Fortentwicklung. Daß ich im Prinzip das »plaudern« nicht aufgegeben habe und nicht aufgeben werde, versteht sich von selbst (an Hertz, 17. Mai). – Rezension: »National-Zeitung«, 8. Dezember (Adolf Stahr), »Berliner Montags-Post«, 15., 22. und 29. Februar 1864.

9. November. Nach einer ernsthaften Auseinandersetzung und Verstimmung mit Lepel: *Ich zanke mich mit niemanden; Friede ist mir allerlebhaftestes Bedürfnis; dennoch kann ich meinen ältesten und liebsten Freund nicht sehn, ohne mich durch seine Art verletzt zu fühlen. Ich fürchte sehr, daß meine Art auch ihn verletzt. Und das ist eben, was ich beklage. Wer Recht hat, das stehe dahin; ich kann nicht Richter sein, wo ich Partei bin. Gewiß haben wir beide diesen Zustand der Dinge nicht gesucht, haben gewiß uns beide gemüht, ihn zu vermeiden, dennoch ist er da. Ich bin vielleicht zu nah am Kochpunkt, aber er ist zu nah am Eispunkt. Empfindlich und eigensinnig sind wir beide und das ist schlimm genug. Das schlimmste aber ist mein raschblütiger, oft unvorsichtiger, auch wohl ungeziemender Bummelton, gegenüber seiner steinernen Würde und Superiorität* (an Rohr, vgl.: 7. Juli 1862).

26. November. Ausflug nach Lehnin mit Lepel und Lucae: »Wenn ich übrigens über meine Ausflüge mit Fontane ein Buch schriebe, etwa unter dem Titel: ›Nöhls Wanderungen durch die Mark mit u. von R. Lucae‹, so glaube ich, würde es vielleicht amüsanter werden, als jenes, von dem bereits 2 Bände vor uns liegen« (Lucae an Anna Witte, 28. November).

28. November. Rezension von Hesekiel, »Frau Regine Schatz« in der »Kreuzzeitung«: *Der schönste Realismus in der Kunst wird aus dem Idealismus geboren.* Fünf weitere kürzere Rezensionen von Hesekielschen Werken von **1864–1866.**

2. Dezember. Antrag auf Weitergewährung der finanziellen Unterstützung durch das Kultusministerium an den Kultusminister Heinrich von Mühler; gewährt bis **Ostern 1866**.

8. Dezember. Vortrag im Potsdamer Militärkasino über KLOSTER LEHNIN.

1864

Januar. VOR DEM STURM *ist schon aus dem Winter 1863/ 1864, und ich schrieb abends und nachts die ersten Kapitel – die, glaub' ich, auch die besten geblieben sind – während die österreichischen Brigaden unter meinem Fenster vorüberfuhren* (an Ernst Gründler, 11. Februar 1896). Die vorbereitende Arbeit an Fontanes erstem Roman beginnt schon 1862. Das Projekt beschäftigt ihn noch gut 15 Jahre.

Arbeit an dem Aufsatz DIE WENDEN UND DIE MARK, der aber erst im **Oktober 1867** (vgl. dort) erscheint und in den Band HAVELLAND eingeht.

18. Januar – 30. Oktober. Deutsch-dänischer Krieg, der mit dem dänischen Abtreten der Herzogtümer Schleswig und Holstein an Deutschland endet – Fontanes erste Kriegsdarstellung (vgl.: April 1866).

5. Februar. Geburt des sechsten Sohnes Friedrich (Friedel, † 1941): *Ein kleiner Junge ist heute früh 10¼ glücklich – wiewohl nach einigem Sträuben – einpassiert. Mutter und Kind sind wohl* (an Rohr). Der jüngste Sohn Fontanes wird später zum Verleger seines Vaters (vgl.: 1. Oktober 1888).

8. Februar. Vortrag im Militärkasino Potsdam über DIE WENDEN IN DER MARK.

3. März. *Ich halte mich keineswegs für einen unglücklichen Menschen; ganz im Gegenteil. Mein Leben hat sich sehr gnädig gestaltet; viele Jahre lang entschieden ein ›verlor-*

*ner Posten‹, habe ich jetzt eine Art bürgerliche und gesell-
schaftliche Existenz, mein anständiges Auskommen, einen
Beruf, der mich erfreut und befriedigt, gute Kinder und
eine in hundert Stücken respektable und sehr zu lobende
Frau* (an die Mutter).

17. April. Das nicht in die WANDERUNGEN aufgenommene
märkische Reisefeuilleton LUCH IM WALD in der »Kreuzzeitung«.

23. April. Shakespeare-Festrede, die Fontane am **13. April**
schreibt, im »Tunnel« (Erstveröffentlichung 1965).

27. April. Rezension von »Erinnerungen an Eugen und
Moritz von Hirschfeld aus Deutschland und Spanien« in
der »Kreuzzeitung«; Teile des Textes werden in VOR DEM
STURM integriert.

16. Mai. Konzeption der Vierbändigkeit der WANDERUN-
GEN an Hertz (vgl.: 24. September 1873).

19.–27. Mai. Dänemarkreise zu den Kriegsschauplätzen
(vgl. die Reisenotizen) über Hamburg, Pinneberg, Elms-
horn, Neumünster, Kiel (20.), Schleswig: Schloß Gottorp,
Missunde (21./22.), Flensburg (23.), Düppel, Sonderburg,
Broacker (24.), Rendsburg (25.), Altona, Hamburg (26.).

Um 24. Mai. Reise nach *Brandenburg, Rathenow, Nenn-
hausen (Fouqué) und einige andre havelländische Sitze*
(Plan, an Hertz, 11. oder 12. Mai).

Um 23. Juni. Reise nach Neuruppin und in die Umgebung.

Sommer. Sommerfeldts ziehen von Letschin nach Berlin.
Sie übernehmen die Luisenstädtische Apotheke in der
Köpenicker Straße 119, daher intensiverer Kontakt mit
der Familie der Schwester, die Fontane aber als ausgesprochen bourgeois empfindet.

25. August. Das dänische Reisefeuilleton AUS DEM SUNDE-
WITT im »Johanniterblatt«.

6.–30. September. Zweite Dänemarkreise: Kränzlin (6.–8.),
Lübeck, Travemünde (9.), Kopenhagen (10.–12.), Ros-
kilde (12.), Helsingör, Fredensborg, Frederiksborg (13.),
Kopenhagen (14./16.), Aalborg (16.–19.), Schiffahrt auf

dem Limfjord bis Thisted, über Viborg nach Aarhus
(21.), über Skanderborg, Horsens, Vejle nach Fredericia
(22.), Kolding (23.), über Hadersleben nach Flensburg
(24./25.), per Schiff nach Sonderburg, über die Halbinsel
Alsen (26.), Flensburg (27.), Husum (28.): Besuch bei
Storm: »Fontane ist doch trotz seiner Mitredaktions-
schaft an der [›Kreuzzeitung‹] ein netter traitabler
Mensch und – ein Poet. Wir haben uns in den paar Stunden fast um den Hals geredet« (Storm an Ludwig
Pietsch).

25. September – 4. November. Die REISEBRIEFE AUS JÜT-
LAND in sieben Folgen in der »Kreuzzeitung«, anonym.

9. Oktober – 6. November. Der Bericht über DIE BERLI-
NER KUNSTAUSSTELLUNG in fünf Folgen in der »Kreuzzeitung« mit der Sigle -lg-.

28. Oktober, 4. und 11. November. Vorabdruck von zwei
Kapiteln in drei Folgen unter dem Titel BILDER UND GE-
SCHICHTEN AUS DER MARK aus DIE GRAFSCHAFT RUPPIN
im »Morgenblatt für gebildete Leser«.

Ende Oktober. Erscheinen der zweiten, im **Juni und Juli**
umgearbeiteten Auflage von DIE GRAFSCHAFT RUPPIN
(Vorwort datiert: *im August*, Impressum: 1865).

3. Dezember. Fontane liest die Ballade GORM GRYMME im
»Tunnel«, den er in diesem Jahr nur zweimal besucht,
und gewinnt damit einen Preis.

9. Dezember. Das auch als Einblattdruck erscheinende Gedicht EINZUG in der »Kreuzzeitung«.

1865

27. Januar. Obwohl Fontane 1862 an Sitzungen des »Vereins für die Geschichte Brandenburgs« teilgenommen
hat, lehnt er die Beteiligung am »Verein für die Geschichte Berlins« ab: *Bei aller Freude an der Wirksamkeit
solcher Vereine bin ich nicht in der Lage, mich persönlich*

dabei zu beteiligen. Ich finde nicht meine Rechnung dabei. Lehrend, aufklärend oder (bei der Konstituierung) auch nur beratend aufzutreten, dazu fehlen mir alle Gaben. Meine Kenntnisse und meine parlamentarische Geschicklichkeit sind gleichmäßig null (an Julius Beer).

12. Februar. *Der Aufsatz über den General ist fertig geworden; bei der Biographie des Dichters aber bin ich stecken geblieben* (an Alexander von Pfuel). Die Arbeit über Heinrich August und Friedrich de la Motte Fouqué, an der Fontane seit März 1864 arbeitet, bleibt Fragment (Erstveröffentlichung 1932).

26. Februar. Das schleswig-holsteinische Reisefeuilleton Missunde in der »Kreuzzeitung«.

12. März – 16. April. Die acht am **7. Februar** abgeschickten Reisekapitel Kopenhagen in fünf Folgen im »Johanniterblatt«.

15. März – 12. April. Das schleswig-holsteinische Reisefeuilleton Roskilde in fünf Folgen im »Johanniterblatt«.

19. April. Das Gedicht Am Jahrestag von Düppel in der »Kreuzzeitung«.

Ende April / Anfang Mai. Reise nach Neuruppin.

16. August. Tod Wolfsohns.

26. August. Der schleswig-holsteinische Krieg *seit zwei, drei Tagen im M. S. fertig* (an Friedrich Wilhelm Holtze).

26. August – 20. September. Rheinreise: Köln mit Abstecher nach Bonn und Drachenfels (28.–31.), Koblenz (1. 9.), per Schiff nach Mainz, Bingen mit Ausflug nach Asmannshausen, Rüdesheim (2.), Worms, Speyer, Karlsruhe (3.), dann Erholungsaufenthalt in Interlaken in der Schweiz.

27. September und 4. Oktober. Erzbischof Norbert und die Prämonstratenser in der Mark im »Johanniterblatt«.

2. November. *Das M. S. [von Der schleswig-holsteinische Krieg] ist jetzt fertig bis aufs tz mit Überschrif-*

ten, Noten, Anmerkungen etc. (an den Verlag von Dek-
ker).

4. November. Verlagsvertrag mit Hertz über die Publikation des Romans LEVIN VON VITZEWITZ, EIN ROMAN AUS
DEM WINTER 1812 BIS 13 (VOR DEM STURM). Arbeit an
dem Roman bis **Juni 1866.**

23. November. Tieck-Abend der »Tunnel«-Freunde bei
Fontane, der über intime Forschungen (Bernhardi) berichtet (Fricke).

29. November. Fontanes Rezension von Lepel, »Gedichte«
im »Johanniterblatt«.

30. November. Vortrag im konservativen Verein der Lu-
cas-Gemeinde über DENKMÄLER IN DER SCHWEIZ, offenbar ein Resultat von Fontanes Schweizer Aufenthalt im
September. Abdruck im »Johanniterblatt« am **11. April
1866.**

6. Dezember. *Ich möchte [...] eine Darstellung des Winters
12 auf 13 versuchen; die Form wird frei sein, der Inhalt
soll es aber mit den Tatsachen genau nehmen. [...] Alles
Biographische wäre mir sehr willkommen; doch mache
ich mir wenig aus den Biographien der Berühmtheiten
und ziehe die Biographien verhältnismäßig kleiner Leute
(Biographien, die allerdings sehr rar sind) weit vor. Mit
andern Worten: auf Schilderungen des Kleinlebens in
Dorf und Stadt kommt es mir an; – die großen historischen Momente laß ich ganz beiseite liegen oder berühre
sie nur leise. Briefe, die damals von in Berlin und
in der Mark lebenden Leuten geschrieben wurden,
würden mein bestes Material sein* (an Holtze). – Fontane
arbeitet also an VOR DEM STURM.

31. Dezember. Letzte Teilnahme an einer »Tunnel«-Sit-
zung.

1866

Januar – Juni. Arbeit an Vor dem Sturm.

6. Januar. *Am Abend kleine Gesellschaft bei uns: v. Heyden nebst Frau und Schwägerinnen, Zöllners, Lepel* (Tagebuch).

12. Januar. Fontane erhält die Nachricht vom Kultusministerium, daß sein jährlicher Zuschuß von 300 Talern auf weitere drei Jahre gewährt ist.

16. Januar. Lektüre: Tieck, »Der gestiefelte Kater«.

April. Erscheinen von Der Schleswig-Holsteinische Krieg im Jahre 1864 (Berlin: Decker). Der König verleiht Fontane dafür die goldene Medaille für Kunst und Wissenschaft. – Rezension: »Militair-Wochenblatt«, 19. Mai (August von Witzleben).

April – Mai. *Werde ich krank und laboriere wochenlang an meinen gastrisch-nervösen Zuständen* (Tagebuch).

Mai. Lektüre: Heyse, »Fünf neue Novellen«, Fontane und Lepel gewidmet, enthaltend: »Franz Alzeyer«, »Die Reise nach dem Glück«, »Die kleine Mama«, »Cleopatra«, »Die Witwe von Pisa«.

14. Juni – 23. Juli. Der »deutsche« Krieg, in dem Preußen, Italien und 16 norddeutsche Staaten Österreich und 13 meist süddeutsche Staaten besiegen – Fontanes zweite Kriegsdarstellung (vgl.: Mitte November 1869 und Oktober 1870).

17. Juni. Beendigung des ersten Bandes von Vor dem Sturm.

24. Juni. »Rütli«-Sitzung in Neustadt-Eberswalde, Besuch beim Vater in Schiffmühle.

2. Juli. Erscheinen des Gedichts Berliner Landwehr bei Langensalza (später umbenannt in Is nicht) im »Berliner Fremden- und Anzeigenblatt«.

Mitte August. *Trete ich mit Freund Scherz eine Reise nach Böhmen [zu den Kriegsschauplätzen des preußisch-österreichischen Krieges] an. Wir gehen über Dresden [16.]*

*und Prag [17./18.]. In Prag treffen wir Herrn v. Rohr
vom Leib-Regiment. Dieser erhält Urlaub und schließt
sich uns an. Wir reisen über Brandeis, Benatek, Jung-
Bunzlau bis München engrätz, besuchen dann die Ge-
fechtsfelder von Podoll, Podkost, Sobotka, Lochow, Git-
schin, zuletzt über Horsitz das große Schlachtfeld von
Königgrätz. In Pardulitz trennt sich Herr v. Rohr von
uns und kehrt nach Prag zu seinem Regiment zurück. Wir
reisen andern Tags, in Gesellschaft von Herrn v. Wech-
mar (der Kommandeur der Stabswache von General
Steinmetz gewesen war) über Görlitz nach Berlin zurück*
(Tagebuch). Die genaueren Daten sind bisher nicht zu erschließen. Frickes Angabe »August 12. bis 31.« ist pro-
blematisch, da Fontane, sofern die Angabe verläßlich ist,
schon am **24. August** in Berlin einen Brief an den Verleger Decker schreibt.

Mitte September. Besuch der Kunstausstellung, die Fontane zwischen **16. September und 28. Oktober** in einer
Folge von fünf Berichten in der »Kreuzzeitung« bespricht.

19. September – 14. (?) Oktober. Erscheinen der elf Kapitel der REISEBRIEFE VOM KRIEGSSCHAUPLATZ IN BÖHMEN
im »Berliner Fremden- und Anzeigenblatt«, die Ausbeute der Böhmenreise. Anschließend Beginn der Arbeit
an DER DEUTSCHE KRIEG, über dessen Publikation sich
Fontane mit Decker **Anfang August** einigt.

1867

18. Januar. Verleihung des preußischen Kronenordens
4. Klasse.

19.–22. Februar. Emilie in Beeskow bei ihrer offenbar
schon kranken Mutter (vgl.: 2. Mai).

31. März. Fahrt nach Freienwalde, möglicherweise letzter
Besuch beim Vater (vgl. aber das 16. Kapitel von MEINE

KINDERJAHRE, wo Fontane den letzten Besuch auf »Sommer 1867« ansetzt).

April/Mai. *Auch in der zweiten Hälfte des April und Anfang Mai krank* (Tagebuch).

22. April. Konfirmation Georges in der französisch-reformierten Kirche in der Klosterstraße.

Anfang Mai. *Um mich zu erholen, reise ich bei schönem Wetter nach Ruppin und bleibe 8 Tage bei Mama. Nichtstun, spazierengehen, frische Luft und kaltes Wasser bringen mich in Ordnung* (Tagebuch).

2. Mai. Tod von Emilies Mutter, die eine kleine Erbschaft hinterläßt.

27. Mai. Ausflug zur Försterei bei Schloß Grunewald.

16. Juni. Rezension von Herman Grimm, »Unüberwindliche Mächte« in der »Kreuzzeitung«.

26. Juni – 8. August. Emilie mit Mete und Friedel in Schlesien.

15. August – 2. September. Urlaubsreise nach Thüringen: *Ich gehe zuerst nach Scharteuke bei Genthin und verweile hier 3 Tage bei Frau v. Brauchitsch. Wir machen am 16. August eine reizende Fahrt nach dem alten Katteschen Gute Wust, wo sich in der Gruft auch der Sarg des enthaupteten Katte befindet; am 17. August eine Partie über Redekin und Jerichow nach dem Bismarckschen Gute Schönhausen. Am 18. August über Magdeburg, Halle nach Kösen, wo Zöllners bereits in Kur sind und wo Fontane Emilie trifft. Am 19., 20. und 21. in Kösen; reizende Partien nach Naumburg (Dom), Almrich, Schulpforte, Rudelsburg [...]. Am 22. [...] über Weimar, Erfurt, Arnstadt – nach Ilmenau, wo Rohr sich aufhält (22.–24.). Am Abend des 24. [...] Ankunft in Weimar, wo man Zöllners und Roquette trifft (24.–26.). Am 26. früh Emilie und ich nach Erfurt. Besichtigung des sehr interessanten Domes. Über Mittag Abfahrt nach Eisenach [...]. Dann auf die Wartburg hinauf; hier alles in Festvorbereitung [für das musikalische Wartburgfest], die Führer betrunken. Das*

*Ganze bei untergehender Sonne, doch zauberhaft; auch
das bunte Treiben pikant, wenn freilich auch der rein-
poetischen Wirkung des Ortes nicht günstig* (Tagebuch).
Am 27. Trennung von Emilie, die über Kösen nach Berlin
zurückkehrt. Fontane weiter nach Kissingen (28.–31.),
über Hammelburg, Lohr nach Würzburg mit Partien
zum Schlachtfeld von Roßbrunn und Uettingen (31. 8.–
1. 9.), über Gmünden, Aschaffenburg, Hanau, Frankfurt a. M. zurück nach Berlin.

September. *Skalitz, Schweinschädel, Trautenau: die Darstellung dieser Gefechte [aus* Der Deutsche Krieg*] beschäftigt mich* (Tagebuch).

1. September. Das Reisefeuilleton Aus Thüringen in der
»Kreuzzeitung«.

Oktober. *Den ganzen Oktober über war ich erkältet* (Tagebuch).

2., 9., 16. und 23. Oktober. Die Wenden in der Mark im
»Johanniterblatt«.

5. Oktober. Tod des Vaters. Fontane reist am **6. Oktober**
nach Schiffmühle zur Beerdigung in Neu-Tornow am
8. Oktober. Fontanes Satz über seinen Vater, *denn wie er
ganz zuletzt war, so war er eigentlich* (Meine Kinderjahre), wird immer wieder auf ihn selbst bezogen. Emilie fährt unmittelbar nach dem Tod des Schwiegervaters
zu Fontanes Mutter nach Neuruppin.

Mitte Oktober. Zweite, fast unveränderte Auflage von Das
Oderland (Impressum: 1868).

25. Oktober. Mit Oberst von Kessel in Potsdam, *wo ich bei
diesem zu Tische war* (Tagebuch).

1868

Januar – Mai. Arbeit an der Mainkampagne von Der
Deutsche Krieg.

2.–15. Januar. Geschworenen-Tätigkeit: *Interessant, aber* *wegen meines Blasenleidens höchst peinlich* (Tage-buch).

Ostern. *George wird zu Ostern nicht versetzt, und wir be-schließen, ihn Soldat werden zu lassen* [...]. *George kommt in die Fähnrichspresse bei Herrn Reetzke* (Tage-buch). **Ende September** besteht er sein »Einjähriges« (Mittlere Reife) auf der Kriegsschule und tritt am **8. Oktober** in Kassel in das 83. Regiment ein.

12. April. Einstellung des jährlichen Zuschusses von 300 Talern durch das Kultusministerium.

7. Mai. Fontanes Plan, *der, wenn er akzeptiert würde – und es liegt nichts vor, warum er nicht akzeptiert werden sollte – mir eine ehrenvolle Tätigkeit eröffnen, einen an-ständigen Titel und ein gutes Gehalt eintragen würde.* [...] *Es fehlt uns ein national-historisches Museum wie es die meisten andern europäischen Hauptstädte, wie es auch einzelne der kleineren deutschen Residenzen [(]Hanno-ver, Schwerin, Stuttgart etc) haben und die Herstellung eines solchen aus dem reichen Material, was die Kunst-kammer und die zahlreichen Königlichen Schlösser, au-ßerdem die alten Kirchen in Stadt und Land bieten wür-den, wäre eine große, schöne, herzerhebende Aufgabe. Es würde mich glücklich machen, mit einer solchen Aufgabe betraut zu werden.* [...] *Bitte bringen Sie die Sache pas-senden Ortes zu Sprache* (an Rohr). Das Märkische Pro-vinzial-Museum wird erst 1874 ohne Fontanes Beteili-gung gegründet.

17.–23. Mai. Erster Aufenthalt in Thale im Harz. Lektüre: Psalmen, Scott (den ganzen Sommer), »Waverley«, »Er-zählungen eines Großvaters«, »Die weiße Dame« (»The Heart of Midlothian«?), Storm, Gedichte: *Ja, lieber Storm, Sie sind und bleiben nun mal mein Lieblingsdich-ter* [...]. *Es gibt für mich keinen lyrischen Dichter, der meine Empfindungen so oft träfe wie Sie* (an Storm, 22. Mai). Die Lektüre der »Erzählungen eines Großva-ters« regt Fontane zu folgendem Projekt an: *Es schoß mir*

durch den Kopf, daß uns ein solches Buch [...] durchaus
fehle und daß unter gewissen Bedingungen und Voraus-
setzungen ein brandenburgisch-preußisches Geschichten-
buch derart großes Glück machen müsse, auch wirklich
verdienstlich sei. Es ist ein Unternehmen, das, wenn es Ih-
ren und Ihrer ministeriellen Freunde Beifall fände, mit ei-
ner Art Wahrscheinlichkeit zu ähnlich glänzenden Resul-
taten führen müßte, wie der brandenburgische Kinder-
freund. [...] Es müßte eine Art Stoffbuch werden, ein in
schlichtester Form gegebener Balladen-Extrakt unsrer
Geschichte (an Hertz, 8. August).

29. Mai. *Die Kinder sind jetzt wirklich sehr nett. Theo ist*
klug, fleißig, strebsam; Martha mausert sich sehr heraus
und wird elastisch, graziös, leider auch eitel, putzsüchtig
und schulschnabbrig; Friedel, ein sehr gutes Kind, auch
nett aussehend, ist eine völlig komische Figur, ein durch
ein Verkleinerungsglas angesehener Pachter oder Schiffs-
kapitän (an die Mutter).

Ende Mai. KÖNIGGRÄTZ *[aus* DER DEUTSCHE KRIEG*] an-*
gefangen (Tagebuch).

23. August – 10. (?) September. Reise nach Erdmannsdorf
in Schlesien, erster der zahlreichen Sommeraufenthalte
im schlesischen Riesengebirge. *An meinem Kriegsbuch*
*[*DER DEUTSCHE KRIEG*] den Schlußabschnitt begonnen*
(Tagebuch). In Schlesien Ausflüge nach Stonsdorf, Warmbrunn, Hermsdorf, auf die Schneekoppe und vom
6.– 9. September ins böhmische Schlachtengebiet. – Lektüre: Scott, »Das Kloster« (»The Monastery«) und »Das
Herz von Midlothian« (»The Heart of Midlothian«): *An*
einzelnen Stellen nicht viel 'was andres als ein höhrer
Räuber-Roman, ist doch das Ganze von einer so kolossa-
len Schönheit, daß ich – von meinen leicht fließenden Trä-
nen (ich habe sie glasweise vergossen) gar nicht zu reden –
viele Male aufgesprungen bin und in Bewunderungs-
Adressen an den Toten mein Zimmer durchmessen habe.
Durch das Ganze, hundert andrer Vorzüge zu geschwei-

gen, zieht sich eine Gabe, Menschen das Natürliche, im-
mer Richtige sagen zu lassen, die, wenn wir Shakespeare
und Goethe aus dem Spiel lassen, kein andrer hat. Ich
finde dies das Größte (an Emilie, 2. September).

9. (?) Oktober – 7. November. Emilie nach einer schweren
Nervenkrise in Schlesien.

29. Oktober. Besuch der jährlichen Berliner Kunstausstellung.

3. November. Manuskript von DER DEUTSCHE KRIEG abgeschlossen, dann bis **Ende Juni 1869** Ergänzungen,
Überarbeitung, Korrektur.

1869

März/April. *Hartnäckige Grippe* (Tagebuch). – Lektüre:
Otto Ludwig, »Zwischen Himmel und Erde«: *Es macht*
stellenweis einen bedeutenden, aber vorwiegend einen
unangenehmen und sehr langweiligen Eindruck auf
mich. Eh solche Charakterschilderung Mode wird, bin ich
für Schablonen-Charaktere à la Heinrich Smidt etc. (Tagebuch).

25. März. *Reise ich zu Mama nach Ruppin und finde ihr*
Aussehn doch merklich verändert (Tagebuch).

29. Mai. *Ich bin nämlich jetzt mit meinem Kriegsbuch fer-*
tig und habe vor ein paar Tagen [...] *den dritten Band*
meiner WANDERUNGEN *angefangen. Das* HAVELLAND
[...]. *Ich habe gar kein Organ für* [...] *Feierlichkeiten; bei*
Lisens Taufe kriegte ich bekanntlich den Lachkrampf und
etwas von diesem alten Übermut ist mir bis auf den heu-
tigen Tag geblieben. Alles Ehrpußliche, alle »Pomposität«,
wie die Engländer sagen, reizt mich zu kritischen Be-
trachtungen. [...] *In unsrem Hause, unberufen und unbe-*
schrien, geht es leidlich. Emilie, die von Weihnachten bis
Ostern, körperlich und geistig in trauriger Verfassung
war, hat sich wieder recht erholt und sieht die Welt im

Allgemeinen und mich im Speziellen wieder mit andern
Augen an. Ich könnte Ehe-Mondstabellen herausgeben.
Vom November an abnehmend, Weihnachten letztes
Viertel, dann 4 Monate lang totale Verfinsterung, zu
Ostern der erste goldne Sichelstreifen, der holde Mond-
kahn, um nun in den Stillen Ozean des Frühlings und
Sommers einzuschiffen. Nach Pfingsten Vollmond. Ich
nehme dies alles jetzt wie Natur-Erscheinungen hin, freue
mich des blauen Himmels und murre nicht, wenn es reg-
net (an die Mutter).

Anfang Juni. George wird Fähnrich und wechselt im August nach Unannehmlichkeiten vom 83. zum 27. Regiment.

Ende Juni. In Begleitung des Potsdamer Garnisonlehrers
Heinrich Theodor Wagener *nehme ich meine Märkischen*
Wanderungen wieder auf und setze sie fort bis An-
fang August: Gütergotz, die Nutheburgen, Trebbin, der
Schwielow-See und seine Dörfer, Werder, Glindow, Ca-
put, Bornstädt, Marquardt, Paretz, Fahrland (Tagebuch).
Laut Brief vom 18. August an Otto Friedrich Grupe auch
nach Uetz und Döberitz.

Anfang August. Besuch des väterlichen Grabs in Neu-
Tornow.

Ende August – 18. (?) September. Einen Tag in Neuruppin, dann drei Wochen in Hermsdorf im Riesengebirge
mit Ausflügen nach Warmbrunn, Stonsdorf, Heinrichs-
burg, Besteigung des Pridelbergs. *Gearbeitet (die ersten*
5 Kapitel zum dritten Teil meiner WANDERUNGEN*)* (Tagebuch). – Lektüre: Henry Fielding, »Tom Jones«, An-
nette von Droste-Hülshoff, Gedichte.

25. September – 29. Oktober. Emilie mit Mete in Schlesien.

27. September. Diner (Rehkeule von Rohr) bei Fontane
mit Zöllners und Lepel.

17. Oktober. Arbeit am GLINDOW-Kapitel.

21. Oktober. Besuch der Ausstellung der Künstlerinnen,
Bericht darüber unter dem Titel DIE AUSSTELLUNG DES

Vereins der Künstlerinnen im Raczinskyschen Palais in der »Kreuzzeitung« am **27. Oktober.** – An Emilie über den Börsenmarkt: *Es ist ein Unsinn, wie durch eine Art Taschenspielerei jeden Tag aus 50 Talern 100 zu machen. Dieser ganze Schwindel, diese faule Reichwerderei ist mir tief verhaßt und die ganze Geschichte berührt mich wie eine in der Welt umschleichende Krankheit, nicht aber wie ein Glück, dem man nachzujagen hat.*

23. Oktober. Ausflug zu Heinrich von Kleists Grab am Kleinen Wannsee (Plan).

24. Oktober. Nach Sakrow und auf die Pfaueninsel (Plan).

25. Oktober. *Eine Fahrt mit Sommerfeldts, um die neuen Parks und Stadtteile zwischen Frankfurter und Schönhauser Tor zu inspizieren* (an Emilie, 21. Oktober).

November/Dezember. Fortsetzung der Arbeit an Havelland.

Mitte November. Erscheinen des ersten Bandes von Der Deutsche Krieg von 1866 (Berlin: Decker, Impressum: 1870): Der Feldzug in Böhmen und Mähren (in zwei Halbbänden): *Das Wichtigste daran ist der Aufbau, der Grundriß, die Klarheit der Anlage und es muß einer schon eine gute Künstler-Ader im Leibe haben, um dieses Eigentlichste sofort zu erkennen und sich dran zu erfreuen* (an Emilie, 2. Dezember). – Rezension: »Militair-Wochenblatt«, 29. Januar 1870 (Witzleben).

20./21. November. *War ich in Paretz, Falkenrehde und Ketzin. Die Krone* [...] *war Falkenrehde; ich mußte mit einer kleinen Laterne in eine halbverfallene Gruft hinunter, um dem Obristen v. Weiler meinen Besuch zu machen, der daselbst (ähnlich wie Katte in Wust) enthauptet in einem einfachen Sarge ruht. v. Weiler lebte unterm großen Kurfürsten* (an Hertz, 22. November). Fontane arbeitet unmittelbar danach an dem Aufsatz Falkenrehde, der am **30. Juli 1871** in der »Vossischen Zeitung« erscheint und dann in Havelland eingeht.

22. (?) November – 6. Dezember. Emilie bei Fontanes schwerkranker Mutter in Neuruppin.

23. November. Bei Überreichung von DER DEUTSCHE KRIEG durch Geheimrat Mühler an den König erneuter Antrag an diesen für einen finanziellen Zuschuß vom Kultusministerium, der abgelehnt wird. Aber am **29. November** erhält Fontane vom König für das ihm überreichte Exemplar ein Geschenk von 80 Friedrichsdor, *die später über viele Kümmernisse des Winters hinweghelfen* (Tagebuch).

26. November. Bismarck bedankt sich für das ihm übersandte Exemplar von DER DEUTSCHE KRIEG: »Euer Wohlgeboren danke ich verbindlich für die Übersendung Ihrer neuesten Arbeit, der deutsche Krieg von 1866, von der ich mir in Erinnerung an das Interesse, mit dem ich Ihre Wanderungen durch die Mark gelesen habe, und im Hinblick auf die gelungene artistische Ausstattung, eine besonders anziehende Lektüre verspreche.«
Der Aufsatz BUCHHANDEL UND ZEITUNGEN in der »Kreuzzeitung«: *Mein Artikel* [...] *steht in der heutigen Abendnummer; ich hab' ihn durchgelesen und finde ihn apart geglückt, an der Stelle aber, wo er steht, und mit kleinen Typen gedruckt, ist er so gut wie ins Wasser gefallen und hätte man mich nicht zu inkommodieren brauchen* (an Emilie [die Abendnummer vordatiert]).

4. Dezember. Fontane lehnt das Angebot ab, Prinz Karl von Preußen auf seiner Orientreise zu begleiten. – *Ich sehe daran wieder so recht, daß Du viel mehr witzig und geistvoll als klug bist und daß ich Dir nicht in Tugenden und höheren Anlagen, sondern in ganz gemeiner Lebensprosa, im Einmaleins des täglichen Brotes erheblich überlegen bin. Du hast brillante Einfälle und bist scharfsinnig im Erkennen der Menschen, besonders im Erkennen ihrer Schwächen, ihrer Eitelkeiten und Lächerlichkeiten, aber das nüchterne Erkennen der Situation war nie Deine Force und ist es auch heute nicht.* [...] *Du solltest doch nun*

*nachgerade die Menschen kennen! Die Kinder in der
Schule lernen meine Gedichte, Frau Jachmann donnert
meinen* ARCHIBALD DOUGLAS, *und in der Literaturge-
schichte von Heinrich Kurz habe ich mein Kapitel, aber
wenn ich heute noch Bote beim Kammergericht würde,
mit 30 Taler fixem Monatsgehalt und 10. Rtl. zu Weihnachten, so würden die besten Freunde sagen: nun, er ist
jetzt in k.[öniglichem] Dienst, er hat ein Fixum, kann sich
Bewegung machen und seiner Frau eine jährliche Pension
von 40 Talern hinterlassen. Lehre mich die Menschen
kennen* (an Emilie).

13. Dezember. Tod der Mutter. Emilie reist sofort wieder
nach Neuruppin. Fontane folgt am **15. Dezember** zur Beerdigung am **16. Dezember**.

22. Dezember. *Vor etwa 14 Tagen war ich in Spandau, um,
vom dortigen Kirchturme aus, einen Blick in das »Havelland« zu tun, das ich eben im 3. Teile [der* WANDERUN-
GEN*] beschreibe* (an Rohr).

30. Dezember. Fontanes 50. Geburtstag.

1870

Mitte Februar. *Eine böse, endlose Grippe, eine wahre Ge-
duldsprobe, die mich über 10 Wochen lang zu jeder Arbeit
unfähig machte* (Tagebuch).

22. März. Ablehnung von Fontanes erneutem Antrag auf
die Fortführung des kultusministeriellen Zuschusses –
zu seiner großen Verbitterung (vgl. die Briefe an Rohr,
15. April und 13. Mai und 17. März 1872).

1. April. Fontane bekommt vom preußischen Innenmi-
sterium einen vierteljährlichen Zuschuß von 100 Talern,
der bis zu seinem Tod gezahlt wird.

3. April. *Mein Unglück ist eine hypersensitive Organisation, die in keinem richtigen Verhältnis steht weder zu
meiner Lebenslage noch, so fürcht ich, auch zu meinem*

Talent. Nur Leuten ersten Ranges verzeiht man derglei-chen (an den Geheimen Oberregierungsrat Ludwig Hahn im preußischen Innenministerium).

15. April. *Unser alter Plan, es mit einem Pensionat zu ver-suchen, ist wieder aufgelebt. Das Arbeiten wird mir im-mer schwerer, und das Bücherschreiben bis in die Nächte hinein, um dann nach Jahresfrist 300 Thlr in Empfang zu nehmen, hat einen Degout und eine Bitterkeit gegen lite-rarische Tätigkeit in mir erzeugt, wovon ich Ihnen keine Beschreibung machen kann. Meine Frau und ich sind des-halb einig geworden, junge Damen, am liebsten Englän-derinnen und Amerikanerinnen, ins Haus zu nehmen* (an Rohr).

16. April. Auseinandersetzung mit dem Chefredakteur der »Kreuzzeitung«, die zu Fontanes Kündigung seiner Stel-lung als Redakteur des englischen Artikels am **20. April** führt: *Die Unfreiheit, die Dürre, die Ledernheit des Dienstes fingen an, mir unerträglich zu werden, vor allem aber empörte mich mehr und mehr der Umstand, daß man nie und nimmer für gut fand, die wichtige Pen-sionsfrage auch nur leise zu berühren* (an Rohr, 13. Mai). Fontane informiert Emilie erst drei Wochen später, als sie (20. April – 14. Juni) in England ist, um Martha auf ein Jahr zu Meringtons zu bringen: *Der Zeit-punkt ist nun da, den ich mir gleich festgesetzt hatte, um Dich in unsre Geheimnisse einzuweihen. Ich habe meine Kreuzzeitungs-Stelle aufgegeben.* [...] *Dir brauche ich wohl nicht erst zu sagen, daß die Ostersonnabendszene weiter nichts war als der Tropfen, der das Glas zum Über-laufen bringt. Du weißt, daß ich längst entschlossen war, in dieser Weise zu handeln, und daß ich die Brutalität, die darin liegt, unsre Freiheit und unsre geistigen Kräfte aus-zunutzen, ohne vorsorglich und human an unsre alten Tage zu denken,* [...] *nicht mehr ertragen kann.* [...] *Es ist gemein, beständig* [...] *Christentum und Bibelsprüche im Munde zu führen und nie eine gebotene Rücksicht*

zu üben, die allerdings von Juden und Industriellen, von
allen denen, die in unsern biedern Spalten beständig
bekämpft werden, oftmals und reichlich geübt wird
(an Emilie, 11. Mai). – Emilie reagiert gekränkt: »Du
scheinst ebenso wenig zu fühlen, wie beschämend es für
mich, daß Du einen so entscheidenden Schritt für unser
Leben getan hast, ohne Dir die Mühe zu nehmen, mit
mir darüber zu beraten, [...] aber dieses neue Erlebnis
läßt mich wieder recht schmerzlich fühlen, daß Du liebst,
allein zu entscheiden, u. doch müssen wir zusammen
handeln« (an Fontane, 14. Mai). In einem neuen Brief
vom selben Tag sucht sie nach Gründen für seine Ent-
scheidung: »Jedes Gebundensein widerstrebt Deiner Natur; so lange die Dinge ruhig gehen, bist Du glücklich
und zufrieden; kommt aber ein Anstoß, so verwirfst Du
auch Alles [...]. Es ist dies der Fall mit mir seit beinah
20 Jahren. Sobald ich durch irgend etwas Dir unange-
nehm bin, sobald ich Dir entgegen stehe, sprichst Du
von einer 20jährigen unerträglichen Ehe. Dasselbe gilt
von Deinen Freunden; sie binden sich immer wieder an
Dich; nicht Du an sie.«
Im späteren Rückblick auf die Kreuzzeitungsjahre: *Ich
[...] muß diese zehn Jahre zu meinen allerglücklichsten
rechnen. Daß es so verlief, lag an verschiedenen Dingen.
Es kamen die Kriegsjahre 1864 und 1866, die mir Gelegenheit gaben, mich mehr als einmal nützlich zu machen;
ich bereiste die Kriegsschauplätze, war in Schleswig, Jüt-
land, Seeland, in Böhmen und den Gegenden des Main-
feldzuges, was mich alles ungemein erfrischte. Zugleich
gab es mir ein Relief. Es war auch dasselbe Jahrzehnt, in
dem ich meine* WANDERUNGEN DURCH DIE MARK BRAN-
DENBURG *und meinen ersten vaterländischen Roman –*
VOR DEM STURM *– begann. Zudem, von Vierzig bis
Fünfzig ist beste Lebenszeit. Aber der Hauptgrund [...]
war doch der, daß, verschwindend kleine Störungen
abgerechnet, das Leben auf der Redaktion und mehr*

noch das nebenherlaufende gesellschaftliche Leben ein sehr angenehmes war (VON ZWANZIG BIS DREISSIG).

Während Emilies Abwesenheit intensive Arbeit am dritten Band der WANDERUNGEN, der in der Rohfassung zum größten Teil beendet wird.

17. April – 13. Mai. Vorabdruck von vier Aufsätzen unter dem Titel DER SCHWIELOW UND SEINE UMGEBUNGEN aus HAVELLAND in der »Kreuzzeitung«.

5. Mai. Großes Diner bei Fontane mit Clara Kugler, Henriette von Merckel, dem »Tunnel«-Freund Karl Zöllner und Frau, Lepel, Adolf Wilbrandt und Karl Bormann.

18./19. Mai. Ausflug nach Friedrichsfelde.

21./22. Mai. Ausflug in den Brieselang – und nach Paretz (?) – mit Lepel.

22. Mai. Henriette von Merckel über Fontanes Kündigung der Position bei der »Kreuzzeitung« in ihren Aufzeichnungen über die Familie Fontane: »Es ist für die Frau ein harter Schlag, dies in weiter Ferne zu erfahren! Die Genies haben für ihre Angehörigen doch zuweilen recht schwer zu ertragende Einfälle! F. hat mir mit seiner gewohnten Offenheit seine Gründe auseinander gesetzt, es läßt sich nichts dagegen sagen, ja ich war ergriffen von der Macht seines Glaubens an sein Genie. Daß aber der Frau sich bange Besorgnisse aufdrängen, vermag ich zu begreifen.«

25. Mai. Diner bei Fontane mit Zöllners und Henriette von Merckel.

28. Mai. Fontane reagiert brieflich auf Emilies Vorwürfe wegen der Kündigung: *Ich weiß, Du liebst mich, meinst es gut mit mir, hast die besten Absichten, willst mich nicht kränken, aber Dein Temperament, Deine in Blut und Nerven wurzelnden Stimmungen sind oft stärker als alle Deine guten Absichten. Ich bitte Dich, nach dieser Seite hin noch ein übriges tun zu wollen; man kann seine an- und eingeborne Natur nicht ganz austreiben, aber man kann mit redlichem guten Willen doch, Gott sei Dank, manches zustande bringen.*

Sommer. Vortrag über Pastor Moritz zu Fahrland im Evangelischen Verein der Gustav-Adolf-Stiftung (Fricke).

12. Juli – 7. August. Warnemünde mit Emilie, die am 1. August nach Berlin zurückkehrt. Fontane verbringt dann allein einen Tag in Rostock und einige Tage in Dobbertin bei Rohr. Auf dem Rückweg am **6. August** in Begleitung *des jungen Sponholz: In Güstrow besuchten wir das alte Schloß, in Schwerin Paulskirche, Dom, Schloß (höchst interessant), fuhren über den wunderschönen See* [...], *aßen im Hotel Stern und erhielten hier die Nachricht vom zweiten, größren Siege des Kronprinzen [bei Wörth und Spiechern]* (an Rohr).

Lektüre: Goethe, »Die natürliche Tochter« und »Die Wahlverwandtschaften«: *Ich bewundre es und finde es tief-langweilig. Als Beobachtung des Lebens und Weisheits-Ansammlung klassisch, aber kalt und farblos* (an Zöllner, 23. Juli).

19. Juli – 10. Mai 1871. Der Deutsch-Französische Krieg, in dessen Verlauf am 18. Januar 1871 in Versailles das Deutsche Reich unter preußischer Führung mit dem preußischen König als deutschem Kaiser proklamiert wird; Bismarck wird Kanzler des Reiches – Fontanes dritte, diesmal monumentale Kriegsdarstellung (vgl.: November 1872 und Ende Dezember 1873, Dezember 1875 und Oktober 1876).

15. August. Beginn der bis **Ende 1889** dauernden Tätigkeit als Theaterkritiker der »Vossischen Zeitung« für das Königliche Schauspiel: *Meine Berechtigung zu meinem Metier ruht auf einem, was mir der Himmel mit in die Wiege gelegt hat: Feinfühligkeit künstlerischen Dingen gegenüber. An diese meine Eigenschaft hab' ich einen festen Glauben; hätt' ich ihn nicht, so legte ich heute noch meine Feder als Kritiker nieder* (an den Schauspieler Maximilian Ludwig, 2. Mai 1873). Auf dem Parkettplatz 23 wird Fontane zu einer bekannten Erscheinung: *Schon eine merkwürdige Zahl. In überfüllten Hotels bin ich fast im-*

mer Nummer 23 untergebracht worden und habe da
Schreckliches erlebt. Das kann ich nun von Nummer 23
im Königlichen Schauspielhaus eigentlich nicht sagen. Ich
habe da viel angenehme Stunden zugebracht, aber ein
merkwürdiger Platz war es doch auch. Es war nämlich
kein eigentlicher Parkettplatz, sondern nur ein Annex, ein
Vorposten, ein ausgebautes Fort, man könnte auch sagen
ein Sperrfort, und wuchs ganz, in die scharfe Ecke zwischen Proszeniums- und Parkettlogen hineingebaut, von
dieser Ecke in den Parkettgang vor. Knierempeleien waren also ganz was Alltägliches. Das Häßlichste war die
Abgesondertheit. [...] Für den Eitlen war Nummer 23 ein
kurilischer Stuhl, für den weniger Eitlen ein Armensün-
derbänkchen. Denn man bilde sich nur nicht ein, daß ein
Theaterkritiker ein Richter ist, weit öfter ist er ein Ange-
klagter. »Da sitzt dieses Scheusal wieder«, habe ich sehr
oft auf den Gesichtern gelesen (KRITISCHE JAHRE – KRI-
TIKERJAHRE). Erster Theaterabend am 17. August: Schiller, »Wilhelm Tell«; Kritik am 19. August, eine delikate
Aufgabe während der von blinder nationaler Begeisterung begleiteten Kriegshandlungen bei dem Image des
Stücks im 19. Jahrhundert als Aufruf zur deutschen Einigung.

22. August. Theater: Heyse, »Kolberg«; Kritik: **24. August.**

27. August. Theater: Lessing, »Minna von Barnhelm«; Kritik: **30. August.**

7. September. Ernst Raupach, »Vor hundert Jahren«; Kritik: **16. September.**

27. September–5. Dezember. Frankreichreise zu den Kriegs-
schauplätzen im Auftrag des Verlags Decker (Lokalstu-
dien für das dritte Kriegsbuch) und Gefangenschaft. Die
Reise geht über Frankfurt a. M., die Pfalz, Weißenburg,
Wörth, Sulz (30.), Hagenau, Saberne, Saarburg (1.10.),
Lunéville, Nancy (2.) nach Toul (3./4.). Am **5. Oktober**
Ausflug nach Vaucouleurs und Domrémy auf den Spuren

Jeanne d'Arcs. Während der Besichtigung ihres Denkmals Verhaftung als preußischer Spion: *In Domremy, eben in voller Jean[ne] d'Arc-Bewunderung, wurde ich verhaftet. Man hielt mich für einen verkappten preußischen Offizier* (an Emilie, 6. Oktober). Von Domrémy Überführung Fontanes nach Neufchâteau, dann Langres (6.–11.). Verhör durch ein Militärgericht mit der Gefahr, am nächsten Morgen erschossen zu werden. Statt dessen Überführung in die Zitadelle von Besançon (12.–29.). Dann in langsamen Stationen über Lyon (30. 10. – 1. 11.), Moulins (2./3.), Gueret (4./5.), Poitiers (6.), Rochefort (7.), Marennes (8.) zur Gefangenschaft in der Zitadelle der Insel Oléron an der Westküste Frankreichs im Atlantik (9.–29.), wobei ihm der Ort seiner Gefangenschaft erst auf dem Weg mitgeteilt wird. Während der Haft Niederschrift des größten Teils von KRIEGSGEFANGEN. – Schon am **6. Oktober** schreibt Fontane an Emilie: *Vielleicht kann auch Frau von Wangenheim irgendeinen einflußreichen Kirchenfürsten dieses Landes und Professor Lazarus den französischen Minister Crémieux für mich interessieren.* Beides geschieht sofort: Frau von Wangenheim (vgl.: 20. August 1874) schaltet über den Berliner Kardinal-Erzbischof Namszanowski den Erzschof von Besançon, Césaire Mathieu, ein, der schon in Besançon, wie der Festungskommandant Fontane mitteilt, dessen Los erleichtert: »Se. Eminenz der Kardinal hat sich für Sie verwandt. Sie werden infolge dieser Verwendung als officier supérieur angesehen und bei Ihrem Eintreffen auf île Oléron einer relativen Freiheit teilhaftig werden« (KRIEGSGEFANGEN). Fontane wird als höherer Offizier, also mit größerer Rücksicht und größeren Vorrechten als die einfachen mitgefangenen Soldaten behandelt und bleibt mit dem Erzbischof bis zu dessen Tod 1875 in brieflichem Austausch (sieben Briefe Fontanes, zum Teil nur in französischer Übersetzung, und neun Mathieus sind erhalten). – Moritz Lazarus läßt seine jüdi-

sche Verbindung über die »Alliance Israélite Universelle«
und über den Schweizer Bundespräsidenten Jacob Dubs
zu dem Justizminister Isaac Adolphe Crémieux spielen,
der ihm am 20. November schreibt: »Ich denke, daß in
diesem Augenblick Herr Fontane [...] frei ist. Ich habe
keinen Augenblick verloren.« – Eine dritte Bemühung
um Fontanes Befreiung geschieht über die preußische
Regierung. Am 20. und 22. Oktober interpellieren Lepel,
Heyden und Eggers im Kriegsministerium. Minister
Roon läßt als Retribution für Fontanes Verhaftung drei
französische Wissenschaftler festnehmen. Über Fontanes
Verleger Decker schalten sie auch General von Werder
und Bismarck ein, der am 29. Oktober in einem Brief an
den amerikanischen Gesandten Elihu B. Washburne, der
die preußischen Interessen bei der französischen Regierung vertritt, die Freilassung für den »preußischen Un-
tertan und wohlbekannten Geschichtsschreiber« Fontane
fordert und droht, »daß wir im Weigerungsfalle eine gewisse Anzahl von Personen in ähnlicher Lebensstellung
in verschiedenen Städten Frankreichs verhaften und nach
Deutschland schicken und ihnen dieselbe Behandlung
zuteil werden lassen, die dem Dr. Fontane in Frankreich
beschieden ist«. – Am 20. November veranlaßt Minister
Crémieux die Freilassung Fontanes, der die Nachricht
am 24. November erhält. Am 29. November beginnt die
Rückreise Tag und Nacht über Bordeaux, Toulouse,
Lyon, Genf (1. 12.), kurze Irrfahrt nach St. Moritz, Basel
(2.), Bern (3.) und Frankfurt a. M., von wo Fontane an
Emilie telegraphiert, die ihm entgegenfährt. Am 5. Dezember Ankunft in Berlin. Fontane setzt sich im Gegen-
zug für die Freilassung eines französischen Offziers
ein. Bismarck schlägt die Bitte am 23. Januar 1871 ab,
»da Herr Fontane als Gelehrter in derselben Kategorie
wie die in Frankreich ungerechterweise festgehaltenen
Kapitäne der Handelsmarine steht« (Bismarck an Washburne).

Oktober (?). Erscheinen des zweiten Bandes von DER DEUTSCHE KRIEG VON 1866. DER FELDZUG IN WEST- UND MITTELDEUTSCHLAND. ANHANG: DIE DENKMÄLER (Berlin: Decker, Impressum: 1871). Der Erscheinungstermin scheint schwer präzise festzulegen zu sein. Laut Frickes »Chronik« läßt Fontane dem König ein Exemplar Anfang Juli 1870 überreichen. Fontane empfängt dafür ein königliches Geschenk von 50 Friedrichsdor. Am **29. August 1870** schickt Fontane dem Chefredakteur der »Vossischen Zeitung« Hermann Kletke ein Exemplar mit der Bemerkung, *es ist noch nicht ausgegeben.* Burgers Abschlußkommentar des Anhangs über »Die Denkmäler« ist datiert »Im October 1870«. An Rohr schreibt Fontane am **14. März 1871:** *Der II. Band meines 66er Kriegsbuches ist nun auch da, das Ganze also fertig vor mir,* aber die Rezension im »Militair-Wochenblatt« erscheint schon am **13. Oktober 1870** und bemerkt, der Band sei »mitten in dem großartigen Kriegsgeräusch dieses Jahres« erschienen: *Selbst meine* Freunde *(ja diese oft am wenigsten) haben keine Ahnung davon, was es mit diesem Buche eigentlich auf sich hat, und daß ich mir, gerade wie in meinen* WANDERUNGEN, *eine Behandlungsart erfunden habe, die vorher einfach nicht da war. Ich fordre jeden auf, der kann, mich zu widerlegen* (an Kletke, 29. August 1870). – Rezension: »Militair-Wochenblatt«, 13. Oktober (Witzleben).

21. Dezember. Theater: Roderich Benedix, »Landwehrmanns Christfest«; Kritik: **23. Dezember.**

23. Dezember. Beginn der Arbeit an DER KRIEG GEGEN FRANKREICH.

25. Dezember – 26. Februar 1871. Vorabdruck von 13 Folgen aus KRIEGSGEFANGEN. ERLEBTES 1870 in der »Vossischen Zeitung«.

1. Januar. Das Gedicht ZUM NEUEN JAHRE in der »Vossischen Zeitung«.

10. Januar. Theater: Gutzkow, »Der Gefangene von Metz«; Kritik: **12. Januar.**

2. Februar. George, der als preußischer Offizier die Stimmung unter den Soldaten spiegelt, an Fontane: »Ich muß Dir, lieber Vater, und auch im Namen aller unserer Herren einen kleinen Vorwurf machen, weil Du die Franzosen in Deinen Schicksalen [in Frankreich] zu sehr herausstreichst.«

10. Februar. Theater: Heinrich Kruse, »Die Gräfin«; Kritik: **12. Februar.**

22. Februar, 4. und 8. März, dann 12. Juni 1872. Vorabdruck des Kapitels FRIEDRICHSFELD aus HAVELLAND im »Johanniterblatt«. Fontane arbeitet daran kurz schon im **August 1862** und dann ab **Mai 1870.**

23. Februar. Ausflug nach Charlottenburg.

24. Februar. Theater: Shakespeare, »König Lear«; Kritik: **26. Februar.**

28. Februar. Theater: Heinrich Laube, »Gottsched und Gellert«; Kritik: **2. März.**

Ende Februar. Erscheinen von KRIEGSGEFANGEN. ERLEBTES 1870 (Berlin: Decker).

2. März. Theater: Lessing, »Emilia Galotti«; Kritik: **4. März.**

16. März. Theater: Schiller, »Kabale und Liebe«; Kritik: **18. März.**

17. März. Erscheinen des Gedichts KAISER WILHELMS RÜCKKEHR im »Berliner Fremden- und Anzeigenblatt«.

22. März. Theater: Gustav von Putlitz, »Das Testament des Großen Kurfürsten«; Kritik: **24. März.**

25. März. Theater: Bernhard Scholz, »Eine moderne Million«; Kritik: **28. März.**

31. März. Theater: Friedrich Halm, »Camoens«, Wil-

brandt, »Jugendliebe«, Robert Jonas, »Nach 56 Jahren
oder Vater Kurmärker und Mutter Picarde«; Kritik:
2. April.

Anfang April. Verleihung des Ritterkreuzes der wendischen Krone vom Großherzog von Mecklenburg.

2. und 9. April. Vorabdruck des Aufsatzes Wust. Das Geburtsdorf des Hans Hermann v. Katte aus Havelland in der »Vossischen Zeitung«.

3. April. Theater: Lessing, »Emilia Galotti«; Kritik:
5. April.

9. April – 16. Mai. Zweite Frankreichreise zu den Kriegsschauplätzen: Frankfurt, Straßburg (10.), Épernay (11.), Reims (12.), Crespy (13.), Mouy, wo Fontane George trifft, der ihn bis 19. April begleitet (14.–16.), St. Denis mit Abstechern nach dem Mont Avron, Montmorency, Enghien und der Mühle von Sannois (17.–21.), Amiens, drei Tage krank, dann Besuch der Schlachtfelder und Abstecher über Rouen, Dieppe nach Le Puits (Besichtigung des Grabs des älteren und – von außen – der Villa des jüngeren Alexandre Dumas) (22.–27.), über Ham nach St. Quentin mit Blick auf das Schlachtfeld (28.–29.), Sedan mit einem unbehaglichen Ritt über das Schlachtfeld und Besichtigung einzelner Abschnitte davon (30. 4. – 4. 5.), über Montmédy, Thionville nach Metz (4.) mit Besichtigung der Kampfplätze Mars-la-Tour, Vionville, Gravelotte, Rezonville und St. Privat (5.–8.), Saarbrücken (9./10.), Zitsch (11.), Straßburg, Belfort (12.–14.). – Einige der Daten sind nach den Angaben in Aus den Tagen der Okkupation geschätzt.

12. und 19. April. Fahrland und die Fahrländer Chronik im »Johanniterblatt«. Verändert und erweitert dort wiederabgedruckt am **3. und 17. November und 1. Dezember 1875**.

Ende April. Mete kehrt nach einjährigem Aufenthalt aus England zurück.

20. Mai. Theater: Carl Blum, »Der Vicomte von Létorières oder Die Kunst zu gefallen«; Kritik: **23. Mai.**

25. Mai. Theater: Shakespeare, »Antonius und Cleopatra«; Kritik: **27. Mai.**

2. Juni – Mitte August. Entstehen des ersten Teils von Aus den Tagen der Okkupation; vom **16. August – 5. November** Vorabdrucke einzelner Kapitel in der »Vossischen Zeitung«.

4., 11. und 18. Juni. Vorabdruck des Aufsatzes Brieselang aus Havelland in der »Vossischen Zeitung«.

25. Juni und 2. Juli. Vorabdruck des Aufsatzes Werder und die Werderschen aus Havelland in der »Vossischen Zeitung«.

16. Juli. Vorabdruck des Aufsatzes Glindow aus Havelland in der »Vossischen Zeitung«. – Das Gedicht Einzug (16. Juni 1871) im »Berliner Fremden-. und Anzeigenblatt«.

26. Juli. Der Aufsatz Gütergötz im »Johanniterblatt«.

30. Juli. Der Aufsatz Falkenrehde in der »Vossischen Zeitung«.

August. Der Aufsatz Walter Scott, **Juni – Anfang Juli** erarbeitet, im »Salon für Literatur, Kunst und Gesellschaft«. Damit wird die Beziehung Fontanes zu dem Herausgeber Julius Rodenberg hergestellt, der in seiner ab 1874 erscheinenden »Deutschen Rundschau« zwischen 1891 und 1894 Unwiederbringlich, Frau Jenny Treibel und Effi Briest vorabdruckt. Über den nicht zustande kommenden Vorabdruck von Fontanes autobiographischen Schriften bricht im April 1896 der Kontakt ab. Der Briefwechsel zwischen Fontane und Rodenberg ist weitgehend erhalten und wurde 1969 veröffentlicht.

19. August. Theater: Shakespeare, »Ein Sommernachtstraum«; Kritik: **22. August.**

21. August – 1. Oktober. Mit Emilie bis **25. August** in Dresden (Holbeinausstellung) und 14 Tage in Dobbertin, dann allein kurz in Schwerin und drei Wochen in Warnemünde. Weitgehende Ausarbeitung des zweiten Teils von Aus den Tagen der Okkupation: *Mit meinem Buche* *bin ich beinah fertig; nur noch 7 Kapitel* (an die Schwester Elise, 9. Oktober).

31. August. Vorabdruck von BLANKENSEE aus HAVELLAND im »Johanniterblatt«, dann übernommen in SPREELAND.

September. Theo geht auf das Theologische Seminar der französischen Kolonie und schließt es im **März 1875** als »primus omnium« ab. Er studiert dann aber nicht Theologie, sondern Jura.

6. September. Vorabdruck von SAARMUND UND DIE NU-THEBERGE aus HAVELLAND im »Johanniterblatt«, dann übernommen in SPREELAND.

26. September. Theater: Wilbrandt, »Die Vermählten«; Kritik: **28. September.**

30. September. Theater: Heyse, »Elisabeth Charlotte«; Kritik: **3. Oktober.**

Oktober – Dezember. Vorabdruck von vier märkischen Aufsätzen unter dem Titel HAVEL UND HAVELDÖRFER aus HAVELLAND in »Über Land und Meer«.

2. Oktober. Theater: Otto Franz Gensichen, »Minnewerben«, Benedix, »Der Störenfried«; Kritik: **4. Oktober.**

10. Oktober. Theater: Putlitz, »Zwei Tassen«, »Die böse Schwiegermutter«, »Friede«; Kritik: **12. Oktober.**

23. Oktober. Theater: Karl Koberstein, »König Erich XIV.«; Kritik: **25. Oktober.**

31. Oktober. Theater: Eugène Scribe, »Feenhände«; Kritik: **2. November.**

11. November. Theater: Schiller, »Die Piccolomini«; Kritik: **14. November.**

12. November. Theater: Schiller, »Wallensteins Tod«; Kritik: **14. November.**

18. November. Theater: Jan Alexander Graf Fredro, »Aus der römischen Geschichte«, Adolf von Winterfeld, »Der Winkelschreiber«; Kritik: **21. November.**

28. November. Theater: Benedix, »Die Neujahrsnacht«, Gustav von Moser, »Hypothekennot«, Molière, »Der eingebildete Kranke«; Kritik: **1. Dezember.**

29. November – 9. Dezember. Theater: Ernest Legouvé, »Medea«; Kritik: **1. Dezember.** Erster Abend des Berliner Gastspiels der gefeierten italienischen Tragödin Adelaide Ristori (vgl.: 22. Juli 1857), das Fontane neben den Einzelrezensionen zusammenfassend am **10. Dezember** bespricht.

Dezember. Erscheinen von AUS DEN TAGEN DER OKKUPATION. EINE OSTERREISE DURCH NORDFRANKREICH UND ELSASS-LOTHRINGEN 1871, 2 Bände (Berlin: Decker, Impressum: 1872). Eine zweite Auflage noch vor Ende des Jahres.

1. Dezember. Theater: Carlo Marenco, »Pia dei Tolomei«; Kritik: **3. Dezember.**

2. Dezember. Theater: Schiller / Andrea Maffei, »Maria Stuarda«; Kritik: **5. Dezember.**

24. Dezember. *Am Weihnachts-Heiligabend waren Lepel, Eggers, Herr v. Schweitzer und Margret Merington bei uns* (Tagebuch).

30. Dezember. Theater: Sophokles, »Antigone«; Kritik: **3. Januar 1872.**

31. Dezember. Theater: Moser, »Das Stiftungsfest«; Kritik: **3. Januar 1872.**

1872

Januar – Ende März. Lektüre: Willibald Alexis, »Cabanis«, »Ruhe ist die erste Bürgerpflicht«, »Isegrimm«, »Der falsche Woldemar«.

Januar – Juni. Arbeit an DER KRIEG GEGEN FRANKREICH, Überarbeitung des bereits Fertigen. *Etwa um Ostern bin ich bei Wörth, um Johanni bei Gravelotte* (Tagebuch).

2. Januar. Im ersten erhaltenen Brief an den Journalisten, Schriftsteller und Theatermann Paul Lindau (1839–1917) sagt Fontane die Mitarbeit an dessen neugegründeter Zeitschrift »Die Gegenwart« zu: *Die Gebiete, auf denen*

ich mich mit einiger Sachkenntnis bewege, werden Sie
kennen, England, Mark Brandenburg, epische Dichtung,
Kriegsgeschichte; vielleicht auch mal eine Theaterfrage.
Das ist alles. Die Form des Essays sagt mir besonders zu.
– In seinen zweibändigen Memoiren »Nur Erinnerungen« (1916/17) erwähnt Lindau von Fontane lediglich,
daß er »ein entschiedener Gegner alles Feierlichen« war.

18. Januar. Theater: Charlotte Birch-Pfeiffer, »Mutter und
Sohn«; Kritik: **20. Januar.**

23. Januar. Theater: Laube, »Graf Essex«; Kritik: **25. Januar.**

27. Januar. Theater: Raupach, »Die Lebensmüden«; Kritik:
30. Januar.

21. Februar – 19. Juni. Vorabdruck mehrerer märkischer
Kapitel aus HAVELLAND und SPREELAND im »Johanniter-
blatt«: ALT-GELTOW, NEU-GELTOW, FRIEDRICHFELDE II,
ERNST GOTTLIEB WOLTERSDORF, DIE SEE-SCHLACHT IN
DER MALCHE.

21. Februar. Theater: Goethe, »Götz von Berlichingen«;
Kritik: **23. Februar.**

23. Februar. Bauernfeld, »Der kategorische Imperativ«;
Kritik: **25. Februar.**

2. März. Theater: Gottschall, »Katharina Howard«; Kritik:
5. März.

5. März. Theater: Benedix, »Aschenbrödel«; Kritik:
7. März.

8. März. Theater: Goethe, »Egmont«; Kritik: **10. März.**

22. März. Theater: Heyse, »Kolberg«; Kritik: **24. März.**

25. März. Theater: Schiller, »Kabale und Liebe«; Kritik:
27. März.

27. März. Theater: Lessing, »Emilia Galotti«; Kritik:
29. März.

31. März. Theater: Schiller, »Don Carlos«; Kritik:
3. April.

April. Aus Anlaß von Alexis' Tod (16. Dezember 1871)
Ausarbeitung des Aufsatzes WILLIBALD ALEXIS, der

von **Juli – September** in Rodenbergs »Salon für Literatur, Kunst und Gesellschaft« und überarbeitet vom
6.– 27. Oktober 1883 im »Magazin für die Literatur des
In- und Auslandes« erscheint: *Können diese Bürgerpatri-
zier- und Rittergestalten [...] eine tiefere menschliche Teilnahme, können sie ein Romaninteresse in uns wecken?
Ich antworte darauf: »Nur sehr bedingungsweise.« [...]
weil wir doch eigentlich herzlich wenig von ihnen wissen.
Aller Liebe aber muß eine Kenntnis des Gegenstandes
vorausgehen. Das bloße Allgemeine, die Rubrik, die In-
haltsangabe fesseln so gut wie nie; alles Interesse steckt im
Detail; das Individuelle (und je kleiner und zahlreicher
die Züge, desto besser) ist der Träger unserer Teilnahme;
das Typische ist langweilig. [...] Er räumt [...] dem Häßlichen mehr Raum ein, weilt länger und liebevoller über
demselben, als ein Roman, der doch zunächst nach
ästhetischen Gesetzen beurteilt sein will, es statthaft erscheinen läßt. [...] Eine Sonne auf- oder untergehen, ein
Mühlwasser über das Wehr fallen, einen Baum rauschen
zu lassen, ist die billigste literarische Beschäftigung, die
gedacht werden kann. In jedes kleinen Mädchens Schulaufsatz kann man dergleichen finden; es gehört zu den
Künsten, die jeder übt und die deshalb längst aufgehört
haben als Kunst zu gelten; es wird bei der Lektüre von jeder regelrechten Leserin einfach überschlagen und in
neunundneunzig Fällen von hundert mit völligem Recht,
denn es hält den Gang der Erzählung nur auf. Es ist noch
langweiliger wie eine Zimmerbeschreibung, bei der man
sich wenigstens wünschen kann, das Porträt des Prinzen
Heinrich oder die Kuckucksuhr zu besitzen. Die Land-
schaftsschilderung hat nur noch Wert, wenn sie als künstlerische Folie für einen Stein auftritt, der dadurch doppelt
leuchtend wird, wenn sie den Zweck verfolgt, Stimmungen vorzubereiten oder zu steigern.*

4. April. Theater: Birch-Pfeiffer, »Die Grille«; Kritik:
  6. April.

5. April. Theater: Gutzkow, »Ein weißes Blatt«; Kritik:
7. **April.**

6. April. Theater: Lessing, »Emilia Galotti«; Kritik:
9. **April.**

11. April. Theater: Schiller, »Don Carlos«; Kritik:
13. **April.**

13. April. Theater: Shakespeare, »Der Kaufmann von Venedig«; Kritik: **16. April.**

15. April. Theater: Schiller, »Kabale und Liebe«; Kritik:
17. **April.**

16. April. Theater: Goethe, »Die Geschwister«; Kritik:
18. **April.**

13. Mai. Theater: Augustín Moreto y Cabaña, »Donna Diana«; Kritik: **15. Mai.**

16. Mai. Theater: Grillparzer, »Medea«; Kritik: **18. Mai.**

Ende Mai. Emilie nach Neuhof, von dort am 9. Juli nach Krummhübel.

2., 9. und 23. Juni. Vorabdruck des Aufsatzes TREBBIN UND WILHELM HENSEL aus HAVELLAND in der »Vossischen Zeitung«; er wird in SPREELAND übernommen.

5. Juni. Theater: Emanuel Geibel, »Brunhild«; Kritik:
7. **Juni.**

11. Juni. Theater: Leonhard Kohl von Kohlenegg, »Macchiavella«; Kritik: **13. Juni.**

13. Juni. Theater: Racine, »Phädra«, nicht besprochen.

16. Juni. Vorabdruck des Aufsatzes DAS BELVEDERE IM SCHLOSSGARTEN ZU CHARLOTTENBURG aus HAVELLAND in der »Vossischen Zeitung«.

23. und 30. Juni. Vorabdruck des Aufsatzes DIE PFAUENINSEL aus HAVELLAND in der »Vossischen Zeitung«.

6. Juli – 10. August. Krummhübel in Schlesien. Lektüre: Heinrich von Kleist, *Sämtliche Dramen und Erzählungen* (Tagebuch, die Aufzeichnungen, die Fontane zur Kleist-Lektüre macht, werden erst 1969 veröffentlicht), Jean Paul, »Dr. Katzenbergers Badereise«, Achim von Arnim, »Von Volksliedern« und »Die Kronenwächter«. Dann acht Tage in Neuhof, Abstecher nach Wahlstatt, Panten, zum Schlachtfeld von Katzbach, anschließend einen Tag in Breslau.

17. August. Theater: Lessing, »Nathan der Weise«; Kritik: **20. August.**

26. August. Theater: Schiller, »Kabale und Liebe«; Kritik: **28. August.**

1. September. Besuch der Kunstausstellung, über die Fontane am **3. September** unter dem Titel DIE DIESJÄHRIGE KUNSTAUSSTELLUNG in der »Vossischen Zeitung« berichtet.

3. September. Theater: Gutzkow, »Uriel Acosta«; Kritik: **5. September.**

Anfang Oktober. Erscheinen von OSTHAVELLAND. DIE LANDSCHAFT UM SPANDAU, POTSDAM, BRANDENBURG (dritter Band der WANDERUNGEN, ab der 2., stark veränderten Auflage von 1880 unter dem Titel HAVELLAND, Impressum: 1873); das Manuskript ist am **11. Mai** abgeschlossen: *Einzelnes in dem Bande ist, wo der Stoff nicht recht was hergeben wollte und doch nicht zu umgehen war, leidlich langweilig; im Ganzen aber halte ich diesen »dritten im Bunde« für den weitaus besten. Sie haben das rechte Wort gesprochen: alles ist freier. Ich könnte vielleicht noch hinzusetzen, auch frischer, was einfach damit zusammenhängt, daß sich diese Arbeiten über fast 10 Jahre verteilen, so daß ich immer wieder mit erneuter Lust herantreten konnte* (an Hertz, 11. Mai). – Rezensionen: »Johanniterblatt«, 20. November, Nr. 47, »Kreuzzeitung«, 1. Dezember (L. Hesekiel), »Vossische Zeitung«, 26. Januar 1873 (L. Pietsch).

Die Gedichte GORM GRYMME, DER 6. NOVEMBER (SCHWEDISCHE SAGE), KAISER BLANCHEBART UND SCHLESWIGS OSTERTAG im »Salon für Literatur, Kunst und Gesellschaft«.

1. Oktober. Theater: Schiller, »Don Carlos«; Kritik: **3. Oktober.**

3. **Oktober.** Einzug in die letzte Wohnung: Potsdamer Straße 134 c, dritter Stock, im Haus der Johanniter-Ordens Balley Brandenburg.

4. **Oktober.** Theater: Schiller, »Kabale und Liebe«; Kritik: 6. **Oktober.**

8. **Oktober.** Theater, Shakespeare, »Romeo und Julia«; Kritik: 10. **Oktober.**

11. **Oktober.** Theater: Birch-Pfeiffer, »Mutter und Sohn«; Kritik: 13. **Oktober.**

14. **Oktober.** Theater: Kruse, »Wullenwever«; Kritik: 16. **Oktober.**

21. **Oktober.** Theater: Wilbrandt, »Die Maler«; Kritik: 23. **Oktober.**

22. **Oktober.** Theater: Scribe, »Das Glas Wasser«; Kritik: 24. **Oktober.**

24. **Oktober.** Theater: Schiller, »Maria Stuart«; Kritik: 26. **Oktober.**

30. **Oktober.** Theater: Ernst Wichert, »Ein Schritt vom Wege«; Kritik: 1. **November.**

November. Erscheinen des ersten der vier Teilbände von Der Krieg gegen Frankreich 1870–1871, 1. Band: Der Krieg gegen das Kaiserreich, 1. Halbband: Bis Gravelotte, 18. August 1870 (Berlin: Decker, Impressum: 1873), Widmung an Kaiser Wilhelm. – *Ich sehe klar ein, daß ich eigentlich erst bei dem 70er Kriegsbuche und dann bei dem Schreiben meines Romans zum Schriftsteller geworden bin, d. h. ein Mann, der sein Metier als Kunst betreibt, als eine Kunst, deren Anforderungen er kennt* (an Emilie, 17. August 1882). – Rezension: »Vossische Zeitung«, 20. April (F.[erdinand] P.[flug]).

6. **November.** Diner bei Prinz Georg von Preußen zusammen mit Karl Friedrich Werder, Gustav Heinrich Gans Edler zu Putlitz und Lepel.

7. **November.** Theater: Birch-Pfeiffer, »Auf dem Oberhof oder Kaiser Karls Schwert«; Kritik: 9. **November.**

20. **November.** Theater: Théodore de Banville, »Des Kö-

Johanniterhaus Potsdamer Str. 134 c

Photographie, um 1880

nigs Vetter«, Moritz Anton Grandjean, »Am Klavier«,
Moser, »Die Gouvernante«; Kritik: **22. November.**

30. November. Theater: Lindau, »Maria und Magdalena«;
Kritik: **2. Dezember.**

Dezember. Lektüre: Mörike, »Mozart auf der Reise nach
Prag«: *entzückend* (an Paul Wichmann, 20. Dezember).

12. Dezember. *Eben hab ich für mein 70er Kriegsbuch ein
Kapitel beendet:* DER ÜBERFALL VON BEAUMONT (an Rodenberg) *aus dem zweiten der vier Teile von* DER KRIEG
GEGEN FRANKREICH, Vorabdruck am **9., 16. und 23. März
1873** in der »Vossischen Zeitung«.

18. Dezember. Diner bei Fontanes mit einem Rehziemer
von Mathilde von Rohr. *Wangenheims, Zöllners, Bleib-
treus (eine neue Bekanntschaft [der Maler Georg B.]) und
Frau Präsidentin Vignau werden zugegen sein. Lepel hat
absagen lassen »der scharfen Luft« halber, doch fürchte
ich fast, daß die »scharfe Luft«, die er vermeiden will, nur
der Katholizismus der Frau v. Wangenheim ist. Dazu
kommt, daß er sich dann jedesmal über mich ärgert, weil
er meint, ich steckte schon halb im Katholizismus drin* (an
Rohr).

21. Dezember. Theater: Goethe, »Clavigo«; Kritik: **24. Dezember.**

22. und 29. Dezember. Der Aufsatz MÄRKISCHE KRIEGS-
OBERSTEN WÄHREND DES DREISSIGJÄHRIGEN KRIEGES in
der »Vossischen Zeitung«.

28. Dezember. Theater: Shakespeare, »König Richard II.«;
Kritik: **31. Dezember.**

31. Dezember. Theater: Moser, »Ein amerikanisches Duell«, Friedrich Meyer von Waldeck, »Der Pate des Kardi-
nals«, Moser, »Herrn Kaudels Gardinenpredigt«; Kritik:
3. Januar 1873.

7. Januar. Theater: Schiller, »Die Räuber«; Kritik: **9. Januar.**

28. Januar. Tee bei Fontanes, u. a. mit Heyden, Lucae, Zöllner und Damen: *Die Zimmer, die, wenn auch in sonst nichts, so doch in ihrer Kleinheit einen Pariser Salon imitieren, werden Sie vielleicht ein wenig anheimeln* (an einen Herrn, 24. Januar).

30. Januar. Theater: Karl Koberstein, »Um Nancy«; Kritik: **1. Februar.**

8. Februar. Theater: Shakespeare, »König Heinrich IV.«; Kritik: **11. Februar.**

14. Februar. Theater: Wolfgang Müller von Königswinter, »Sie hat ihr Herz entdeckt«, Carl Blum, »Christoph und Renate oder Die Verwaisten«; Kritik: **16. Februar.**

15. Februar. *Durch meine Krankheit bin ich wieder zurückgekommen und sehe nun, daß ich vor Ende Februar mit meinem großen Sedan-Kapitel [im zweiten der vier Teilbände von* Der Krieg gegen Frankreich*] nicht fertig sein werde* (an die Schwester Elise).

16. Februar. Theater: Carl Töpfer, »Rosenmüller und Finke«; Kritik: **18. Februar.**

19. Februar. Theater: Friedrich Förster, »Feuer in der Mädchenschule«; Kritik: **21. Februar.**

14. März. Theater: Gottschall, »Herzog Bernhard von Weimar«; Kritik: **18. März.**

15. März. Rezension von Lübke, »Die deutsche Renaissance« in der »Vossischen Zeitung«.

25. März. Theater: Shakespeare, »König Heinrich IV.«; Kritik: **27. März.**

29. März. Theater: Theodor Gaßmann, »Der letzte Brief«; Kritik: **1. April.**

5. April. Theater: August Wilhelm Iffland, »Die Hagestolzen«, Wilbrandt, »Jugendliebe«; Kritik: **8. April.**

8. April. Theater: Benedix, »Aschenbrödel«; Kritik: **10. April.**

16. April. Theater: Birch-Pfeiffer, »Dorf und Stadt«; Kritik:
18. April.

19. April. Theater: Shakespeare, »König Heinrich V.«; Kritik: **22. April.**

3. Mai. Theater: Schiller, »Kabale und Liebe«; Kritik:
6. Mai.

4. Mai. Theater: Birch-Pfeiffer, »Die Grille«; Kritik:
6. Mai.

6. Mai. Theater: Benedix, »Aschenbrödel«; Kritik: **9. Mai.**

8. Mai. Theater: Moser, »Der Elefant«; Kritik: **10. Mai.**

9. Mai. Theater: Schiller, »Die Braut von Messina«; Kritik:
11. Mai.

11. Mai. Theater: Kleist, »Das Käthchen von Heilbronn«;
Kritik: **13. Mai.**

13. Mai. Theater: Laube, »Graf Essex«; Kritik: **15. Mai.**

14. Mai. Theater: Benedix, »Der Störenfried«; Kritik:
16. Mai.

15. Mai. Theater: Schiller, »Wilhelm Tell«; Kritik: **17. Mai.**

18. Mai. Theater: Töpfer, »Rosenmüller und Finke«; Kritik: **20. Mai.**

21. Mai. Theater: Bauernfeld, »Die Bekenntnisse«; Kritik:
24. Mai.

28. Mai. Theater: Shakespeare, »König Heinrich V.«; Kritik: **30. Mai.**

9. Juni. Theater: Birch-Pfeiffer, »Mutter und Sohn«; Kritik:
11. Juni.

11. Juni. Theater: Shakespeare, »König Richard III.«; Kritik: **13. Juni.**

14. Juni. Theater: Goethe, »Egmont«; Kritik: **17. Juni.**

1. Juli. Fontane als Ehrengast bei der Feier des 25jährigen Bestehens der »Kreuzzeitung«.

6. Juli – 3. August. Der Aufsatz GENERAL VON WIMPFFEN UND DIE SCHLACHT BEI SEDAN, aus DER KRIEG GEGEN FRANKREICH in fünf Folgen in der »Vossischen Zeitung«.

Vor 7. Juli – 25. August. Groß-Tabarz in Thüringen, zeit-

weise mit der Familie, mit Abstechern nach Gotha, Rein-
hardsbrunn, Friedrichroda und einer mehrtägigen Reise
nach Schmalkalden, Coburg, Neusaß, Eisenach, Wartburg, Ohrdruf, Stutzhaus, Schneekoppe, Schmücke,
Ilmenau, Blankenburg, Schwarzburg und Besuchen von
Henriette von Merckel und Mathilde von Rohr. – Lektüre: Schopenhauer, Briefwechsel zwischen Goethe und
Schiller, Lawrence Sterne, »Empfindsame Reise« (»Senti-
mental Journey«), »Leben und Meinungen von Tristram
Shandy« (»The Life and Opinions of Tristram Shandy«):
*Der Roman ist das Produkt eines außerordentlichen
Genies.* [...] *So kunstvoll und meisterhaft-genial diese
scheinbar willkürliche Form ist, so bewundernswert diese
Kühnheit des Aufbaus ist, die es wirklich leistet, das Haus
vom Dache aus zu baun, und Personen in den ersten Kapiteln begraben werden läßt, die wir im letzten Kapitel
erst auf der Freite sehn, so humoristisch und wunderbar es
wirkt, die Hälfte des Buches – oder doch fast die Hälfte –
bereits hinter sich zu haben, wenn der Held endlich geboren wird, so daß wir an den ungebornen Helden, an den
Helden im Mutterleibe eigentlich mehr Interesse setzen,
als uns später für den Helden nach seiner Geburt noch
übrigbleibt, – so bewunderswert dies alles ist, so gewiß es
eine superiore Begabung verrät, so wenig nachah-
menswert ist es doch.* [...] *Im ganzen möcht ich doch
sagen, daß mir die guten und besten Sachen Fritz Reuters
höher stehn. Das Genie Sternes ist unzweifelhaft größer,
aber Kapricen schädigen es und machen es für die Majori-
tät ungenießbar* (Aufzeichnung nach der Lektüre).

2. September. Theater: Friedrich Adami, »Prolog«, Paul
Taglioni, »Sardanapal«; Kritik: **4. September.**

16.–29. September. Reise in die Grafschaft Ruppin: Wusterhausen, Trieplatz, Tramnitz, Neuruppin, Walchow,
Neustadt, Gentzrode, Köpernitz, Menzer Forst, Gransee, Lindow; dazwischen ein Tag (20.) in Berlin, Theater:
Sophokles, »König Oedipus«; Kritik: **23. September**: *so*

gewiß ist es andererseits für unsere Empfindung, daß die
große, die echte, die eigentliche Schicksalstragödie un-
sere Schuldtragödie an erschütternder Gewalt überragt.
Es ist der weitaus größere Stil. In dem Begreiflichen liegt
auch immer das Begrenzte, während erst das Unbegreifli-
che uns mit dem Schauern des Ewigen erfaßt. Die Schuld-
tragödie dient dem Sittlichen, indem sie das Gesetz des
Sittlichen in dem sich Vollziehenden proklamiert. So sei
es. Aber das Größte und Gewaltigste liegt in diesem tragi-
schen Gange von Ursache und Wirkung nicht beschlossen.
Das Größte und Gewaltigste liegt darüber hinaus. Das
unerbittliche Gesetz, das von Uranfang an unsre Schick-
sale vorgezeichnet hat, das nur Unterwerfung und kein
Erbarmen kennt und neben dem unsere »sittliche Welt-
ordnung« wie eine kleinbürgerliche, in Zeitlichkeit befan-
gene Anschauung besteht, dies unerbittliche, unser kleines
»Woher« und »Warum«, unser ganzes Klügeln mit dem
Finger beiseite schiebende Gesetz, das ist es, was die Seele
am tiefsten fassen muß.

24. September. Von Neuruppin aus an Hertz die endgültige Gliederung der WANDERUNGEN in vier Bänden (vgl.:
16. Mai 1864).

28. September. Vorabdruck des Kapitels BAZAINE aus DER
KRIEG GEGEN FRANKREICH in der »Vossischen Zeitung«.

11. Oktober. Theater: Gutzkow, »Der Königsleutnant«;
Kritik: **14. Oktober.**

12. Oktober. *Ich bin in den letzten 14 Tagen sehr fleißig*
gewesen und habe bereits geschrieben: MICHAEL PROT-
ZEN[.] CIVIBUS AEVI FUTURI. AM WALL. *Diese 3 Kapitel*
kommen nebst einer Geschichte des Regiments Prinz Fer-
dinand und des Regiments Nu. 24, zu dem Abschnitt
»Neu-Ruppin«. Außerdem habe ich geschrieben: AM
MOLCHOW- UND ZERMÜTZEL SEE. ZWISCHEN ZERMÜTZEL
UND TORNOW SEE. DER MENZER FORST *und* DER GROSSE
STECHLIN (an Alexander Gentz).

13. Oktober. *Der tote Franzose, an dem ich doch unschul-*

dig bin, hat mich nicht schlafen lassen. Kaum war mein Brief fort, so fiel mir ein, daß hier doch vielleicht 'was Gutes, Pikantes steckt [...]. *Es muß da also eine erzählenswerte Geschichte vorliegen,* [...] *forsche also dem erschlagenen Franzosen und seiner Geschichte nach. Vielleicht liegt hier nicht bloß ein Toter sondern mit und in ihm auch ein Schatz begraben, den ich* [...] *heben kann* (an die Schwester Elise): Anregung zu der Erzählung UNTERM BIRNBAUM.

15. Oktober. Theater: Putlitz, »Doktor Raimond«; Kritik: **17. Oktober.**

29. Oktober. Theater: Goethe, »Torquato Tasso«; Kritik: **31. Oktober:** *Ach, wie gleichgültig zieht dieser verklärte Weimaraner Hof an unserm pflichtschuldiger Pietät nicht entkleideten, aber freilich modernen Sinn vorüber! Anderes, Größeres bewegt die Welt, und von den Ausnahmemenschen wendet sich das Interesse wieder dem Menschen selber zu.*

12. November. Theater: Lindau, »Diana«; Kritik: **14. November.**

3. Dezember. Theater: Franz von Holbein, »Mademoiselle de Belle-Isle oder Die verhängnisvolle Wette«; Kritik: **5. Dezember.**

31. Dezember. Theater: Benedix, »Die Neujahrsnacht«, Adolf Winter, »Ein Afrikareisender«, Bernhard Busch, »Ein Portemonnaie«, Kotzebue, »Die Unglücklichen«; Kritik: **3. Januar 1874.**

Ende Dezember. Erscheinen des zweiten der vier Teilbände von DER KRIEG GEGEN FRANKREICH 1870–1871 (Berlin: Decker), 1. Band: Der Krieg gegen das Kaiserreich, 2. Halbband:Von Gravelotte bis zur Kapitulation von Metz (19. August bis 27. Oktober 1870). – Rezensionen: »Vossische Zeitung«, 21. Juni 1874 (L[udwig] P[ietsch]), »Mitteilungen aus der historischen Literatur«, 1874, H. 1 (E. F.).

1874

Januar. Lektüre: Bret Harte, Novellen: *Ich finde sie alle ersten Ranges und doch krank, schwindsüchtig, den Todeskeim in Brust und Herzen* (an Rodenberg, 2. Februar).

Januar – Ende September. Arbeit am dritten Teilband von DER KRIEG GEGEN FRANKREICH.

3. Januar – 17. Februar. Vier Kritiken in der »Vossischen Zeitung« über Berliner Gastaufführungen einer französischen Theatertruppe.

4. und 11. Januar. Vorabdruck von GENTZRODE. EIN KAPITEL AUS DER GRAFSCHAFT RUPPIN aus der dritten Auflage von DIE GRAFSCHAFT RUPPIN in der »Vossischen Zeitung«; wiederabgedruckt vom **4. Oktober – 6. Dezember 1890** in »Deutschland«.

5. Januar. Theater: Benedix, »Aschenbrödel«; Kritik: **7. Januar.**

9. Januar. Theater: Shakespeare, »Was ihr wollt«; Kritik: **11. Januar.**

17. Januar. Theater: Max Ring, »In Charlottenburg«; Kritik: **20. Januar.**

23. Januar. Theater: Benedix, »Gegenüber«; Kritik: **24. Januar.**

Februar – März. Drei Kapitel WANDERUNGEN AN RHIN UND DOSSE aus der dritten Auflage von DIE GRAFSCHAFT RUPPIN im »Salon für Literatur, Kunst und Gesellschaft«. Arbeit an den Kapiteln über die Belagerung von Paris in DER KRIEG GEGEN FRANKREICH.

Februar – April. Arbeit an einer Fragment gebliebenen Studie über Bret Harte (Erstveröffentlichung 1969).

1.–8. Februar. Vorabdruck des Aufsatzes NEUSTADT A. D. DOSSE aus der dritten Auflage von DIE GRAFSCHAFT RUPPIN in der »Vossischen Zeitung«.

6. Februar. Iffland, »Der Spieler«; Kritik: **8. Februar.**

13. Februar. Theater: Grillparzer, »Des Meeres und der Liebe Wellen«; Kritik: **15. Februar:** *Das Zeichen, in dem*

dieses Stück siegt, ist seine Lauterkeit, und ihr Modernen,
die ihr den »Zug des Herzens« als ein neues Evangelium
predigt, lernt hier, daß es, um das wirklich Richtige zu
treffen, auf das Herz ankommt, das die Berechtigung
des Natürlichen auf Kosten des Gesetzes proklamiert. Wer
das Gesetz, ohne es anzuzweifeln und zu verhöhnen, ein-
fach durchbricht und die Konsequenzen seines »Ich tat
nur, was ich mußte« willfährig auf sich nimmt, dem ju-
beln immer die Herzen zu. Und von Rechts wegen. Denn
beide Teile, das Ewige und das Menschliche, gehen sieg-
reich aus dem Kampfe hervor.

16. Februar und 9. März. Vorabdruck der WANDERUNGEN DURCH DIE »RUPPINER SCHWEIZ« in drei Kapiteln aus der dritten Auflage von DIE GRAFSCHAFT RUPPIN in der »Illustrierten Frauen-Zeitung«.

7. März. Theater: Wichert, »Die Realisten«; Kritik: **10. März.**

15. März. Vorabdruck des Aufsatzes WUSTERHAUSEN A. D. D. aus der dritten Auflage von DIE GRAFSCHAFT RUPPIN in der »Vossischen Zeitung«.

19. März. Theater: Wilbrandt, »Die Maler«; Kritik: **21. März.**

25. März. Theater: Ignaz Castelli, »Die Schwäbin«, Iffland, »Die Hagestolzen«; Kritik: **27. März.**

26. März. *Ich bin seit 3 Wochen krank* (an Rohr). Erst Ende Mai völlige Genesung. – Theater: Gottschall, »Pitt und Fox«; Kritik: **28. März.**

22.–25. April. Reise nach Birkenwerder, Oranienburg, Hoppenrade, Gransee, Ruppin.

2. Mai. Theater: Julius Rosen, »Schwere Zeiten«; Kritik: **5. Mai.**

9. Mai. Theater: Goethe, »Iphigenie auf Tauris«; Kritik: **12. Mai.**

11. Mai. Theater: Johann von Plötz, »Der verwunschene Prinz«; Kritik: **13. Mai.**

12. Mai. Theater: Schiller, »Kabale und Liebe«; Kritik: **14. Mai.**

15. Mai. Theater: Blum, »Der Vicomte von Létorières oder Die Kunst zu gefallen«; Kritik: **15. Mai.**

18. Mai. Theater: Bauernfeld, »Die Bekenntnisse«; Kritik: **20. Mai.**

21. Mai. Theater: Lindau, »In diplomatischer Stellung«, Louis Schneider, »Der Schauspieldirektor«, Siegmund Haber, »Ein Stündchen auf dem Comptoir«; Kritik: **23. Mai.**

23.–25. Mai. Ausflug nach Plaue. Erster Besuch bei dem Schopenhauer-Forscher Carl Ferdinand Wiesike. Fontane und Emilie nehmen schon seit dem **Winter** alle 14 Tage dienstags an Schopenhauer-Abenden mit *Wangenheims (3) und Pastor Windel und Cousine* teil, die ihnen *sehr viel Freude* (an Rohr, 26. März) machen, und Fontane hält dabei möglicherweise einen Vortrag über »Schopenhauers Versuch über das Geistersehen«.

31. Mai. Theater: Shakespeare, »Hamlet«; Kritik: **2. Juni.**

10. Juni. *Spätestens Mitte Juli hoffe ich mit dem großen Abschnitt: »Die Belagerung von Paris bis zum 24. Dezember« [dem Schlußkapitel des dritten der vier Teilbände von* DER KRIEG GEGEN FRANKREICH*] fertig zu sein.* [...] *Neun Wochen Krankheit, in denen ich keine Zeile schreiben konnte, haben mich in allen meinen Arbeiten zurückgebracht* (an Decker).

1. Juli. Letzte Korrektur der dritten Auflage von DIE GRAFSCHAFT RUPPIN an die Druckerei.

5. Juli. Rezension von Ernst von Wildenbruch, »Vionville« in der »Vossischen Zeitung«.

7.–9. Juli. Schiffsausflug *nach Teupitz, 10 Meilen von hier, an Köpenick und Wusterhausen vorbei, immer flußaufwärts* (an Rohr).

19. Juli. Vorabdruck von LINDOW aus der dritten Auflage von DIE GRAFSCHAFT RUPPIN in der »Vossischen Zeitung«.

19. und 26. Juli. Vorabdruck von GRANSEE aus der dritten Auflage von DIE GRAFSCHAFT RUPPIN in der »Vossischen Zeitung«.

20. August. Frau von Wangenheim an den Erzbischof von Besançon, Césaire Mathieu: »Obgleich Preuße und Protestant und überdies kaum ein Christ, ist [Fontane] mir doch ein rührender Beweis der bewahrenden Gnade, die zugleich der Seele eine unerklärliche Unparteilichkeit gibt. Ich möchte ihn in vieler Beziehung mit einem Kinde vergleichen, das nichts Böses tut und niemanden haßt, obgleich er noch nicht die bestimmten Gesetze kennt, die es ihm verbieten.« – Theater: Moreto y Cabaña, »Donna Diana«; Kritik: **22. August.**

22. August – 6. September. Emilie und Mete in Neuhof.

22. August. Theater: Wilbrandt, »Der Graf von Hammerstein«; Kritik: **25. August.**

23. August. Vorabdruck von ALEXANDER ANDERSSEN. FÄHNRICH IM 4. ULANENREGIMENT (ERSCHOSSEN ZU THIONVILLE AM 9. OKTOBER 1870) aus SPREELAND in der »Vossischen Zeitung«.

24. August. Theater: Goethe, »Egmont«; Kritik: **26. August.**

3. September. Diner bei Fontane mit Zöllners und Wichmanns.

4. September. Laube, »Die eine weint, die andere lacht«, Benedix, »Die Dienstboten«; Kritik: **6. September.**

6. (?) September. Besuch der jährlichen Kunstausstellung, Bericht darüber am **9. September** in der »Vossischen Zeitung«.

9. September. Theater: Wilhelm Friedrich, »Er muß aufs Land«; Kritik: **11. September.**

26. September. Theater: Hebbel, »Herodes und Mariamne«; Kritik: **29. September.**

29. (?) September. *Bin ich nach angestrengtester Arbeit mit dem dritten Halbbande des Kriegsbuches [DER KRIEG GEGEN FRANKREICH] fertig* (Tagebuch).

30. September – 19. November. Erste Italienreise (vgl. Fontanes Reisetagebuch und -notizen): München mit Besuch bei Heyse (1./2. 10.), *am 3. von München aus über*

Innsbruck (Nest) und dem Brenner nach Verona. [...]
Frierend fuhren wir in das schöne Land Italia hinein. Es
goß *mit Mollen* (4., an Zöllners, 7. Oktober), Venedig
(5.–9.): *Meine kühnsten Erwartungen wurden übertrof-*
fen. Das Einzelne, auf allen Gebieten, ist vielfach bean-
standenswert; das Ganze ist unsagbar schön, anheimelnd,
beglückend. Auch Milachen [Emilie] ist weich wie Butter
(ebd.). – *Es ist eine Stadt zum Sehen, auch zum Bewun-*
dern, aber nicht zum Wohnen (an Zöllners, 10. Oktober).
Florenz (10.–14.), Rom (15. 10. –1. 11.), Pech mit einer
schrecklichen Wohnung voller Flöhe, in der Fontane
krank wird und die für drei Wochen bezahlt werden muß,
obwohl Fontanes schon nach einem Tag ausziehen: *Das*
Trümmer-Rom interessiert mich 100 mal mehr, als das, was
steht und prunkt. O, wie begreif' ich die Kaiserzeit, die von
dem Mann aus Bethlehem nichts wissen wollte. Gewiß
hatte sie Unrecht; aber für die Sinne ging von da ab eine
große Welt unter und eine kleine kam herauf (an Zöllners,
23. Oktober). Neapel mit Abstechern nach Pompeji, Ca-
pri, Sorrent, Salerno, Paestum, Solfatara, Golf von Bajá,
Posilipp (2.–12.). – Gesamteindruck im Brief vom 24. November an Rohr: *Sieben schöne Wochen, die wir in Vene-*
dig, Florenz, Rom u. Neapel zubrachten, liegen hinter uns;
unsre Erwartungen sind fast noch übertroffen worden,
dennoch sind wir froh nun wieder in der Heimat zu sein
und unsrer Arbeit, unsren Kindern und Freunden leben zu
können. In der Jugend, wo man noch flügger, noch weni-
ger verwachsen mit dem Boden ist, auf dem man geboren
wurde, kann einem in der Fremde und ganz besonders in
einer so schönen Fremde, der Wunsch kommen, sich auf
lange niederlassen und das Herrliche ganz genießen, das
Lernenswerte ganz lernen zu wollen. Man hat dann noch
eine freie Wahl und kann sein Leben, sein Studium, seine
Interessen an irgend ein Schönes setzen, das einem
irgendwo entgegentritt. In spätren Lebensjahren ist das
nicht mehr möglich; man ist dann nicht bloß mit einer Frau

(wenigstens in der Regel), sondern auch mit einer bestimmten Lebensaufgabe verheiratet, die einem nun nicht mehr erlaubt, willkürlich dies und das zu tun, sondern einen mit wohltuender Gewalt in das vorgeschriebene Geleise pflichtschuldiger Tätigkeit zurückzwingt. Vor 30 Jahren hätten mich nicht zehn Pferde von Neapel weggekriegt, und ich würde Kopf und Kragen daran gesetzt haben, mein Leben, oder doch ein bestes Stück davon, dem Studium Pompejis und seiner ausgegrabenen, wunderbaren Schätze zu widmen. Jetzt konnte mir dieser Wunsch nicht mehr kommen, kaum der Gedanke. All dieser Herrlichkeit gegenüber empfand ich deutlich, und nicht einmal schmerzlich, daß meine bescheidene Lebensaufgabe nicht am Golf von Neapel, sondern an Spree und Havel, nicht am Vesuv, sondern an den Müggelsbergen liegt und inmitten aller Herrlichkeit, die nur eben bildartig gesehn und dann in den Kasten der »Anschauungen« hineingetan sein wollte, zog es mich an die schlichte Stelle zurück, wo meine Arbeit und in ihr Befriedigung liegt. [...] So schön und herrlich Italien ist, so ist es mir doch ganz unzweifelhaft, daß es durch jugendliche Menschen, namentlich durch die unglückliche Klasse der Maler, noch zu etwas Herrlicherem hinaufgeschraubt worden ist, als nötig war.

Oktober. Zweite, vermehrte Auflage der GEDICHTE. – Rezensionen: »Münchner Allgemeine Zeitung«, 21. November, Nr. 325 (Lübke), »Vossische Zeitung«, 28. November, Nr. 279 (Pietsch), »Deutsche Rundschau«, Dezember (Friedrich Kreyssig), »Daheim«, 6. Februar 1875, Nr. 19 (Rudolf König), »Im Neuen Reich«, 1875, Bd. 1, »Der Salon für Literatur, Kunst und Gesellschaft«, 1876, Bd. 2 (Gensichen).

Dritte, stark veränderte Auflage von DIE GRAFSCHAFT RUPPIN (Vorwort datiert: *3. Juli 1874*; Impressum: 1875), an der Fontane seit **März 1873** gearbeitet hat.

4. Dezember. Theater: Schiller, »Fiesko«; Kritik: **6. Dezember.**

12. Dezember. Theater: Salomon Herrmann von Mosenthal, »Die Sirene«; Kritik: **14. Dezember.**

23. Dezember. *In sehr festlicher Stimmung bin ich leider nicht; ich bin unsagbar menschenmüde und müde des Strebens, das zu nichts führt. Könnt' ich, ich zöge mich morgen zurück. Ich komme mir mit meinen Schreibereien vor wie ein Clown im Zirkus* (an Rohr).

25. Dezember. Der Aufsatz über CHRISTIAN DANIEL RAUCH in der »Vossischen Zeitung«.

31. Dezember. Theater: Louis von Saville, »Ihr guter Engel erwartet Sie!«, Hedwig Dohm, »Vom Stamm der Asra«, Stein, »Am Fenster«; Kritik: **3. Januar 1875.**

1875

Januar. Arbeit an der Kritik von Freytag, »Die Ahnen«, Abdruck am **14. und 21. Februar** in der »Vossischen Zeitung«: *Was soll ein Roman? Er soll uns, unter Vermeidung alles Übertriebenen und Häßlichen, eine Geschichte erzählen, an die wir glauben. Er soll zu unserer Phantasie und unserem Herzen sprechen, Anregung geben, ohne aufzuregen; er soll uns eine Welt der Fiktion auf Augenblicke als eine Welt der Wirklichkeit erscheinen, soll uns weinen und lachen, hoffen und fürchten, am Schluß aber empfinden lassen, teils unter lieben und angenehmen, teils unter charaktervollen und interessanten Menschen gelebt zu haben, deren Umgang uns schöne Stunden bereitete, uns förderte, klärte und belehrte.* [...] *Der Roman soll ein Bild der Zeit sein, der wir selber angehören, mindestens die Widerspiegelung eines Lebens, an dessen Grenze wir selber noch standen oder von dem uns unsere Eltern noch erzählten.* [...] *Der moderne Roman soll ein Zeitbild sein, ein Bild seiner Zeit.*

3. Januar. Fontanes einziger veröffentlichter, über Weihnachten 1874 geschriebener Reisebericht über die Italienerlebnisse, EIN LETZTER TAG IN ITALIEN, erscheint in der »Vossischen Zeitung«: *Er kostete mehr Zeit, als er wert war, machte sich aber dadurch glänzend bezahlt, daß er meinen Entschluß: über Italien nicht zu schreiben, befestigte* (Tagebuch).

7. Januar. Theater: Scribe, »Das Glas Wasser«; Kritik: **9. Januar.**

19. Januar. Theater: Kleist, »Die Hermannsschlacht«; Kritik: **21. Januar.**

26. Januar. Theater: Putlitz, »Badekuren«; Kritik: **28. Januar.**

Februar – September. Mit Unterbrechungen Arbeit am vierten Halbband von DER KRIEG GEGEN FRANKREICH, besonders konzentriert von **April – Juni.**

Februar. Wiederaufnahme der Arbeit an VOR DEM STURM.

18. Februar. Theater: Michael Beer, »Struensee«; Kritik: **20. Februar.**

9. März. Theater: Schiller, »Kabale und Liebe«; Kritik: **11. März.**

11. März. Theater: Lessing, »Minna von Barnhelm«; Kritik: **13. März.**

17. März. Theater: Hugo Bürger, »Die Modelle des Sheridan«; Kritik: **19. März.**

18. März. Theater: Putlitz, »Spielt nicht mit dem Feuer«; Kritik: **20. März.**

20. März. Theater: Birch-Pfeiffer, »Die Grille«; Kritik: **23. März.**

1. April. Theater: Friedrich Spielhagen, »Liebe für Liebe«; Kritik: **3. April.**

24. April. Theater: Gensichen, »Was ist eine Plauderei?«, Murad Effendi, »Bogadil«, Winterfeld, »Der Hauptmann von Kapernaum«; Kritik: **27. April.**

6. Mai. Theater: Birch-Pfeiffer, »Die Grille«; Kritik: **8. Mai.**

14. Mai. Theater: Benedix, »Ein Lustspiel«; Kritik: **16. Mai.**

24. Mai. Theater: Ring, »Der verlorene Sohn«, Bürger, »Der Frauenadvokat«; Kritik: **26. Mai.**

27. Mai. Theater: Goethe, »Götz von Berlichingen«; Kritik: **29. Mai.**

30. Mai. Theater: Putlitz, »Badekuren«, Shakespeare, »Die bezähmte Widerspenstige«; Kritik: **1. Juni.**

Um Pfingsten. Bei Pastor Wiesike in Plaue.

11. Juni. Theater: Shakespeare, »Der Kaufmann von Venedig« im Friedrich-Wilhelmstädtischen Theater.

4. Juli. Beginn des Vorabdrucks von DAS WERDERSCHE CORPS UND DIE GARIBALDINER aus dem vierten Teil von DER KRIEG GEGEN FRANKREICH in der »Vossischen Zeitung«.

5.–9. Juli. Mit Emilie vier Tage in Plaue bei Wiesike, *die Stunden zwischen Schopenhauer, altem Rheinwein und Naturgenuß gewissenhaft teilend* (an Zöllner, 14. Juli). Abends am **9. Juli** bei Wangenheims.

12. Juli. Theater: Goethe, »Clavigo« im Wallnertheater.

3. August – 7. September. Zweite Italienreise, allein (vgl. die Reisenotizen) – Fontanes letzte Auslandsreise. Frankfurt, Heidelberg, Freiburg (Besuch von Tante Pinchen), Basel (4.), Neuhausen (5./6.): *Die ganze Rheinfall-Szenerie übertrifft weitaus meine Erwartungen, so das ganze Rheintal überhaupt* [...]. *Man steht hier wie dort einem Etwas gegenüber, das einen durch Reinheit beglückt. Dazu verwandte Farbenwunder. Inmitten dieser Schaummasse, die völlig wie ein Schneesturz niederdonnert, werden smaragdene Töne sichtbar, die an Schönheit mit dem Alpenglühen wetteifern können. Dies hier ist ein Punkt für Hochzeitsreisende!* (an Emilie, 6. August). Konstanz, Ragaz (7.), Chur, über die Via Mala nach Splügen, über den St. Bernhard nach Bellinzona und an den Lago Maggiore (8./9.), von Locarno über den Lago Maggiore nach Arona, Mailand (10.–13.): *Welche Stadt! O, Berlin, wie weit ab bist Du von einer wirklichen Hauptstadt des Deutschen Reiches!* [...] *Überhaupt will es* *mir nicht glücken, es im Auslande zu irgendeiner patriotischen Erhebung zu bringen. Nicht nur, daß man Schritt um Schritt empfindet, wie sehr uns diese alten und reichen Kulturlande voraus sind, nein, man taxiert uns auch in diesem Sinne. Man will von uns nichts wissen. Weder das »ewige Gesiege« noch die 5 Milliarden [französischen Kriegsreparationen] haben unsre Situation gebessert* (an Emilie, 10. August). Bellagio, mit dem Dampfboot über den Comer See nach Lecco, Bergamo, Brescia, von Desenzano über den Gardasee nach Riva (14.), Mantua (15./16.) über Modena (16.) nach Parma (17.), Genua (18.), Pisa (19./20.), Bologna (21.), Ravenna (22.), Padua (23.), Innsbruck (24.), München (25.–27.), Zusammentreffen mit Emilie, Besuch Heyses und der Münchner Galerien, dann gemeinsam mit Emilie Berchtesgaden (28.), Salzburg (2. 9.), über Linz nach Wien (3.–6.), Brünn, Prag, Dresden.

18. September. Theater: Gutzkow, »Das Urbild des Tartüffe«; Kritik: **21. September.**

22. September. Die BRIEFE AUS MECKLENBURG im »Johanniterblatt«.

24. September. Theater: Richard Cumberland, »Der Jude«; Kritik: **26. September.**

25. September. Theater: Müller von Königswinter, »Sie hat ihr Herz entdeckt«; Kritik: **28. September.**

27. September. Theater: Scribe, »Das Glas Wasser«; Kritik: **29. September.**

4. Oktober. Theater: Lindau, »Ein Erfolg«; Kritik: **6. Oktober.**

8. Oktober. Theater: Roquette, »Der Feind im Haus«; Kritik: **10. Oktober.**

16. Oktober. Fontanes silberne Hochzeit.

28. Oktober. Theater: Hans Marbach, »Marius in Minturnä«, Dohm, »Der Seelenretter«, Lindau, »Der Zankapfel«; Kritik: **30. Oktober.**

11. November. Theater: Lessing, »Minna von Barnhelm«; Kritik: **13. November.**

16. November. Theater: Shakespeare, »Macbeth«; Kritik: **17. November**: *dieses für unser Gefühl gewaltigsten, weil, neben aller anderen Zutat, auch einheitlichsten Shakespeare-Stückes.*

19. November. Theater: Goethe, »Faust I«; Kritik: **21. November.**

22. November. Theater: Lessing, »Emilia Galotti«; Kritik: **24. November.**

24. November. Theater: Schiller, »Wilhelm Tell«; Kritik: **26. November.**

30. November. Theater: Bauernfeld, »Bürgerlich und romantisch«; Kritik: **2. Dezember.**

Dezember. Erscheinen des dritten Teilbandes von DER KRIEG GEGEN FRANKREICH 1870–1871 (Berlin: Decker), 2. Band: Der Krieg gegen die Republik, 1. Halbband: In und vor Paris bis zum 24. Dezember. – Rezension: »Vossische Zeitung«, 25. Dezember (L[udwig] P[ietsch]).

4. Dezember. Theater: Wichert, »Die Frau für die Welt«; Kritik: **7. Dezember.**

13. Dezember. Theater: Benedix, »Aschenbrödel«; Kritik: **15. Dezember.**

15. Dezember. Theater: Kleist, »Das Käthchen von Heilbronn«; Kritik: **17. Dezember.**

16. Dezember. Theater: Goethe, »Die Geschwister«, Anton Günter, »Komtesse Dornröschen«; Kritik: **18. Dezember.**

21. Dezember. Theater: Lindau, »Tante Therese«; Kritik: **23. Dezember.**

25. Dezember. Vorabdruck von AUS DEM TAGEBUCH EINES HAVELLÄNDISCHEN LANDGEISTLICHEN (SAKROW) aus der zweiten Auflage von HAVELLAND in der »Vossischen Zeitung«.

31. Dezember. Theater: Otto Sigl, »Im Altertumskabinett«, Julius Rosen, »Zitronen«; Kritik: **4. Januar 1876.**

22. Januar. Theater: Sigmund Schlesinger, »Das Trauerspiel des Kindes«, Friedrich, »Der Weg durchs Fenster«, Ernst Eckstein, »Der Besuch im Karzer«; Kritik: **25. Januar.**

29. Januar. Theater: Töpfer, »Der beste Ton«; Kritik: **1. Februar.**

Februar. Wiederaufnahme der Arbeit an VOR DEM STURM.

9. Februar. Theater: Hermann Kette, »Carolina Brocchi«; Kritik: **11. Februar.**

17. Februar. Theater: Benedix, »Die zärtlichen Verwandten«; Kritik: **19. Februar.**

22. Februar. Theater: Birch-Pfeiffer, »Rose und Röschen«; Kritik: **24. Februar.**

29. Februar. Theater: Bauernfeld, »Im Alter«, Putlitz, »Die böse Schwiegermutter«, Dohm, »Vom Stamm der Asra«; Kritik: **2. März.**

7. März. Auf Vermittlung Lucaes und Zöllners Fontanes Ernennung zum Ersten Ständigen Sekretär der Akademie der Künste durch den »Kultus«-Minister (Minister der geistlichen, Unterrichts- und Medizinal-Angelegenheiten) Adalbert Falk, nachdem er am **30. Januar** sein Anstellungsgesuch an den Präsidenten Friedrich Hitzig geschrieben hat und am **29. Februar** seine Anstellung genehmigt worden ist. Wegen seiner Zweifel stipuliert der König zunächst eine Probezeit: »Seine Majestät wollen [neben den Kriegsbüchern] auch den Wert seiner übrigen literarischen Arbeiten nicht anzweifeln und ihm ebensowenig den Besitz eines guten Fonds von historischer und ästhetischer Bildung absprechen. Dafür indeß, daß ihm gerade für die eigenartigen Aufgaben des in Rede stehenden Amtes eine so zweifellose Befähigung inne wohne, um ihm das Amt von vornherein zu übertragen, dürften, wie Se. Majestät finden, doch in seinem bisherigen literarischen Wirken nicht die ausreichenden Beweise liegen« (Schreiben des Chefs des Zivil-Kabinetts Karl von Wilmowski an Minister Falk). Als man dem König signalisiert, daß Fontane eine Probezeit von vornherein abgelehnt habe, wird Fontane am **11. März** offiziell vereidigt. Gehalt bezieht er allerdings erst ab **1. Mai.** Zwölf eigenhändige Protokolle Fontanes über die Sitzungen der Akademie zwischen **15. März und 25. Oktober** sind erhalten. Schon im März klagt Fontane über die Einflußlosigkeit seiner Position: *Der Senat zerfällt in so viel Parteien, als er Mitglieder hat, aber darin sind sich alle einig, daß über künstlerische Dinge nur ausübende Künstler ein Urteil haben und damit ist mir meine Rolle zudiktiert: »Sei stumm«* (Entwurf eines Briefes an Carl Robert Lessing). Vgl.: 28. Mai.

10. März. *Vor etwa 3 Wochen hab' ich meine Roman-Arbeit [VOR DEM STURM] wieder aufgenommen, freilich nur um sie vorläufig wieder bei Seite zu schieben* (an Hertz).

16. März. Theater: Joseph Grünstein, »Maidenspreech«, Töpfer, »Hermann und Dorothea«; Kritik: **18. März.**

24. März. Theater: Shakespeare, »Coriolan«; Kritik: **26. März.**

27. März. Theater: Grillparzer, »Medea«; Kritik: **30. März.**

28. Mai. Verärgert über die subalterne Behandlung vor allem durch den wesentlich jüngeren Akademiedirektor, den Historienmaler Anton von Werner (1843–1915), schreibt Fontane zum Entsetzen seiner Frau nach *eine[r] großen Szene im Senat zwischen Geh. R. Hitzig und mir* (an Rohr, 1. Juli) sein Entlassungsgesuch an den Kultusminister und am **19. Juni** an den König, der das Gesuch am **17. Juli** genehmigt, nachdem ihm in einem ministeriellen Immediatsbericht erklärt worden ist, es »scheint der p. Fontane sich nicht in den geschäftlichen Teil seines Amtes finden zu können und namentlich auch derjenigen Arbeiten desselben nicht gewachsen zu fühlen, von denen man das am wenigsten voraussetzt«. Vgl.: 2. August. – *Ich bin jetzt 3⅓ Monate im Dienst; in dieser ganzen Zeit*

hab ich auch nicht eine Freude erlebt, nicht einen ange-
nehmen Eindruck empfangen. Die Stelle ist mir, nach der
persönlichen wie nach der sachlichen Seite hin, gleich sehr
zuwider; alles verdrießt mich, alles verdummt mich, alles
ekelt mich an. [...] *Ich habe furchtbare Zeiten durchge-*
macht, namentlich in meinem Hause; meine Frau ist tief-
unglücklich und von ihrem Standpunkte aus hat sie
Recht. Andrerseits konnte ich ihr diese schmerzlichen Wo-
chen nicht ersparen (an Rohr, 17. Juni).

Um 25. Juni – 23. August. Emilie, nervlich erschöpft und
an der Leber leidend, hält sich bei Treutlers in Schlesien
auf.

Sommer. Ausflug nach Plaue.

31. Juli. *Das Schlimme ist, daß Du Dich nicht daran ge-*
wöhnen kannst und auch nicht gewöhnen willst, mich für
einen verständigen und auf meine Weise ganz prakti-
schen Menschen anzusehen. Du läßt mir alle möglichen
Vorzüge, betrachtest mich aber wie ein poetisches Kind,
das jeden Augenblick auf dem Punkt steht, sich als Fami-
lien-Enfant-terrible aufzuspielen. So liegen aber die
Dinge durchaus nicht; ich weiß auch, daß man Miete und
Steuern bezahlen muß und daß man von der Luft nicht
leben kann. Es ist auch nicht richtig, wenn ewig von mei-
ner Lieblosigkeit gesprochen wird. Ich beobachte mich
seit längrer Zeit auf diesen Punkt hin, und ich kann mit
gutem Gewissen sagen: es trifft nicht zu. Egoistisch bin
ich, aber nicht lieblos. Das ist ein großer, großer Unter-
schied (an Emilie).

1. August. *Frau-, freund- und freudelos vergehen diese*
Tage (an Zöllners).

2. August. Fontane erhält seine Entlassung als Sekretär der
Akademie der Künste zum **30. Oktober**. Zöllner wird
Nachfolger. *Meine Situation ist in der Tat eine kritische.*
In Jahren, wo die meisten Schriftsteller die Feder aus der
Hand zu legen pflegen, kam ich in die Lage, sie noch ein-
mal recht fest in die Hand nehmen zu müssen, und zwar

*auf einem Gebiet, auf dem ich mich bis dahin nicht ver-
sucht. Mißglückt es, so bin ich verloren. Ich habe meine
Schiffe verbrannt, und darf – wenn ich auch keine Siege
feire – wenigstens nicht direkt unterliegen. Meine Arbeit
muß zum Mindesten so gut sein, daß ich auf sie hin einen
kleinen Romanschriftsteller-Laden aufmachen und auf
ein paar treue, namentlich auch zahlungsfähige Käufer
rechnen kann* (an Ludovica Hesekiel, 28. Mai 1878). Das
schon gezahlte Gehalt für November und Dezember von
fast 400 Talern muß Fontane zu seiner Verbitterung zu-
rückzahlen. Damit endet Fontanes letzte vollzeitliche
Anstellung; von nun an ist er bis zu seinem Tod freier
Schriftsteller (vgl.: 18. Juni 1878).

14. August. *Einige Freunde wollen am nächsten Montag
4½ eine Suppe bei mir essen. Unter diesen Freunden:
L. Burger, Lepel, Lucae, Zöllner. Würden Sie mir die
Freude machen, an dem bescheidenen Mahle teilzuneh-
men?* (An Scherenberg.) Vgl. Fontanes Trinkspruch zu
dem Ereignis, der zeigt, daß Scherenberg kommt und
auch der Maler Rudolf Schick und Pastor Windel anwesend sind.

22. August. *Meine Frau, die große Meriten hat und in vielen Stücken vorzüglich zu mir paßt, hat nicht die Gabe
des stillen Tragens, des Trostes, der Hoffnung. In dem
Moment, wo ich ertrinkend nach Hülfe schreie und wo
ein freundlich ausgestreckter Finger mich über Wasser
halten würde, hat sie eine Neigung ihre Hand nicht ret-
tend unterzuschieben, sondern sie wie einen Stein auf
meine Schulter zu legen. Bescheiden in ihren Ansprüchen,
ist sie in ruhigen Tagen eine angenehme, geist- und ver-
ständnisvolle Gefährtin, aber eben so wenig wie sie die
Stürme in der Luft ertragen kann, ebenso wenig erträgt
sie die Stürme des Lebens* (an Rohr).

Oktober. Erscheinen des vierten und letzten Teilbandes
von DER KRIEG GEGEN FRANKREICH (Berlin: Decker):
Zwölf Jahre habe ich an diesen Kriegsbüchern Tag und

Nacht gearbeitet; sie feiern, nicht in großen, aber in emp-
fundenen Worten, unser Volk, unser Heer, unsren König
und Kaiser; ich bereiste 1864 das gegen uns fanatisierte
Dänemark, war 1866 in dem von Banden und Cholera
überzogenen Böhmen und entging in Frankreich, nur wie
durch ein Wunder, dem Tode. [...] *Dann begann meine*
Arbeit. Da steht sie, wenn auch weiter nichts, das Produkt
großen Fleißes, ihrem G e g e n s t a n d e nach aber das Ein-
zige repräsentierend, dem gegenüber man eine Art R e c h t
hat, das Interesse des Kaisers, als des persönlichen Mittel-
punkts, des Helden dieser großen Epopöe (ich spreche nur
vom Stoff) zu erwarten. Und eben dieser Held und Kai-
ser, gefragt, »*ob er einen Grund habe dem Verfasser dieses*
umfangreichen Werkes wohlzuwollen oder gnädig zu
sein«*, verneint diese Frage* (an Rohr, 30. November). –
Rezension: »Die Gegenwart. Wochenschrift für Literatur,
Kunst und öffentliches Leben«, 16. Juni 1877, Nr. 24.
Theo zieht während seines Jurastudiums auf ein Jahr als
Hauslehrer zur Familie des Wäschefabrikanten Geheimer
Kommerzienrat Wilhelm Hertz.

1. Oktober. Wiedereintritt als Theaterkritiker bei der
»Vossischen Zeitung«.

3. Oktober. Theater: Bauernfeld, »Im Alter«, Putlitz, »Die
böse Schwiegermutter«, Benedix, »Die Eifersüchtigen«;
Kritik: **5. Oktober.**

10. Oktober. Theater: Kleist, »Der Prinz von Homburg«;
Kritik: **12. Oktober.**

14. Oktober. Theater: Benedix, »Gegenüber«; Kritik:
17. Oktober.

24. Oktober. Theater: Birch-Pfeiffer, »Die Waise von Lowood«; Kritik: **26. Oktober.**

28. Oktober. Theater: Felix Dahn, »Deutsche Treue«; Kritik: **31. Oktober.**

1. November. Konzentrierte Arbeit an VOR DEM STURM:
Ja, der Roman! Er ist in dieser für mich trostlosen Zeit
mein einziges Glück, meine einzige Erholung. In der Be-

schäftigung mit ihm vergesse ich, was mich drückt. [...]
Ich empfinde im Arbeiten daran, daß ich nur Schriftstel-
ler bin und nur in diesem schönen Beruf Glück finden
konnte (an Rohr).

2. November. Theater: F. Lederer, »Geistige Liebe oder
Gleich und gleich gesellt sich gern«, J. G. Kessel, »Die drei
Frauen und keine«; Kritik: **4. November.**

4. November. Theater: Wilbrandt, »Unerreichbar«, Maria
von Olfers, »Der Damenkrieg«; Kritik: **7. November.**

11. November. Theater: Hermann von Schmidt, »Rose und
Distel«, Wilhelmine von Hillern, »Die Augen der Liebe«;
Kritik: **14. November.**

23. November. Theater: Laube, »Der kleine Richelieu«,
Benedix, »Die Eifersüchtigen«; Kritik: **25. November.**

30. November. *In meinem Hause sieht es etwas besser aus;*
die Stimmung meiner Frau klärt sich auf, das Gewölk
verzieht sich; ich habe so eine Vorahnung, daß, wenn
nicht neue Schläge kommen, das Schlimmste überstanden
ist (an Rohr).

6. Dezember. Theater: Ring, »Unsere Freunde«; Kritik:
8. Dezember.

16. Dezember. Theater: Friedrich, »Die Erzählungen der
Königin von Navarra«; Kritik: **19. Dezember.**

17. und 24. Dezember. Rezension von Herman Grimm,
»Goethe« in der »Vossischen Zeitung«.

21. Dezember. Theater: Kruse, »Marino Faliero«; Kritik:
23. Dezember.

31. Dezember. Gensichen, »Touristen«; Kritik: **3. Januar
1877.**

Ende des Jahreseintrags im Tagebuch: *Das Besuchen von*
Abendgesellschaften gab ich auf. Statt dessen wurde viel
gelesen: Felix Dahns »Ein Kampf um Rom«, H. Grimms
Goethe-Buch, neue Sachen von Storm und namentlich
einige Spielhagensche Romane »Problematische Naturen«
und »Durch Nacht zum Licht«.

3. Januar – 4. April. 13 Kritiken in der »Vossischen Zeitung« über die Berliner Gastaufführungen einer französischen Theatertruppe.

Ab 13. Januar. Mehrere Wochen krank. *Ich wurde recht elend und war erst Mitte Mai wieder leidlich im Gange* (Tagebuch).

14. Januar. Rezension von Storm, »Gesammelte Schriften, Bd. 7–10« in der »Vossischen Zeitung«.

25. Januar. Theater: Eckstein, »Ein Pessimist«, Moser, »Herrn Kaudels Gardinenpredigt«; Kritik: **27. Januar.**

Februar/März. Abschluß der Arbeit am zweiten Band von VOR DEM STURM.

7. Februar. Theater: Eduard Jerrmann, »Lady Tartuffe«; Kritik: **9. Februar.**

14. Februar. Theater: Shakespeare, »Hamlet«; Kritik: **16. Februar.**

16. Mai. *Der Chevalier [Zöllner] hat mir gestern erzählt, wie Sie, teuerster Senator, im Fall eine Bade- oder Gebirgskur für mich nötig werden sollte, bereit sein würden, mir die nötigen Mittel vorzustrecken. Ich danke Ihnen sehr herzlich für dies freundschaftliche Anerbieten, das ich, unter Umständen, mit Freuden akzeptieren würde. Aber wie Anno 70 ein Sachse zu mir sagte: »es sitzt diefer«. Mit Bad und Brunnen ist mir nicht mehr beizukommen und die Bergluft, die ich brauche, ist nicht in den Alpen zu Hause* (an Karl Eggers).

22. Februar. Theater: Winterfeld, »Guter Name«; Kritik: **24. Februar.**

5. März. Theater: Molière, »Tartuffe«, Grandjean, »Am Klavier«; Kritik: **7. März.**

28. März. Theater: Lord Byron, »Manfred«; Kritik: **30. März.**

5. Mai. Theater: Shakespeare, »König Heinrich IV. (Erster Teil)«; Kritik: **8. Mai.**

8. Mai. Theater: Shakespeare, »König Heinrich IV. (Zweiter Teil)«; Kritik: **10. Mai.**

10. Mai. Theater: Schiller, »Don Carlos«; Kritik: **12. Mai.**

12. Mai. Theater: Kleist, »Der Prinz von Homburg«; Kritik: **15. Mai.**

16. Mai. Theater: Hackländer, »Der geheime Agent«; Kritik: **18. Mai.**

Juni/Juli. Abschluß der Arbeit am dritten Band von VOR DEM STURM.

14. Juni. Theater: Shakespeare, »Hamlet«; Kritik: **16. Juni.**

8. Juli. »Bei Fontanes sieht es wieder nicht sehr schön aus. Er kommt mit seinem Roman doch v i e l langsamer v o r a n, als er selbst und vor allem sein Verleger erwartet hat. Da gibt es dann wieder manche bittern Bemerkungen von Frau Emilie« (Lucae an Anna Witte).

Sommer. Entstehung des Novellenfragments MELUSINE (Erstveröffentlichung 1966).

9.–31. August. Thale. Überarbeitung des dritten Bandes von VOR DEM STURM; am **29. August** beim Borodino-Kapitel, *das die späteren Kritiker meines Romans, meine Frau mit eingeschlossen, wohl für überflüssig erklären werden* (an Emilie). – **10. August.** *Einige Verse geschrieben* (Tagebuch), und zwar das Gedicht HERBSTGEFÄRBT. Vorbereitende Arbeiten zu ALLERLEI GLÜCK.

Lektüre: Scott, »Der Altertümler« (»The Antiquary«): *Scott interessiert mich wieder aufs höchste; im Einzelnen ist es angreifbar: breit, vollgestopft mit Notizen von höchst zweifelhaftem Interesse, nicht allzu sorglich in der Ausführung, nicht allzu tief in der psychologischen Behandlung, aber enfin doch ganz einzig, ein reicher, gottbegnadeter Mann, der da spielen durfte, wo andre sich im Schweiße ihres Angesichts quälen. Alles einfach, natürlich, humoristisch und voll so entzückender Oasen, daß man die zwischenliegenden Steppen gern mit in den Kauf nimmt* (an Emilie, 13. August). – *Als ich das Buch zuklappte, atmete ich auf und sagte mir aus der tiefsten See-*

len-Überzeugung heraus – »so gut machst Du's auch« (Tagebuch).

11. August. Rezension von Colmar von der Goltz, »Léon Gambetta und seine Armeen« unter dem Pseudonym Pequin in der »Gegenwart«.

23. August. *Seit vorgestern geht es mir besser, aber auch jetzt hab ich nicht das Gefühl eines gesunden Menschen; es sind geschenkte Tage; diese Tage werden sich hoffentlich zu Monaten ausdehnen, aber das Gefühl, daß das Ganze eine gekünstelte Geschichte sei, verläßt mich nicht, und mit diesem Gefühl werd ich mich einleben müssen. Hätt ich in Schöneberg ein Haus und einen Garten und könnt' ich, je nach Gefallen, heute ein Kapitel schreiben und morgen nach Mist schmeckende Riesen-Erdbeeren ziehn, so würd ich gesund werden, aber Dienst und Arbeit, auch wenn ich keine Romane schriebe, würden mir meine schwachen Zustände überall fühlbar machen. Ich müßte Geld haben, und das hab ich nicht. Da liegt der Schlüssel* (an Emilie).

25. August. Rezension von Leo Amadeus Henckel von Donnersmarck, »Briefe der Brüder Friedrich des Großen an meine Großeltern« in der »Gegenwart«.

5. September. Theater: Lederer, »Geistige Liebe oder Gleich und gleich gesellt sich gern«; Kritik: **7. September.**

8. September. Theater: Blum, »Christoph und Renate oder die Verwaisten«; Kritik: **11. September.**

11. September. Theater: Birch-Pfeiffer, »Rose und Röschen«; Kritik: **13. September.**

Ende September. Die ersten drei Bände von Vor dem Sturm werden an den Chefredakteur der Zeitschrift »Daheim«, Dr. Robert König, zum Vorabdruck geschickt: *Er ließ mich lange auf Antwort warten, kam dann in Person und sagte mir: der Stoff wäre wundervoll, Gesinnung, Tendenz ebenso und die Sorglichkeit der Behandlung evident, aber alles zu breit, nicht gerade auf*

*Ziel los. Exkurse, Überflüssigkeiten. Ich sagte ihm, daß
ich mit den Sensationshelden nicht zu konkurrieren ge-
dächte, daß ich ein Zeitbild hätte geben wollen und Auto-
dafés, eingemauerte Nonnen und Skalpierungen im Winter 1812 auf 13 in märkischen Dörfern nicht vorgekommen wären. Indeß einigten wir uns zuletzt, indem ich
ihm Kürzungen für das Daheim gestattete. Später hat er
andre Saiten aufgezogen und mir nur Schmeichelhaftes
über meine Arbeit gesagt. »Die ›Gartenlaube‹ hat mit ihren gepfefferten Geschichten den Geschmack des Publi-
kums verdorben, und alle Blätter, die mit der Gartenlaube konkurrieren wollen, sind gezwungen sich diesem
Geschmacke einigermaßen zu akkomodieren.« Ein trau-
riges Geständnis, am traurigsten von einem Blatte, das
aufs »Christlich-Germanische hin« gegründet wurde* (Tagebuch).

Anfang Oktober. *Reiste ich nach Frankfurt a. O. um für
den 4. Band meines Romans [*VOR DEM STURM*] die nötigen Lokalstudien zu machen, dann begann ich diesen
Schlußband* (Tagebuch). Die Arbeit daran dauert bis
März 1878.

5. Oktober. Theater: Dahn, »Staatskunst der Frauen«; Kritik: **7. Oktober.**

13. Oktober. Theater: Brachvogel, »Prinzessin Montpen-
sier«; Kritik: **16. Oktober.**

25. Oktober. Theater: Gensichen, »Euphrosyne«, R. L.
Stab, »Sekt«, Wilhelm Roßmann, »Lady Macbeth«; Kritik: **27. Oktober.**

9. November. Theater: Frans Hedberg, »Die Töchter des
Majors«; Kritik: **11. November.**

15. November. Theater: Shakespeare, »König Richard II.«;
Kritik: **17. November.**

17. November. Theater: Shakespeare, »König Heinrich
IV. (Erster Teil)«; Kritik: **20. November.**

19. November. Theater: Shakespeare, »König Heinrich IV.
(Zweiter Teil)«; Kritik: **21. November:** *Es bestätigte sich*

*mir der schon früher gehabte Eindruck, daß der zweite
Teil zugunsten des ersten unterschätzt zu werden pflegt.
In einzelnen Szenen ist der erste Teil unstreitig wirksa-
mer, als Ganzes aber stell' ich den zweiten höher. Teil I
hat sich im dritten Akt erschöpft, und was noch folgt ist
Pein und Langeweile; ganz anders in Teil II. Hier hält
sich das Stück, von der Mitte des zweiten Aktes an, auf
gleicher Höhe oder steigt selbst vorübergehend.*

21. November. Theater: Shakespeare, »König Heinrich V.«;
Kritik: **23. November.**

23. November. Theater: Shakespeare, »König Heinrich VI.«;
Kritik: **25. November.**

24. November. Theater: Shakespeare, »König Richard III.«;
Kritik: **27. November**: *Und nun zum Schluß ein Rückblick auf die Gesamtheit der Vorstellungen [des Zyklus
der Shakespeareschen Königsdramen]. [...] Ordne ich –
unter Ausscheidung der eine Gruppe für sich bildenden
beiden Teile von »Heinrich IV.« – die vier verbleibenden
Königsdramen nach der Wirkung, die sie auf mich aus-
übten, so ergibt sich nachstehende Reihenfolge: »Richard III.«, »Heinrich VI.«, »Heinrich V.«, »Richard II.«
Wert und Wirkung der Stücke decken sich nicht überall.
»Heinrich VI.«, als Kunstwerk das schwächste, ist um
drei, vier seiner Einzelszenen willen mächtiger und ein-
schlagender als »Heinrich V.« und »Richard II.«*

28. November. Theater: Grillparzer, »Medea«; Kritik:
30. November.

1. Dezember. Theater: Freytag, »Die Valentine«; Kritik:
4. Dezember.

3. Dezember. Theater: Goethe, »Egmont«; Kritik: **5. Dezember.**

31. Dezember. Theater: Moser, »Reflexe«, Eugen Stäge-
mann, »Die Namensvettern«; Kritik: **3. Januar 1878.**

3. Januar – 3. April. Acht Kritiken in der »Vossischen Zeitung« über die Berliner Gastaufführungen einer französischen Theatertruppe.

5. Januar – 21. September. Stark gekürzter Vorabdruck von VOR DEM STURM in der Wochenzeitschrift »Daheim«.

12. Januar. Theater: Goethe, »Clavigo«; Kritik: **15. Januar.**

16. Januar. Theater: Hackländer, »Der geheime Agent«; Kritik: **18. Januar.**

30. Januar. Theater: Iffland, »Die Jäger«; Kritik: **1. Februar.**

8. Februar. Theater: Lindau, »Johannistrieb«; Kritik: **10. Februar.**

22. Februar. Theater: Moritz Meyer, »Correggio«, Bauernfeld, »Die Verlassenen«; Kritik: **24. Februar.**

2. März. Theater: Bürger, »Gabriele«; Kritik: **5. März.**

14. März. Theater: Julius Grosse, »Tiberius«; Kritik: **16. März.**

22. März. Theater: Goethe, »Iphigenie auf Tauris«; Kritik: **24. März.**

25. März. Theater: Schiller, »Maria Stuart«; Kritik: **27. März.**

27. März. Theater: Bertold Auerbach, »Das erlösende Wort«, Bauernfeld, »Die Bekenntnisse«; Kritik: **29. März.**

April. Ausflug nach Plaue.

Anfang April. Das Manuskript des vierten Bandes von VOR DEM STURM wird an »Daheim« geschickt: *Der Roman ist seit zwei, drei Wochen fertig* (an Hertz, 9. Mai). Metes Lehrerinnenexamen am Königlichen Lehrerinnenseminar mit der Note »gut«.

George wird Premierleutnant und geht als Militärlehrer nach Oranienstein bei Diez an der Lahn.

1. April. Theater: Benedix, »Der Störenfried«; Kritik: **3. April.**

27. April. Theater: Schiller, »Die Räuber«; Kritik: **30. April**: *Die ganze Figur ist aus der Renommierepoche des vorigen Jahrhunderts heraus geboren und konnte vollendet nur von jenen Renommiergenies gespielt werden, die damals das Leben und die Bühne unsicher machten. Sie sind dahin. Requiescant in pace. [...] Um den Karl Moor zu spielen, muß man an ihn glauben. Aber welcher gebildete Mensch kann das. Fände sich einer, so tut er mir leid.*

Ende April – 2. Mai. Besuch von Tangermünde, Lokalstudien für GRETE MINDE.

3. Mai – 16. Juni. Gastspiel der Meininger Theatertruppe in Berlin, beginnend mit Schiller, »Die Räuber«; Kritik: **5. Mai.**

4. Mai. Moreto y Cabaña, »Donna Diana«; Kritik: **6. Mai.**

10. Mai. Theater: Benedix, »Der Störenfried«; Kritik: **12. Mai.**

15. Mai. Bitte an Rohr um die *Lebenskizze von Frl. v. Crayn,* die sie ihm schon einmal in den frühen sechziger Jahren (vgl.: 18. Februar 1860) mitgeteilt hat – Fontane beschäftigt sich also mit dem Stoff von SCHACH VON WUTHENOW.

19. Mai. Theater: Birch-Pfeiffer, »Die Waise von Lowood«; Kritik: **21. Mai.**

23. Mai. Theater: Schiller, »Kabale und Liebe«; Kritik: **25. Mai.**

24. Mai. Theater: Benedix, »Ein Lustspiel«; Kritik: **26. Mai.**

27. Mai. Theater: Schiller, »Wallensteins Lager« und »Die Piccolomini«; Kritik: **29. Mai.** Über »Die Piccolomini«: *Ich stell' es, wenn ich die Frage nach der größeren oder geringeren Wirkung ignoriere, unter allen Schillerschen dramatischen Arbeiten am höchsten. Zwei Kunstrichtungen, die wir gewohnt sind, als einander feindlich anzusehen, verschmelzen sich hier. Wir haben die Klarheit, den Stil und die Handlungslosigkeit des französischen Klassi-*

*zismus (nach dem ich, beiläufig bemerkt, in der Wüstheit
unserer Tage mehr und mehr eine Sehnsucht empfinde),
und wir haben zugleich den historischen Sinn und die
scharfe und reiche Charakteristik des Shakespearischen
Dramas. Von dem einen die Schönheitslinie, von dem andern das Kolorit.*

28. Mai – 30. (?) Juni. Emilie in Neuhof.

31. Mai. *Großes Dejeuner bei Lindau, dem neuen amerikanischen Gesandten Bayard-Taylor zu Ehren, seines Zei-
chens eigentlich Schriftsteller, sogar Dichter* (an Mete,
5. Juni). – Theater: Schiller, »Wilhelm Tell«; Kritik:
2. Juni.

1. (?) und 4. Juni. Besuch der Ausstellung in der Nationalgalerie, die Fontane am **2. und 7. Juli** in der »Vossischen
Zeitung« bespricht. – Theater: Schiller, »Die Jungfrau von
Orleans«; Kritik: **4. Juni:** *die Heldenprophetin von Domremy, die reinste, rührendste und großartigste Erscheinung der christlichen Zeitrechnung* [...]. *Alles tot; Rüstun-
gen, in denen Gespenster stecken, und das kaum; herge-
sagte Rollen, denen gegenüber jeder das Gefühl hat, es
daheim an seinem Teetisch besser, innerlicher und ein-
dringlicher machen zu können. Vor siebzig Jahren haben
diese wundervollen Verse die Herzen unseres Volkes hin-
gerissen, jetzt sind sie wie Herbstwind, der über Stoppeln
fährt. Keine Halme beugen sich mehr elegisch ihrem
Wohllaut. Die Romantik ist hin.*

5. Juni. *Wie war es früher? Eine revolutionäre Natur, ein
mit Potenzen ausgerüsteter Tunichtgut verführte entweder große, harmlose Volksmassen, oder er stellte sich an
die Spitze bereits vorhandener Unzufriedener. Im erstren
Falle fing man den Anführer, hing ihn, und alles war vorbei, im letztren Falle geschah zunächst dasselbe, aber
kleine berechtigte Forderungen (Bier- oder Brottaxe her-
untergesetzt, und ähnliche Lapalien) mußten erfüllt werden. Das alles war Kinderspiel; man befand sich einer stu-
piden Masse gegenüber. Das ist jetzt anders. Millionen*

von Arbeitern sind grade so gescheit, so gebildet, so eh-
renhaft wie Adel und Bürgerstand, vielfach sind sie ihnen
überlegen. [...] *Alle diese Leute sind uns vollkommen*
ebenbürtig, und deshalb ist ihnen weder der Beweis zu
führen, »daß es mit ihnen nichts sei«, noch ist ihnen mit
der Waffe in der Hand beizukommen. Sie vertreten nicht
bloß Unordnung und Aufstand, sie vertreten I d e e n, die
zum Teil ihre Berechtigung haben und die man nicht tot-
schlagen oder durch Einkerkerung aus der Welt schaffen
kann. Man muß sie g e i s t i g bekämpfen, und das ist, wie
die Dinge liegen, sehr, sehr schwer. – Vorläufig ist übri-
gens noch keine Gefahr (an Emilie).

6. Juni. Theater: Oskar von Redwitz, »Philippine Welser«;
Kritik: **8. Juni.**

7. Juni. Besuch bei Hesekiels in Potsdam.

8. Juni. Theater: Gensichen, »Euphrosyne«, Emil Granich-
städten, »Witwe Scarron«, Louis Schneider, »Der Kurmärker und die Picarde«; Kritik: **12. Juni.** Am selben
Abend, von Fontane nicht rezensiert: Theater: Grillparzer, »Die Ahnfrau«, Gastspiel der Meininger: *Auf die*
»Ahnfrau« haben die Berliner nicht recht angebissen; es
war auch eine sonderbare Pfingst-Überraschung; eine
Frau wurde ohnmächtig, ein Mann vom Schlage getrof-
fen. Kein Wunder; den Schluß bildet eine Mondschein-
Gruft mit 9 Prachtsärgen; aus einem erhebt sich, völlig
geisterhaft, die »Ahnfrau«. Das war zu viel. Der Mann
im Parkett fiel um (an Emilie, 12. Juni).

10.–12. Juni. Briefwechsel mit Emilie: Fontane: *Überall*
kommt mir die Stimmung in Bezug auf meine Person ver-
schleiert vor [...]. *Hundertmal frag ich mich, ob ich wohl*
Schuld sei, aber ich kann keine Schuld finden; ich bin ar-
tig, freundlich, gesprächig, und wenn aus meinem Spre-
chen mitunter ein Ton der Besserwisserei herausklingen
mag – g e w o l l t ist es gewiß nicht – so muß man das hin-
nehmen, erstlich weil ich meist der ältre bin, zweitens
weil ich am meisten weiß und selbständigere Gedanken

habe als die andren, und drittens und hauptsächlichst,
weil jeder heraushören muß, daß mir nur die Sache gilt,
die Verfechtung einer bestimmten Idee, wobei ich an
meine Person gar nicht denke. – Emilie antwortet am
11. Juni: »Take it easy. [...] Daß die Genannten Dich Alle
lieben u. verehren, davon bin ich wie von meinem Leben
überzeugt, u. ich glaube auch angeben zu können, wodurch dann u. wann Deine Zweifel entstehen. Selbst sehr
kühl u. wenig aufmerksam den Freunden gegenüber [...]
bist Du in the long run so verwöhnt von allen Menschen,
daß Du auch ein bissel viel Aufmerksamkeit verlangst.
[...] Wehe dem Unglücklichen, der *obenhin* Dir etwas erzählt; er muß jedes ausgesprochne Wort besiegeln u. be-
schwören [...]. Auch die geistreichste Abhandlung ist gesellschaftlich mal nicht am Platz, u. ein hingeworfenes
Wort bleibt besser unerörtert. Aus dieser liebenswürdigen Schwerfälligkeit, die Du manchmal hast, entsteht
dann eine gêne, die Du dem einen oder anderen an-
merkst, u. woraus Du dann Gott weiß was für argwöhni-
sche Schlüsse machst. Deine Wahrhaftigkeit und Dein auf
den Grund gehen, geniert die Menschen [...]. – Fontane
reagiert am 12. Juni: *Zum Donnerwetter, wer sind all die*
lieben Leute, daß sie den Anspruch erheben können,
meine Aufmerksamkeit fordern zu dürfen, während sie
mir die ihrige, nach Laune, versagen oder gewähren? Du
weißt recht gut, daß ich [...] den andern an Wissen, Esprit
und Gedanken überlegen bin, und ich verlange, daß man
mir dies zugesteht, sonst soll man mich in Ruhe lassen. Ich
dränge mich nirgends ein.

18. Juni. Emilie an Fontane im Rückblick auf seine Akade-
mietätigkeit: »Laß es Dir gut gehen, Du lieber Sekretär a.
D.; es war ein böser Titel. Lächerlich an sich, für Dich –
unter der Würde. Nein, wir wollen nun Th. F. leben u.
sterben.«

19. Juni. Abschiedsfeier im Restaurant des Zoologischen
Gartens für Julius Stockhausen, der nach Frankfurt a. M.

geht; Fontanes Bericht darüber am **21. Juni** in der »Vossischen Zeitung«.

Juli – September. Vorabdruck von DIE WENDISCHE SPREE ODER: VON KÖPENICK BIS TEUPITZ AN BORD DER »SPHINX« AUS SPREELAND in der »Deutschen Rundschau«; wieder erschienen 1880 in »Der Bär«.

3.–29. Juli. Wernigerode mit Emilie und Friedel, Ausflug zu Lokalstudien nach Tangermünde, *um Kirche, Burg und Rathaus anzusehn.* [...] *Die Reise war recht nett, trotzdem ich fünfmal umsteigen mußte* (an Theo, 11. Juli). – Konzeption von IRRUNGEN, WIRRUNGEN. – Lektüre: Smollett, »Die Abenteuer Roderick Randoms« (»The Adventures of Roderick Random«): *unschön, intereßlos, ridikül* (Aufzeichnung), Jean Paul, »Titan«.

6. Juli. Rezension BALTISCHES LEBEN IN ROMANEN VON THEODOR HERMANN PANTENIUS in der »Gegenwart«.

7. Juli, 24. November, dann 11. Dezember 1879 und 29. Mai 1880. Rezension von Lübke, »Geschichte der italienischen Malerei vom 4. bis ins 16. Jahrhundert« in der »Vossischen Zeitung«.

11. August. *Meine Novelle [GRETE MINDE] hab ich angefangen und sehe wenigstens, daß es geht* (an Emilie). Vgl.: 10. September.

7.–19. August. Emilie in Neuhof.

1. September. Theater: Benedix, »Die zärtlichen Verwandten«; Kritik: **3. September.**

10. September. *Seit gestern Abend hat nun Grete Minde, meine neue Heldin, Ruhe, ruht, selber Asche, unter der Asche der von ihr aus Haß und Liebe zerstörten Stadt* (an Clara Stockhausen).

11.–28. September. Reise mit dem Fabrikanten und Reichstagsabgeordneten Dr. Adolf Meyer zu dessen Besitz in Forsteck bei Kiel (*leidlich freundliche Berührungen mit Klaus Groth*, Tagebuch), ab 21. September auch mit Emilie und Frau Meyer, und nach Hamburg und Kiel. In dieser Zeit oder kurz darauf schreibt Fontane die erst posthum veröffentlichten Gedichte HAUS FORSTECK und TOAST AUF KLAUS GROTH. ZUM 25. SEPTEMBER 1878.

28. September. Theater: Wilhelm Jordan, »Durchs Ohr«, Paul Taglioni, »Ein glückliches Ereignis«; Kritik: **1. Oktober.**

Oktober. Lektüre: Storm, »Renate«.

12. Oktober. Theater: Rudolf Genée, »Stephy Girard«, F. Zell, »Die Büste«; Kritik: **14. (?) Oktober.**

23. Oktober. Theater: Birch-Pfeiffer, »Die Marquise von Villette«; Kritik: **25. Oktober.**

30. Oktober. Theater: Auerbach, »Eine seltene Frau, Moser, »Mädchenschwüre«; Kritik: **1. November.**

Ende Oktober / Anfang November. Erscheinen von VOR DEM STURM. ROMAN AUS DEM WINTER 1812 AUF 13 (Berlin: Hertz), 4 Bände in 2: *Das Buch ist der Ausdruck einer bestimmten Welt- und Lebens-Anschauung; es tritt ein für Religion, Sitte und Vaterland, aber es ist voll Haß gegen die »blaue Kornblume« und gegen »Mit Gott für König und Vaterland«, will sagen gegen die Phrasenhaftigkeit und die Karikatur jener Dreiheit. Ich darf sagen – und ich fühle das so bestimmt wie, daß ich lebe, – daß ich etwas in diesem Buche niedergelegt habe, das sich weit über das herkömmliche Romanblech, und nicht bloß in Deutschland erhebt* (an Hertz, 24. November). – *Einzelne werden sich noch drum kümmern und dran freuen, wenn der Dreck, der jetzt den Tag regiert, längst vergessen ist* (Tagebuch). – Rezensionen: »Die Gegenwart«, 8. November, Nr. 17, »Vossische Zeitung«, 22. November, Nr. 275 (Pietsch), »Norddeutsche Allgemeine Zeitung«, 1. Dezember (Lindau), »Augsburger Allgemeine Zeitung«, 5. Dezember, Nr. 339 (G = Otto Roquette?), »Neue Evangelische Kirchenzeitung«, 7. Dezember, Nr. 49, »Kreuzzeitung«, 12. Dezember, Nr. 291 (Ludovica Hesekiel), »Schwäbische Kronik«, Sonntagsbeilage des »Schwäbischen Merkurs«, 15. Dezember, Nr. 298 (Lübke), »Kölnische Zeitung«, 30. Dezember, »Über

Land und Meer«, 1878/79, Nr. 7 (Lübke), »Johanniter-
blatt«, 15. Januar 1879 (Ludovica Hesekiel), »Mehr Licht.
Wochenschrift für Literatur und Kunst«, 11. Januar 1879,
Nr. 15 (Eugen Zabel), »Deutsche Rundschau«, Februar
1879, H. 5 (Mn = Rodenberg), »Blätter für literarische
Unterhaltung«, 27. Februar 1879 (F. K. Schubert), »Die
Gegenwart«, 24. April 1880 (Pietsch).

11. November. Fontanes einzige Rezension in der »Allgemeinen Zeitung«: ZUR BRANDENBURGISCH-PREUSSISCHEN
SPEZIALGESCHICHTE (Rezension von F. von Salpius, »Paul
von Fuchs, ein brandenburgisch-preußischer Staatsmann
vor zweihundert Jahren«).

14. November. Friedmann, »Geben ist seliger denn nehmen«, Karl Wartenburg, »Die Schauspieler des Kaisers«;
Kritik: **16. November.**

Mitte November – 15. Februar 1879. Überarbeitung und
dann Überarbeitung der Abschrift von GRETE MINDE.

27. November. Heyse an Hertz über VOR DEM STURM:
»Die Stärke unseres Freundes in chronikhaftem Detail,
die Liebe zur Scholle, zu jedem Sandkorn dieser Scholle
hat meines Erachtens auf die Gestaltung des Ganzen,
mehr als gut war, ihren zerstückelnden, zerbröckelnden
Einfluß geübt. [...] Ich werde mich [...] hüten, unserm
Freunde direkt über sein Buch zu schreiben, kann mich
um so füglicher davon dispensieren, als er mir über all
meinen Kram seit vielen Jahren nie eine Silbe gesagt hat.«

Ende November. Angebot des Verlegers Klasing, den Text
für eine illustrierte Weltgeschichte zu schreiben; Fontane
lehnt ab.

30. November. Theater: Gottschall, »Pitt und Fox«; Kritik:
3. Dezember.

Dezember. Reise nach Küstrin zu Katte-Studien.

9. Dezember. An Heyse, Plädoyer für den Vielheitsroman
zur Verteidigung von VOR DEM STURM: *Meinst Du nicht
auch, daß neben Romanen, [...] in denen wir ein Men-
schenleben von seinem Anbeginn an betrachten, auch sol-*

che berechtigt sind, die statt des Individuums einen viel-
gestaltigen Zeitabschnitt unter die Lupe nehmen? Kann
in solchem Falle nicht auch eine Vielheit zur Einheit wer-
den? Das größre dramatische Interesse, so viel räum' ich
ein, wird freilich immer den Erzählungen »mit einem
Helden« verbleiben, aber auch der Vielheits-Roman, mit
all seinen Breiten und Hindernissen, mit seinen Portrait-
massen und Episoden, wird sich dem Einheits-Roman
ebenbürtig – nicht an Wirkung, aber an Kunst – an die
Seite stellen können, wenn er nur nicht willkürlich ver-
fährt, vielmehr immer nur solche Retardierungen bringt,
die während sie momentan den Gesamtzweck zu verges-
sen scheinen, diesem recht eigentlich dienen.

12. Dezember. Theater: Grillparzer, »Der Traum ein Leben«; Kritik: **14. Dezember.**

13. Dezember. Theo besteht sein juristisches Referendar-
examen mit »gut«.

18. (?) Dezember. Ausflug nach Malchow.

22. Dezember. Theater: Redwitz, »Philippine Welser«; Kritik: **24. Dezember.**

27. Dezember. Tagebucheintrag Rodenbergs: »An Fontanes Vor dem Sturm würge ich nun schon bald acht Wochen; es ist nicht zu sagen, was das für ein albernes Buch
ist. Ein Roman in vier Bänden, mit gewiß nicht weniger
als 100 Personen und dabei nicht so viel Handlung, um
auch nur einen halben Band daraus zu machen. [...] Es ist
so unglaublich dumm und albern, daß es mir aus diesem
Grunde eine Art von negativem Vergnügen macht [...].
Wenn nur Fontane nicht ein so feiner, liebenswürdiger
und gescheiter Mann wäre.«

28. Dezember. Theater: Schiller, »Wilhelm Tell«; Kritik:
31. Dezember.

31. Dezember. Theater: Goethe, »Paläophron und Neoterpe«, Shakespeare, »Die Komödie der Irrungen«; Kritik: **3. Januar 1879.**

1. **und 15. Januar.** Vorabdruck von MALCHOW. EINE
WEIHNACHTSWANDERUNG aus SPREELAND in der »illustrierten Wochenschrift« »Der Bär. Berlinische Blätter für
vaterländische Geschichte und Altertumskunde«. – Plan
zum vierten Band der WANDERUNGEN.

3. **Januar – 22. April.** Elf Kritiken in der »Vossischen Zeitung« über die Berliner Gastaufführungen einer französischen Theatertruppe.

7. **Januar.** Theater: Schiller, »Die Braut von Messina«; Kritik: **9. Januar:** *Die Chöre machten sich vortrefflich; sie
sind doch das Schönste an dem Stück und das eigentlich
Ergreifende.*

16. **Januar.** Theater: Giuseppe Giacosa, »Eine Schachpartie«,
Dohm, »Die Ritter vom Goldenen Kalb«, Friedrich Wilhelm Gubitz, »Kaiser und Müllerin«; Kritik: **18. Januar.**

17. **Januar.** Theater: Schiller, »Maria Stuart«; Kritik: **19. Januar.**

30. **Januar.** Theater: Gutzkow, »Uriel Acosta«; Kritik:
1. Februar.

31. **Januar.** Abendgesellschaft bei Fontanes. Abschluß mit
Pfannkuchen und Burgunderpunsch. Teilnehmer: Musik-
direktor Krigar und Frau (Menzels Schwester), Wilhelm
Gentz und Frau, der Maler Rudolf Schick.

5. **Februar.** *Mich nimmt meine [...] Novelle [GRETE MINDE]
total in Anspruch; auch die Korrektur der Abschrift, bei
der ich jetzt bin, ist noch wieder eine wochenlange Arbeit.
Ich bin nun 'mal ein Bastler und Pußler und kann es nun
nicht mehr los werden. Aber etwa am 15. bin ich wirklich
fertig* (an Karpeles). – Ablieferung des Manuskripts am
16. Februar.

12. **Februar.** Theater: Schiller, »Maria Stuart«; Kritik:
14. Februar.

14. **Februar.** Theater: Gutzkow, »Uriel Acosta«; Kritik:
16. Februar.

21. Februar. Theater: Albert Lindner, »Brutus und Collatinus«; Kritik: **23. Februar.**

27. Februar. Theater: Lindau, »Johannistrieb«; Kritik: **1. März.**

März (?) Ausflug nach Fürstenwalde.

8. März. Theater: Brachvogel, »Narziß«; Kritik: **11. März.**

11. März. Theater: Moreto y Cabaña, »Donna Diana«; Kritik: **13. März.**

18. März. Theater: Schiller, »Kabale und Liebe«; Kritik: **20. März.**

20. März. Theater: Bürger, »Die Frau ohne Geist«; Kritik: **22. März.**

28. März. Fontane schickt die korrigierten Druckfahnen von GRETE MINDE an die Zeitschrift »Nord und Süd«.

April – September. Vorabdruck der Umarbeitung (vgl.: 12. August 1860 – 12. November 1861) von KÜSTRIN UND DIE KATTE-TRAGÖDIE für die dritte Auflage von ODERLAND in »Westermanns Monatsheften«. Vermutlich ist Fontane vorher noch einmal in Küstrin.

3. April. *Am meisten am Herzen liegt mir mein neuer Roman* [...]. *Zeitroman. Mitte der 70er Jahre; Berlin und seine Gesellschaft, besonders die Mittelklassen, aber nicht satirisch, sondern wohlwollend behandelt. Das Heitre vorherrschend, alles Genrebild. Tendenz: es führen viele Wege nach Rom, oder noch bestimmter; es gibt vielerlei Glück, und wo dem Einen Disteln blühn, blühn dem Andern Rosen. Das Glück besteht darin, daß man da steht, wo man seiner Natur nach hingehört; selbst die Tugend- und Moralfrage verblaßt daneben* (an Karpeles). Fontane arbeitet bis **Juni** an diesem ersten großangelegten Gegenwartsroman ALLERLEI GLÜCK, der sein umfangreichstes Fragment (etwa 300 Blätter) bleibt (Erstveröffentlichung 1929).

7. April. Theater: Ulrich Baudissin, »Fünfundzwanzigtausend Taler«, Raupach, »Vor hundert Jahren«; Kritik: **9. April.**

17. April. Theater: Ludwig, »Der Erbförster«; Kritik: **19. April.**

26. April. Theater: Nahida Remy, »Constanze«, im Residenztheater; Kritik: **29. April.**

Mai. Besuch in Plaue bei Pastor Wiesike.

Mai/Juni. Vorabdruck von GRETE MINDE in »Nord und Süd«.

5. Mai. Theater: Birch-Pfeiffer, »Die Waise von Lowood«; Kritik: **6. Mai.**

9. Mai. Theater: Goethe, »Iphigenie auf Tauris«; Kritik: **11. Mai.**

12. Mai. Theater: Brachvogel, »Narziß«; Kritik: **14. Mai.**

14. Mai. Theater: Lindau, »Maria und Magdalena«; Kritik: **16. Mai.**

20. Mai. Theater: Gutzkow, »Uriel Acosta«; Kritik: **22. Mai.**

22. Mai. Theater: Töpfer, »Rosenmüller und Finke«, Jacques Offenbach, »Die Zaubergeige«; Kritik: **24. Mai.**

23. Mai. Theater: Sophokles, »Antigone«; Kritik: **25. Mai.**

24. Mai – Ende Juni. Emilie in Neuhof bei Treutlers.

25. Mai. Theater: Lindau, »Maria und Magdalena«; Kritik: **27. Mai.**

26. Mai. Theater: Scribe, »Das Glas Wasser«; Kritik: **28. Mai.**

27. Mai – 9. Juni. Ausarbeitung der »Vaterländischen Reiterbilder« (vgl.: Dezember), Ablieferung des Manuskripts am **16. Juni**.

31. Mai. Theater: Racine, »Phädra«; Kritik: **4. Juni.**

Juni. Angebot, die Redaktion der Zeitschrift »Der Bär von Berlin. Eine Chronik fürs Haus« zu übernehmen: *Ich lehnte natürlich rund ab aus einem halben Dutzend guter Gründe. Ich will nur noch Roman und Novelle schreiben und mich auf diesem Gebiet legitimieren* (an Emilie, 14. Juni).

3. Juni. SCHACH VON WUTHENOW: *Alles ist vorbereitet und der Stoff längst eingeteilt; das erste Kapitel hab ich schon* zwei-, dreimal geschrieben, aber immer wieder verworfen. Die Einleitung, wie ich sie jetzt habe, scheint mir aber die richtige zu sein. Der Anfang ist immer das entscheidende; hat mans darin gut getroffen, so muß der Rest mit einer Art von innerer Notwendigkeit gelingen (an Rohr).

4. Juni. Theater: Halm, »Der Fechter von Ravenna«; Kritik: **6. Juni.**

8. Juni. *Gestern Abend machte ich mich noch ernsthaft an Stanleys Reise durch Afrika und habe auf den beiden Riesenkarten die ganze Reise von Ort zu Ort verfolgt, wozu einem ein angehängtes Itinerarium (Reise-übersicht) von nur etwa 30 Seiten gute Gelegenheit gibt. Ich weiß nun ganz genau über den Gang im Großen und Ganzen Bescheid, und kann, mit Übergehung alles Nebensächlichen, die Hauptsachen im Detail leicht nachholen. Es war eine sehr mühevolle Arbeit, und ich kam erst nach 2 zu Bett, ganz ermattet von der Gedächtnis-Anstrengung* (an Emilie).

12. Juni. Theater: Hackländer, »Der geheime Agent«; Kritik: **14. Juni.**

16. Juni. *Es liegen, seit Herbst v[origen] J[ahres] angefangen, mehrere für die »Gegenwart« bestimmte Aufsätze in meinem Kasten; ich kann diese aber leider nicht hervorsuchen, weil ihre Bewältigung zu schwierig ist. Eins der Themata lautet »Das Judentum und die Berliner Gesellschaft« und ist – was sie von mir vielleicht nicht erwarten werden – ziemlich anti-adlig und sehr juden-freundlich abgefaßt. Das Thema ist so ernst und so gut zugleich, daß ich es mir durch flüchtige Behandlung nicht verderben will* (an Julius Grosser; Erstveröffentlichung des Fragments 1986). Fontanes Thema ist hochaktuell; im November veröffentlicht Heinrich von Treitschke seinen Aufsatz »Unsere Aussichten«, der den Antisemitismusstreit in Berlin auslöst.

28. Juni. *Diese Nacht bin ich erst um 2½ zu Bett gegangen;*

*es war heller Tag, als ich einschlief. Ein Buch »v. Nostitz
Leben und Briefwechsel«, das ich für meine Fräulein v.
Crayn-Novelle brauche, hielt mich so lange wach* (an
Emilie). Fontane ist also mit SCHACH VON WUTHENOW
beschäftigt. In demselben Brief: *Ich mußte an den Satz
denken, worin Dir einst eine alte Waschfrau Deine Flit-
terwochen abmalte. Leider ist es nicht annähernd in Er-
füllung gegangen, wofür ich noch nachträglich um Ent-
schuldigung bitte. Leider, glaub ich, es geht n i e in Erfül-
lung; etwas tritt immer dazwischen, und wenn Schiller in
»Hero und Leander« singt: »Und der Brautnacht stille
Freuden, die die Götter selbst beneiden«, so hat ers wohl
nur mit Rücksicht auf den »Neid der Götter« richtig getroffen. Die wollen alles für sich haben, und ihr Neid
setzt nun die Sterblichen auf halbe Ratio.*

Ende Juni oder Anfang Juli (?) Reise nach Marienfließ in
Pommern zu Lokalstudien für SIDONIE VON BORKE.
Fontane erwartet Ende Juni eine Einladung aus Pommern: *Mein Aufenthalt an Ort und Stelle würde nur zwei
Stunden dauern und sich auf Besichtigung des Refektori-
ums, der Kirche, des Parks etc. beschränken. [...] Der Boden brennt mir unter den Füßen, denn ich will fort in den
Harz, muß aber vorher diese kleine pommersche Reise
abgemacht haben* (an Rohr, 29. Juni). Aufzeichnungen
belegen, daß Fontane in Marienfließ gewesen ist, aber das
Datum ist ungewiß. Er arbeitet an dem Novellenprojekt,
das Fragment bleibt, bis **1882** (Erstveröffentlichung
1966).

2. Juli – 1. September. Aufenthalt in Wernigerode mit
Emilie, die sich seit Ende Mai in Neuhof in Schlesien bei
Treutlers aufhält und von dort in den Harz kommt, Mete
und Friedel; zeitweise auch George und Theo. Ausflüge
nach Hohenstein, Steinerne Rinne, Ilsenburg. Entwurf
von SIDONIE VON BORKE, Brouillon von SCHACH VON
WUTHENOW; Arbeit am GUSOW-Kapitel für DAS ODER-
LAND.

18. August. *Ich darf – vielleicht leider – von mir sagen: »Ich fange erst an.« Nichts liegt hinter mir, alles vor mir; ein Glück und ein Pech zugleich* (an Hertz).

9. September. Theater: Schiller, »Die Jungfrau von Orleans«; Kritik: **11. September.**

10. September. Theater: Birch-Pfeiffer, »Mutter und Sohn«; Kritik: **12. September.**

15. September. Theater: Benedix, »Das Gefängnis«; Kritik: **17. September.**

17. September. Theater: Shakespeare, »König Richard III.«; Kritik: **19. September.**

20. September. Theater: Putlitz, »Rolf Berndt«; Kritik: **23. September.**

22.–26. September. Kurze Reise nach Dresden, dort wird das erste Kapitel von Ellernklipp geschrieben. Der Brouillon wird **Ende November** beendet, aber die Überarbeitung zieht sich bis **Anfang September 1880** hin. Der Aufenthalt in Dresden wird aus Unzufriedenheit abgebrochen: *Für meine sonst nicht großen Ansprüche doch zu klein-sächsisch. Alles erfüllt mich mit Degout* (Tagebuch).

27. September. Theater: Goethe, »Faust I«; Kritik: **30. September.**

Anfang Oktober – Ende November. Entwurf von Ellernklipp.

1. Oktober. Georges Versetzung nach Berlin als Militärlehrer an der Kadettenanstalt Lichterfelde (bis April 1882). Theos militärisches Dienstjahr beginnt beim Kaiser-Franz-Regiment.

2. Oktober. Theater: Benedix, »Die zärtlichen Verwandten«; Kritik: **4. Oktober.**

11. Oktober. Fontane, »diesem kindlich guten, liebenswürdigen aber empfindlichen Mann« (Hans Hertz an Wilhelm Hertz).

4. November. Theater: A. Hackenthal, »Eine Ehe von heut«; Kritik: **6. November**: *Was wirft man den Realisten vor? Daß sie mit einer Riesenpapierschere an das sich*

wandbildartig vorbeibewegende Leben herantreten, ein
beliebiges Stück herausschneiden und uns präsentieren.
Sie dürfen, auf den vorgestrigen Abend gestützt, diesen
Vorwurf mit Recht dahin beantworten, daß ein solches
willkürliches Herausschneiden nicht genüge, daß es viel-
mehr, was den »Schnitt« angeht, auf eine glückliche Stel-
lenwahl, hinterher aber auf eine geschickte Retuschierung
ankomme. Und sie werden hinzusetzen dürfen: In dieser
Wahl und dieser Retuschierung steckt eben die Kunst.
Vielleicht alle Kunst!

8. November. Theater: Gutzkow, »Uriel Acosta«; Kritik:
11. November.

11. November. Theater: Schiller, »Wilhelm Tell«; Kritik:
13. November: *Der alten Weimaraner Schule, sie mag ge-*
wesen sein, wie sie wolle, entsprachen die Stücke, ganz be-
sonders die Schillerschen, und diese werden erst wieder
voll zu ihrem Rechte kommen, wenn man das Geßler-
Boot des Realismus in das Urner Loch zurückgestoßen
und den Idealismus: Tell gerettet und geborgen am Ufer
hat.

17.–20. November. Theater: Gastspiel der italienischen
Tragödin Adelaide Ristori (vgl.: 29. November – 9. Dezember 1871), das beginnt mit: Legouvé, »Medea«; Kritik: **19. November.**

18. November. Theater: Wichert, »Ein Schritt vom Wege«;
Kritik: **20. November.**

19. November. Theater: Schiller/Maffei, »Maria Stuarda«;
Kritik: **21. November.**

20. November. Theater: Paolo Giacometti, »Elisabetta, re-
gina d'Inghilterra«; Kritik: **22. November.**

22. November. Theater: Philip Massinger, »Der Herzog
von Mailand«; Kritik: **25. November.**

27. November. Theater: Moser, »Das Stiftungsfest«; Kritik:
29. November.

Dezember. Dritte, stark veränderte Auflage von ODER-
LAND (Vorwort datiert: *18. Oktober*, Impressum: 1880).

Brouillon von L'ADULTERA, den Fontane am **14. Januar 1880** abschließt und der Zeitschrift »Nord und Süd« zum Vorabdruck anbietet.

Erscheinen von »Vaterländische Reiterbilder aus drei Jahrhunderten von W. Camphausen, Text von Theodor Fontane, Illustrationen des Textes gezeichnet von L. Burger« (Berlin: Rudolf Schuster, Impressum: 1880). Ein Prachtband mit Fontanes Biographien von 17 preußischen Fürsten und Militärs: Friedrich Wilhelm, Kurfürst von Brandenburg, Friedrich der Große, Prinz Heinrich von Preußen, Leopold von Dessau, Zieten, Seydlitz, Keith, Schwerin, Gneisenau, Blücher, Wilhelm, König von Preußen und Kaiser von Deutschland, Kronprinz Friedrich Wilhelm, Prinz Friedrich Karl, Moltke, Bismarck, Goeben, Werder. – Honorar für den Beitrag: 400 Taler. Fontane hat den Auftrag im **März** übernommen, nachdem der ursprüngliche Autor, Adolf Brachvogel, gestorben ist (*Ich habe mich beschwatzen lassen, 17 preußische Prinzen- und Generals-Texte für die Lüderitzsche Kunsthandlung* [...] *zu schreiben. Das Geld lockte mich ein wenig, trotzdem ich dieses traurige Artikel-Fabrizieren – eine Theaterrezension ist »hohe Kunst« daneben – ein für allemal abgeschworen habe*, an Hertz, 16. März); vgl.: 27. Mai – 9. Juni.

2. Dezember. Theater: Lessing, »Emilia Galotti«; Kritik: **4. Dezember.**

6. Dezember. Theater: Laube, »Graf Essex«; Kritik: **9. Dezember.**

17. Dezember. Theater: Wichert, »Der Freund des Fürsten«; Kritik: **19. Dezember.**

20. Dezember. Theater: Shakespeare, »Macbeth«; Kritik: **23. Dezember.**

31. Dezember. Theater: Rosen, »Die Kompromittierten«; Kritik: **3. Januar 1880.**

5. Januar. *Ich habe mir manches in meinem Leben gefallen
lassen müssen, aber das darf ich sagen: nie mehr, als ich
mußte. Das übersieht meine gute Frau immer; auf der
einen Seite sieht sie in mir einen vollkommenen Proleta-
rier, der in seinem langen bismarckbraunen Überzieher
und neuen Zylinderhut wie in einer Art Verkleidung
umhergeht, und dann erwartet sie wieder eine Haltung
von mir, als wär' ich aus einer unnatürlichen Kreuzung
von Cato und Goethe hervorgegangen. Und doch heißt
es: »Meine Herren, es hat zu allen Zeiten Völker gegeben,
die an einen Gott glaubten, und es hat zu allen Zeiten
Völker gegeben, die an keinen Gott glaubten. Meine Herren, die Wahrheit wird wie immer in der Mitte liegen«* (an
Witte).

7. Januar. Theater: Birch-Pfeiffer, »Mutter und Sohn«; Kritik: **8. Januar.**

10. Januar. Veröffentlichung des am **6. Januar** entstande-
nen Gedichts DIE BRÜCK AM TAY in der »Gegenwart«: *Es
hat hier eine Art Sensation gemacht, vielleicht mehr als irgend 'was, was ich geschrieben habe* (an Rohr, 15. Januar).

Februar – Anfang April. Überarbeitung von L'ADULTERA;
Fontane schickt das Manuskript am **4. April** an die Zeitschrift »Nord und Süd«.

21. Januar. Theater: Lindau, »Gräfin Lea«; Kritik:
23. Januar.

10. Februar. Theater: Moser, »Der Bibliothekar«; Kritik:
12. Februar.

14. Februar. Theater: Lessing, »Nathan der Weise«; Kritik:
18. Februar.

18. März. Theater: Bürger, »Auf der Brautfahrt«; Kritik:
20. März.

19. März – 19. April. Emilie zur Kaltwasserkur in Nassau
mit Menzels Schwester Elise Krigar.

20. März. *Ich nahm [...] die geliebten WANDERUNGEN vor,*

die immer helfen und heilen müssen und gegen die wir
[...] immer ungerecht und undankbar sind (an Emilie).

24. März. Herrendiner bei Fontane für Wilhelm Lübke,
der aus Stuttgart zu Besuch ist. Teilnehmer: Zöllner, Heyden, Emil Dominik (?), Karpeles (?). – Theater: Scribe/
Legouvé, »Adrienne Lecouvreur«; Kritik: **26. März.**

26. März. *Ich bin krank, eigentlich schon seit Wochen, was*
mir den Abschluß meiner Arbeit sehr erschwert (an Grosser). – *Ich muß in den letzten Wochen eine Art Gallenfie-*
ber oder dem ähnliches gehabt haben; leider liegt es aber
so, daß ich nicht verstimmt bin aus Galle, sondern gallig
aus Verstimmung. An und für sich bin ich der ungalligste
Mensch von der Welt; aber das Leben packt mir so viel
kleinen Ärger auf, daß auch meine gar nicht auf Galle ge-
stellte Leber ein Treibhaus-Beet wird, drauf sie üppig ge-
deiht (an Emilie, 25. März).

27. März. *George war gestern hier und auch heute; er lebt*
nur noch für Zola und geht in seiner Schwärmerei offen-
bar zu weit. Das Talent ist kolossal und gar nicht zu über-
schätzen; es ist mir aber ganz unzweifelhaft, daß die
Kunst andre Aufgaben hat. Es ist ein Unterschied, ob ich
die Morgue male, oder Madonnen, auch wenn das Talent
dasselbe ist (an Emilie).

28. März. Theater: Freytag, »Die Valentine«; Kritik:
31. März.

30. März. Theater: Schiller, »Kabale und Liebe«; Kritik:
1. April.

April. Besuch in Plaue bei Pastor Wiesike.

1. April. Theo wird Gefreiter.

11.–14. April. Erscheinen des Aufsatzes Das Zietensche
Husarenregiment von 1730 bis 1880, den Fontane erst
am **8. April** abschließt, in der »Vossischen Zeitung«.

24. April. Theater: Goethe, »Götz von Berlichingen«; Kritik: **27. April.**

27. April. Theater: Schiller, »Don Carlos«; Kritik:
29. April.

29. April. Theater: Benedix, »Das Gefängnis«; Kritik: **1. Mai.**

Mai. Erscheinen der zweiten Auflage von HAVELLAND (Vorwort datiert: *24. April*), das Manuskript am **5. April** abgeschlossen.

1. Mai. Theater: Schiller, »Wilhelm Tell«; Kritik: **4. Mai.**

3. Mai. Theater: Scribe, »Das Glas Wasser«; Kritik: **5. Mai.**

5. Mai. Theater: Bauernfeld, »Bürgerlich und romantisch«; Kritik: **8. Mai.**

8. Mai. Theater: Schiller, »Die Jungfrau von Orleans«; Kritik: **11. Mai.**

13. Mai. Theater: Christian Knud Molbech, »Ambrosius«; Kritik: **15. Mai.**

26. Mai. Theater: Birch-Pfeiffer, »Die Grille«; Kritik: **28. Mai.**

27. Mai. *Ich und Mark-Bewunderung! Ich weiß, was gut dran ist, aber schwerlich hat sie je einen strengeren Kritiker gefunden* (an Hertz).

28. Mai. Theater: Müller von Königswinter, »Sie hat ihr Herz entdeckt«, Rosen, »Die Kompromittierten«; Kritik: **30. Mai.**

29./30. Mai. Theater: Schiller, »Wallenstein-Trilogie«; Kritik: **1. Juni.**

Juni/Juli. Vorabdruck von L'ADULTERA in »Nord und Süd«.

3. Juni. *Im Harz will ich dann die Novelle ELEONORE schreiben* (an Karpeles). Das Projekt, an dem Fontane sporadisch zwischen **1878 und 1885** arbeitet, bleibt Fragment (Erstveröffentlichung 1966).

4. Juni. Theater: Iffland, »Die Jäger«; Kritik: **6. Juni.**

5. Juni. Theater: Lindau, »Gräfin Lea«; Kritik: **8. Juni.**

6. (?) – 8. (?) Juni. Besuch bei Graf Eulenburg in Liebenberg. Nach Fontanes Tagebuch allerdings Ende Juni.

23. (?) – 27. Juni. Erneuter Besuch bei Graf Eulenburg in Liebenberg.

16.–27. Juli. Reise nach Bremen (17.), Emden (18.), Norden
(19.), Lützburg (21.–24., bei Edzard Graf von Knyphausen, Lokalstudien für die »Krautentochter« in dem Abschnitt HOPPENRADE in FÜNF SCHLÖSSER), Norderney
(25.), Hannover (26.).

28. Juli. Verlagsvertrag über die Publikation von GRETE
MINDE mit Hertz.

30. oder 31. Juli. Ausflug nach Löwenberg und Hoppenrade.

August. Theo besteht sein juristisches Staatsexamen.

Anfang August. Theater: *In eben diesen Tagen auch*
»Faust« in der Otto Devrientschen Bearbeitung im Victo-
ria-Theater gesehen; der 2. Teil, auf die Szenerie hin an-
gesehen, viel interessanter als der 1. (Tagebuch).

1. August. Beginn von Metes erster beruflicher Tätigkeit
als Erzieherin bei Familie von Mandel in Klein Dammer
bei Schwiebus, Bezirk Frankfurt (Oder) (bis 30. September 1881).

1./2. August. *Nach Liebenberg zur Taufe* (Tagebuch). Wie
bei den Besuchen im Juni Lokalstudien für die LIEBEN-
BERG-Kapitel, die in der **zweiten Jahreshälfte** geschrieben werden.

4. August – 15. September. Wernigerode, ab 15. August
mit Emilie, Lesen der Druckfahnen von L'ADULTERA,
Überarbeitung von ELLERNKLIPP bis **Anfang September**,
als das Manuskript an »Westermanns Monatshefte« geschickt wird. *Vorarbeiten zu verschiedenen historischen*
Aufsätzen und allerhand kleinen und großen Novellen, so
namentlich zu GRAF PETÖFY (Tagebuch), das aber vorläufig liegenbleibt.

9. August. *durch so viele Monate* […]. *Ich war grenzenlos*
verstimmt und in dieser Verstimmung geradezu men-
schenscheu. Dazu halb im Widerspruch damit die kindli-
che Schwachheit, alles immer sagen zu wollen, und doch
wieder das Einsehen, daß dies das Dümmste von allem
ist. Da wird man denn ein Einsiedler und führt im Stillen
seine tapfren und weltrichtenden Gespräche (an Hertz).

12. August. Beginn der Fahnenkorrektur von GRETE MIN-DE.

15. September. Theater: Goethe, »Egmont«; Kritik: **17. September.**

18. September. Theater: Lindau, »Gräfin Lea«; Kritik: **21. September.**

21. September. Theater: Schiller, »Die Jungfrau von Orleans«; Kritik: **23. September.**

24. September. Theater: Shakespeare, »Hamlet«; Kritik: **26. September.**

27. September. Theater: Karl Moy, »Ein deutscher Standesherr«, Paul Perron, »Warum haben Sie das nicht gleich gesagt?«; Kritik: **29. September.**

1. Oktober. *War Theos Dienstzeit vorüber und er tritt wieder als Mensch auf* (Tagebuch). – Theater: Schiller, »Don Carlos«; Kritik: **3. Oktober.**

9. Oktober. Theater: Mosenthal, »Deborah«; Kritik: **12. Oktober.**

10. Oktober. Vorabdruck von NACH DER SOMMERFRISCHE (zweite Geschichte aus VON, VOR UND NACH DER REISE) in der »Vossischen Zeitung«.

15. Oktober. Das Gedicht ZUR WEIHE DES KÖLNER DOMES und ein Nachruf auf Pastor Carl Ferdinand Wiesike in der »Vossischen Zeitung«.

23. Oktober. Theater: Lindau, »Verschämte Arbeit«; Kritik: **26. Oktober.**

Ende Oktober / Anfang November. *Nochmals auf einen Tag nach Liebenberg. Bald danach beginn ich meine großen Aufsätze über Liebenberg und die Hertefelds* (Tagebuch). DIE HERTEFELDS wird **Mitte Dezember** abgeschlossen. Vgl.: 1. Januar – 13. Februar 1881.

November. *Alle Vormittage im Atelier von Fräulein v. Kahle, die meine Büste anfertigt* (Tagebuch), die sie Fontane am **31. Januar 1881** überreicht.

Anfang November. Erscheinen von GRETE MINDE (Berlin: Hertz): *Eine altmärkische Novelle* [...]. *Heldin Grete*

Minde, Patrizierkind, das durch Habsucht, Vorurteil und Unbeugsamkeit von seiten ihrer Familie, mehr noch durch Trotz des eigenen Herzens, in einigermaßen großem Stil, sich und die halbe Stadt vernichtend, zu Grund geht. Ein Sitten- und Charakterbild aus der Zeit [vor] dem dreißigjährigen Kriege (an Lindau, 6. Mai 1878). – Rezensionen: »Kölnische Zeitung«, 24. November, Nr. 327, »National-Zeitung«, 28. November, Nr. 559 (K. N.-St. = Karl Neumann-Strela?), »Vossische Zeitung«, 5. Dezember, Nr. 49, »Hamburger Correspondent«, 5. Dezember, Nr. 290, »Die Grenzboten«, 16. Dezember, H. 51, »Der Bär«, 20. Dezember, »Weser Zeitung«, 21. Dezember, Nr. 198, »Hamburger Nachrichten«, 23. Dezember, Nr. 305, »Berliner Tageblatt«, 4. Januar 1881 (Bertha Glogau), »Norddeutsche Allgemeine Zeitung«, 16. Januar 1881, Nr. 25, »Das Magazin für die Literatur des In- und Auslandes«, 12. Februar, Nr. 7 (Eduard Engel), »Über Land und Meer«, Ende März 1881, Nr. 26, »Im Neuen Reich«, Januar – Juni 1881, »Allgemeine literarische Correspondenz«, 1. Juli 1881, »Deutsche Literaturzeitung für Kritik der internationalen Wissenschaft«, 13. August 1881, Nr. 33, »Augsburger Allgemeine Zeitung«, 21. November 1881, »Allgemeine Zeitung«, 21. Oktober 1881.

9./10. November. Ausflug nach Liebenberg.

18. November. Theater: Shakespeare, »Ein Sommernachtstraum«; Kritik: **20. November.**

21. November. *Ich liebe die Juden, ziehe sie dem Wendo-Germanischen eigentlich vor – denn es ist bis dato mit letztrem nicht allzuviel – aber regiert will ich nicht von den Juden sein* (an Eulenburg).

23. November. Theater: Johann Strauß, »Die Fledermaus« in Begleitung Dominiks: *Der reine Tingeltangel. O »Deutschland, Deutschland über alles«. Sind wir 'runtergekommen.* (an Eulenburg, 24. November).

27. November. Theater: Wichert, »Der Sekretär«; Kritik: **28. November.**

1. Dezember. *Mit meiner Frau geht es nicht recht; sie ist vor der Zeit alt geworden; eben erst 56, wirkt sie, als ob sie 66 wäre; sie hat gar keine Kraft mehr und hat ganz jene Beweglichkeit und Energie eingebüßt, die ihr früher eigen war* (an Rohr).

7. Dezember. Theater: Shakespeare, »Othello«; Kritik: **9. Dezember.**

11. Dezember. Theater: Schiller, »Wilhelm Tell«; Kritik: **14. Dezember.**

13. Dezember. Theater: Birch-Pfeiffer, »Die Waise von Lowood«; Kritik: **15. Dezember.**

20. Dezember. Theater: Bernhard Busch »In einer Stunde« und »Aus dem Urwalde«, nach Varin und Desverges, »Drei Frauen und keine«; Kritik: **22. Dezember.**

1881

1. Januar – 13. Februar. Vorabdruck der LIEBENBERG-Kapitel aus FÜNF SCHLÖSSER (vgl.: Ende Oktober / Anfang November 1880) in der »Vossischen Zeitung«, aufgeteilt in DIE HERTEFELDS und LIEBENBERG; die Arbeit an letzteren wird am **26. Januar** abgeschlossen.

1. Januar. Theater: Gutzkow, »Der Königsleutnant« im Friedrich-Wilhelmstädtischen Theater: *Zweidrittel aller Menschen im Theater waren Juden; ich habe nichts dagegen und gönn es ihnen; aber es gibt doch zu allerhand ängstlichen Betrachtungen Veranlassung, die man mit humanistischen Redensarten, sie mögen so schön und so aufrichtig gemeint sein wie sie wollen, nicht aus der Welt schaffen wird. Staat und Gesetzgebung müssen bei Zeiten helfen, sonst wird es schlimm* (Tagebuch).

Rezension von Karl Braun, »Von Berlin nach Leipzig, reichs-, rechts-, wirtschafts- und kulturgeschichtliche Plaudereien« in der »Vossischen Zeitung«.

4. Januar. *Am Abend kleine Gesellschaft bei uns; zugegen:*

*Lepel und Frau, [Hofrat] Roland und Frau, Zöllner mit
Frau und Tochter. Verläuft ohne Besonderheiten* (Tagebuch).

5. Januar. Theater: Benedix, »Der alte Magister«, Scribe,
»Ein feiner Diplomat«, Alexander Bergen, »Mißverständnisse« im Friedrich-Wilhelmstädtischen Theater.

6. Januar – 23. Mai. Lektüre: Keller, »Das Sinngedicht«: *Es
ist sehr schwer über diese Novellen zu sprechen. Ist es eine
höchste oder doch feinste Aufgabe, einem in kluger, eigen-
artiger und beständig durch geistreiche Sentenzen und
Einzel-Schönheiten gewürzten, nie ins Triviale fal-
lenden Weise etwas vorzuplaudern, so daß einem
schließlich im Ganzen doch ein Wohlgefühl und im Einzelnen ein Gedanke, ein Bild in der Seele bleibt, – ist dies
höchste Aufgabe, so kann man diese Dinge nicht hoch genug stellen. Es ist auch in der Tat etwas durchaus Superio-
res drin, das gerade, was der Alltagsmensch nicht kann,
nicht einmal zu können wagt. Ich bin mir aber doch nicht
sicher, ob dies Vorgeschilderte die Aufgaben sind, die man
sich stellen soll. Eine exakte, natürlich in ihrer Art auch
den Meister verratende Schilderung des wirklichen Lebens, das Auftretenlassen wirklicher Menschen und ihrer
Schicksale, scheint mir doch das Höhere zu sein. Ein echtes, ganzes Kunstwerk kann ohne Wahrheit nicht bestehn,
und das Willkürliche, das Launenhafte, so reizvoll, so
geistreich, so überlegen es auftreten mag, tritt doch dahin-
ter zurück. Ich weiß wohl, daß auch das Maß der Kunst
in diesen Kellerschen Sachen sehr groß ist und daß sich
der sehr irren würde, der etwa glaubte, ihm die Launen
und Einfälle bequem nachmachen zu können, im Gegenteil all dies ist wenigen gegeben und ist auch für diese gerade noch schwer genug. Es ist aber die Schwierigkeit der
Künstelei. Und vor dieser hat man sich in der Kunst zu
hüten* (Tagebuch).

9. Januar. *Den 4. Band* WANDERUNGEN [= SPREELAND] *in-
haltlich vorbereitet* (Tagebuch).

10. Januar. Kapiteleinteilung von GRAF PETÖFY, Überarbeitung bis **31. Oktober.**

13. Januar. Theater: Carl Hugo, »Des Hauses Ehre«; Kritik: **15. Januar.** *Sonderbares Stück, halb im Müllner-
halb im Sardou-Stil. Nicht talentlos, aber unerquicklich*
(Tagebuch).

16. Januar. Theater: Schiller, »Wilhelm Tell«; Kritik:
18. Januar.

18. Januar. Theater: Putlitz, »Rolf Berndt«; Kritik: **20. Januar.**

21. Januar. Lektüre: Julius Wolff, »Tannhäuser«: *Über den
Ersten Gesang bin ich nicht hinausgekommen. Es ist alles,
ich will nicht sagen kindisch, aber doch kinderhaft und
wirkt sträflich unausreichend auf mich. Bei so unaus-
reichender Kraft darf man an solche Arbeit nicht gehn.*
[...] *Dialog. Die reine Pappstoffelei. So haben nie Menschen miteinander gesprochen* (Aufzeichnung nach der
Lektüre). – Theater: de Banville, »Gringoire«, Benedix,
»Der Vetter«; Kritik: **23. Januar.**

22. Januar. Theater: Ida Schuselka, »Eine kleine Gefälligkeit«, Kotzebue, »Die beiden Klingsberg« im Friedrich-
Wilhelmstädtischen Theater.

27. Januar – 10. Februar. *Mit dem Kapitel* HOPPENRADE
begonnen (Tagebuch); die Überarbeitung **Anfang April
1882** abgeschlossen.

29. Januar. Theater: Gensichen, »Die Märchentante«; Kritik: **1. Februar.** *Ein nicht schlechtes, aber au fond langweiliges und mit Gewalt poetisch sein sollendes Stück. Es
wird nicht lange leben* (Tagebuch).

30. Januar – 27. Februar. Lektüre: Freytag, »Aus einer
kleinen Stadt«: *Es ist doch ein sehr sonderbares und zugleich mittelmäßiges Buch* (Tagebuch).

31. Januar. Theater: Freytag, »Die Valentine«; Kritik:
1. Februar.

2. Februar. Theater: Nach dem Französischen von Franz
von Denecke, »Eine Partie Piquet«, Lockroy/Badon,

»Ein Duell unterm Herzog von Richelieu«, das in GRAF
PETÖFY eine Rolle spielt, im Friedrich-Wilhelmstädtischen Theater.

13. Februar. Theater: Schiller, »Maria Stuart«; Kritik:
15. Februar.

15. Februar. Theater: Julius Wolff, »Prolog«, Lessing,
»Emilia Galotti«; Kritik: **17. Februar.**

19. Februar. Verlagsvertrag über die Publikation von
SPREELAND mit Hertz. Die Arbeit daran dauert bis **November,** wobei auch das aus früheren WANDERUNGEN-
Bänden überführte Material überarbeitet wird. – Theater:
Laube, »Die Karlsschüler«; Kritik: **22. Februar:** *Unter
den Dramatikern im zweiten Drittel dieses Jahrhunderts
sind Benedix und Laube meine ganz entschiedenen Lieb-
linge.* [...] *verzichtet man auf Hochflug und Genialitäten,
so findet sich in diesen »Karlsschülern« eigentlich alles zusammen, was ein gutes Stück ausmacht: ein glücklicher
Stoff, ein geschickter Aufbau, Konzentration, gute Cha-
rakterzeichnung und zu dem allen ein durchaus liebenswürdiger, ebenso deutsch-patriotischer wie vorurteils-
freier und nach allen Seiten hin Gerechtigkeit übender
Grundton.*

20. Februar. Verlagsvertrag mit Hertz über die Publikation
von ELLERNKLIPP. – Theater: Shakespeare, »Der Kaufmann von Venedig«; Kritik: **22. Februar.**

26. Februar. *Einzugstag des jungen Brautpaares: Prinz
Wilhelm von Preußen und Prinzessin Augusta Victoria
von Schleswig-Holstein. Von früh auf alles auf den Bei-
nen. Ich ruhig zu Hause geblieben und gearbeitet:* [GRAF]
PETÖFY. *Am Abend zwei Stunden in die Stadt, um die
Herrlichkeiten zu sehn. Die Fortschritte gegen früher,
selbst noch mit dem 70er Einzug verglichen, sind kolossal.
Namentlich erschien mir alles, was seitens der Architekten geschehen ist, wieder sehr bemerkenswert; alles
schön, reich, vornehm und namentlich alles Schwerfällige
glücklich vermieden. Was Skulptur und Malerei getan,*

schien mir unbedeutend. Ein überaus glücklicher Gedanke war die Erleuchtung der winterlich entlaubten
Bosquets auf dem Wilhelmsplatz durch rote bengalische
Flammen, so daß jene wie feurige Büsche wirkten. Alles,
was arrangiert war, war gut, aber das, was der Sache
doch erst Leben gibt, war ledern. Ich meine das Volk.
Hunderttausende drängten sich durch die Straßen, aber
ein paar ganz gemeine Schimpfwörter und drei Betrun-
kene abgerechnet, hab' ich nichts Poetisches erlebt. Die
Betrunkenen erquickten mich ordentlich, sie fielen doch
wenigstens aus dem Rahmen polizeilicher Regelung heraus. Kein Witz, keine Komik, keine Heiterkeit – eine stu-
pid wirkende, au fond gelangweilte Masse, die sich von
Straße zu Straße schob. Einen besonders traurigen An-
blick gewährte die Akademie der Künste. Wo war da die
Kunst? (Tagebuch.)

27. Februar. Eintreffen der ersten Korrekturbögen von Ellernklipp.

28. Februar. Theater: Goethe, »Die Geschwister«, Blum,
»Der Ball zu Ellerbrunn«; Kritik: **2. März**. Über letzte-
res: All dies Zeug aus der Zeit Fr[iedrich] W[ilhelms] III.
ist doch ebenso trivial wie die ganze Zeit (Tagebuch).

6. März. Um 6 in den Dom, um eine Passionspredigt
[Oberhofpredigers Rudolf] Koegels zu hören (Tagebuch).

7. März. Nach dem großen Hüntenschen Panorama [des
am 18. April 1870 ausgefochtenen Gefechts] von St. Privat; – eine ganz brillante Leistung. Einzelnes wirkt er-
schütternd. Ich blieb über eine Stunde. [...] Um 7 in den
Dom, wo [Hofprediger Adolf] Stoecker eine Passionspredigt hält, und zwar über »das Kreuz und die heilige
Taufe«. [...] Er hat große rhetorische Gaben und weiß mit
eingestreuten Einzelnheiten, mit Zitaten, Traktätchen-
Anekdoten und Gleichnissen [...] höchst glücklich zu ope-
rieren, alles wirkt aber volksrednerhaft und unfein und
kann gebildete Menschen nicht fortreißen. Im Gegenteil, es läßt alles kalt, weil es an einem falschen Echauffe-

ment leidet. An einer Stelle hieß es: »Bedenken Sie m[eine] w[erten] Z[uhörer], 10 000 in dieser Stadt Berlin sind ungetauft, 10 000, die nicht selig werden sollen durch Christum Jesum etc« *oder so ähnlich, und all dies schrie er und machte ungeheuren Jammer davon. Wie kann man das? Das wirkt einfach unwahr. Ein Doktor weiß: so und so viel Menschen gehen an Syphilis zu Grunde, oder an Delirium tremens oder an irgend etwas andrem; ein Richter weiß, so und so viele stehlen und morden, und ein alter Pastor weiß, so und so viele sind ungläubig und kümmern sich nicht um Christum. Dies kann man beklagen, aber man darf darüber nicht randalieren, – dazu ist es viel zu alltäglich. Will man aber wie ein Derwisch vorgehn, wogegen ich auch nichts habe, so muß man ein Derwisch sein, aber kein preußischer Hofprediger. Dazu paßt es nicht. Man glaubt nicht an sein Entsetzen. Koegel ist doktrinärer, aber nicht bloß feiner, geschmackvoller, durchdachter, sondern auch wirkungsvoller, weil er nicht mit Schwadronshieben vorgeht. Stoecker ist ein Agitator; als solcher ganz vorzüglich befähigt* (Tagebuch).

11.–17. März. Lektüre: Raabe, »Das Horn von Wanza«: *Die ersten Zweidrittel der Erzählung sind so gut, so bedeutend, wie ich auf dem Gebiete der erzählenden Literatur überhaupt kaum etwas kenne. Das letzte Drittel fällt sehr ab* (an Eduard Engel, Juni).

12. März. *Ich lasse vorläufig den Roman [*Graf Petöfy*] fallen und nehme den 4. Band meiner* Wanderungen *vor* (Tagebuch).

18. März. Theater: Ernst Grua, »Die weiße und die rote Rose«; Kritik: **20. März.**

20. März. *Den Stoff zum 4. Bande* Wanderungen *geordnet* (Tagebuch).

21. März – 17. April. Lektüre: Wilhelm Raabe, »Alte Nester«: *Wieder sehr hübsch* (Tagebuch).

24. März. Theater: Benedix, »Das Gefängnis« und »Die Dienstboten«; Kritik: 26. **März.**

30. März. Druckkorrektur von ELLERNKLIPP beendet.

Was ist besser, Protestantismus oder Katholizismus, Republik oder Monarchie, Freiheit oder Beaufsichtigung, Hypotheken oder Papiere? Wer will es sagen? Alles ist gut und alles ist schlecht (an Unbekannt).

30. März – 27. Mai. Theo ist bei einem militärischen Lehrgang in Magdeburg und kommt als Vize-Feldwebel zurück.

4. April. Lektüre: Heyse, »Der verkaufte Gesang«.

7.–9. April. Reise nach Fürstenwalde, von dort mit Gustav Roggatz, dem Schwiegersohn von Fontanes Schwester Jenny, um den Scharmützelsee bis Groß Rietz; im **April** verarbeitet zu EINE OSTERFAHRT IN DAS LAND BEESKOW-STORKOW aus SPREELAND. Der Aufsatz wird im **Juni/Juli** in Thale überarbeitet und vom **23. Juli – 13. August** in der »**Gegenwart**« vorabgedruckt.

9. April. Theater, Gastspiel des Italieners Ernesto Rossi: Shakespeare / C. Rusconi, »Amleto«; Kritik: **12. April:** *Es ist nicht wohlgetan, daß die Romanen, ganz besonders durch die Größe Shakespeares dazu verführt, eine beständig wachsende Neigung zeigen, sich in Nordlandscharaktere künstlerisch hineinzuleben. Sie werden immer damit scheitern.*

11. April. Theater: Shakespeare, »König Lear« mit Ernesto Rossi; Kritik: **13. April.**

Um 15. April. Ausflug nach Gröben und Siethen.

18. April. *Friedels Einsegnung in der Klosterstraßen-Kirche, an alter Stelle* (Tagebuch).

18.–23. April. Aufenthalt in Potsdam bei Pastor Windel mit kurzer Rückkehr nach Berlin zum Theater am **19. April:** Leopold Günther, »Der Leibarzt«; Kritik: **21. April.**

23. April. *Ich habe die letzten Wochen sehr unruhig verbracht, fast immer auf Reisen, weil zu Weihnachten ein vierter Band meiner* WANDERUNGEN *erscheinen soll, zu welchem Zweck ich noch allerhand sehen mußte. Ich war* *in dem fabelhaften Lande* »Beeskow-Storkow« *und später in Gröben und Siethen* (Tagebuch). Im Brief an Hertz vom 11. Mai spricht Fontane von *wiederholtentliche[n] Fahrten nach den Schwesterdörfern Gröben und Siethen.* – Theater: Schiller, »Wallensteins Tod«; Kritik: **26. April.**

26. April. Theater: Schiller, »Die Jungfrau von Orleans«; Kritik: **28. April.** (Laut Tagebuch ist Fontane am 26. um 18.30 Uhr mit Pastor Wendland nach Gröben gefahren, vgl. den folgenden Eintrag, arbeitet aber nach der Rückkehr am 27. April an der Theaterkritik. Ob ein Familienmitglied für ihn die Aufführung besucht hat?)

26./27. April. Ausflug nach Gröben mit dem dortigen Pfarrer Heinrich Wendland mit Abstechern nach Siethen (zu Fuß) und Ludwigsfelde.

28. April. Theater: Lindau, »Johannistrieb«; Kritik: **30. April.**

Mai/Juni. Vorabdruck von Ellernklipp in »Westermanns Monatsheften«, aber weitere Umarbeitung des Manuskripts für die Erstausgabe.

2. Mai. Theater: Birch-Pfeiffer, »Mutter und Sohn«; Kritik: **4. Mai.**

3. Mai. Theater: Lindau, »Verschämte Arbeit«; Kritik: **5. Mai.**

4. Mai. *Am Morgen hat die Vossin ein kleines Spottlied von mir gebracht* (Tagebuch): Vor Zichys Geisterstunde. Es bezieht sich auf das in Berlin ausgestellte Bild »Die Geisterstunde auf dem Kirchhof« von Miháhy Zichy: *Zichys Bild ist eine Lächerlichkeit, die nur noch von der Unverschämtheit übertroffen wird* (Tagebuch).

5. Mai. Fahrt nach Ludwigsfelde mit Abstechern zu Fuß nach Siethen und Gröben. Der seit **Anfang April** erarbeitete Aufsatz Gröben und Siethen wird am **2. Juni** abgeschlossen, am **9. Juni** an »Nord und Süd« geschickt. Er erscheint dort zusammen mit Der Scharnhorst-Begräbnisplatz auf dem Berliner Invalidenkirchhof von **Oktober – Dezember.**

10. Mai. Einberufung als Schöffe ans Schwurgericht. Fontane entschuldigt sich mit einem ärztlichen Attest und erhält am **15. Mai** die Genehmigung vom Gericht: *glücklich entlassen* (Tagebuch).

Ich stecke jetzt ganz drin [in SPREELAND*], in lauter neuen Kapiteln und hoffe, das M. S. bis 1. Juli fertig zu haben* (an Hertz).

14. Mai. Theater: A. Weimar, »Magdalena«; Kritik:
  17. Mai. *Erbärmliche Leistung* (Tagebuch).

16. Mai. Theater: Goethe, »Götz von Berlichingen«; Kritik:
  18. Mai.

25. Mai. Lektüre: *»Das Manifest des Russischen [revolutionären] Exekutiv-Comités« [nach dem erfolgreichen Bombenattentat auf Zar Alexander II.] und den Leitartikel der Vossin darüber; das Manifest mag passieren, aber der Leitartikel ist Wischiwaschi* (Tagebuch).

31. Mai. *Unterwegs beschäftige ich mich eine halbe Stunde lang mit Strachwitz' »Herz von Douglas« [...]. Ich hatte eine kindische Freude daran und war wieder entzückt davon wie in meinen jungen Tagen. Das Ritterlich-Romantische hat nie einen glänzenderen Ausdruck gefunden und wird auch nicht wieder* (Tagebuch).

Juni/Juli und November. Beschäftigung mit dem Novellenprojekt STORCH VON ADEBAR, das Fragment bleibt (Erstveröffentlichung 1966): *Eine politische Novelle, etwas ganz Neues und Eigenartiges, [...] die Tendenz geht dahin, den pietistischen Konservatismus, den Fr[iedrich] W[ilhelm] IV. aufbrachte, und der sich bis 1866 hielt, in Einzel-Exemplaren (Potsdam) auch noch vorhanden ist, in seiner Unechtheit, Unbrauchbarkeit und Schädlichkeit zu zeichnen. Die Hauptträgerin dieses Konservatismus ist die »Störchin« und ihr eigentlichstes Opfer ihr Gatte, der alte Storch, ein guter, kreuzbraver Kerl, der, in andren Zeiten und unter andrem Einfluß, sich und andren zur Freude gelebt hätte und nun an dem Widerstreit seiner Natur und des ihm Eingeimpften tragikomisch zu*

Grunde geht. [...] *Die Gegenfigur zu Storch ist Graf At-
tinghaus, sein Gutsnachbar und vieljähriger Freund* (an
Karpeles, 24. Juni).

1. Juni. Theater: Moser, »Der Hausarzt«: *Erbärmlich* (Tagebuch), Zell, »Die Büste«; Kritik: **3. Juni.**

6. Juni. *Meiner Frau geht es leidlich; daß sie den Schmerz
nicht verwinden kann, arm zu sein, ist ein alter Schaden,
auf den ich unmöglich noch viel Gewicht legen kann; verglichen mit den Verhältnissen, aus denen heraus ich sie ge-
heiratet habe, lebt sie jetzt wie in Abrahams Schoß. Ich
kann momentane Geldverlegenheiten, die bei Lichte be-
sehen kaum welche sind, nicht als ungeheures Lebens-
Unglück ansehn; wir haben seit Anno 55, also seit 26 Jahren alljährlich über 2000, eine kurze Zeit lang gegen 3000
und als Durchschnitt 2500 bis 2700 Taler ausgegeben, –
ich kann dies unmöglich ein jämmerliches Leben nennen.
In Wahrheit leben wir, bei gleichzeitig äußerster Beschei-
denheit, auf einem großen Fuß, in dem Sinne auf einem
großen Fuß, daß wir uns nichts versagen, was uns se hr
wünschenswert erscheint* (an Rohr). – Alles in allem wohl
ein etwas zu rosiger finanzieller Rückblick auf die letzten
26 Jahre. In Wirklichkeit ist Fontane immer wieder gezwungen gewesen, sich Geld zu leihen, manchmal, ohne
daß Emilie es weiß.

8. Juni. Über die Kleinlichkeit von Verlegern und Schriftstellern: *O, wie ich all dies Menschenpack verachte! Nur
die Despoten haben Recht. Am meisten aber hass' ich die
Biedermänner. Unter der Hand mogeln sie in einem fort*
(Tagebuch).

11. Juni. Theater: Birch-Pfeiffer, »Ein Kind des Glücks«;
Kritik: **14. Juni.**

15. Juni. Verlagsvertrag über die Publikation von ELLERN-
KLIPP mit Hertz.

23. Juni – 9. Juli. Aufenthalt in Thale. Lektüre: Turgenjew,
»Aufzeichnungen eines Jägers«, »Mumu«, »Rauch«: *Er
beobachtet alles wundervoll: Natur, Tier und Menschen,*

er hat so was von einem photographischen Apparat in Aug und Seele, aber die Reflexionszutaten, besonders wenn sie nebenher auch noch poetisch wirken sollen, sind nicht auf der Höhe. Diese Geschichten sind alle 30 Jahre alt, und es ist ganz ersichtlich, daß ihm damals noch die Reife fehlte, die er jetzt hat. Diese Reife find ich denn auch wirklich in »Rauch« [...] geradeso wie in »Neuland«, aber ich werde dieser Schreibweise nicht froh. Ich bewundre die scharfe Beobachtung und das hohe Maß phrasenloser, alle Kinkerlitzchen verschmähender Kunst, aber eigentlich langweilt es mich, weil es im Gegensatze zu den teils wirklich poetischen, teils wenigstens poetisch sein wollenden Jäger-Geschichten so grenzenlos prosaisch, so ganz unverklärt die Dinge wiedergibt. Ohne diese Verklärung gibt es aber keine eigentliche Kunst, auch nicht, wenn der Bildner in seinem bildnerischen Geschick ein wirklicher Künstler ist. Wer so beanlagt ist, muß Essays über Rußland schreiben, aber nicht Novellen. Abhandlungen haben ihr Gesetz und die Dichtung auch (an Emilie, 24. Juni).

Weitere Lektüre: Wagner, »Der Ring des Nibelungen«: Im Detail ist vieles kindisch, geschmacklos, prätentiös, aufs Ganze hin angesehn scheint es aber doch eine groß angelegte Sache, gedankenhaft, und für musikalische Behandlung eminent geeignet. Es ist etwas mystisch, tiefsinnig Märchenhaftes in diesem Stoff und die Behandlung hat ihm diesen Charakter gelassen. Der oft gemachte Vorwurf, »es seien keine Menschen«, hat keine rechte Bedeutung; es sind menschliche Leidenschaften und Charakterzüge, die uns vorgeführt werden: Angst, Mut, Schlauheit, Intrigue, vor allem (Wagners persönliche Hauptleistungen) Goldgier und Liebesgier. Er ist ganz Wotan, der Geld und Macht haben, aber auf »Lübe« nicht verzichten will und zu diesem Zwecke beständig mogelt. Auch hier lebt der Dichter in seinen Gestalten, und man muß danach sagen: er schließt schlecht ab (an Emilie, 28. Juni).

24. Juni. »Gestern habe ich, nachdem ich Meten geschrieben, angefangen, unsre Briefe zu lesen, resp. zu vernichten. Es ist ein schweres, ernstes Stück Arbeit, u. mir war nach einigen Stunden Lektüre, als könnte ich mich gar nicht wieder in der Gegenwart zurecht finden. [...] ach, Theo, wir sind noch wie vor 35 Jahren, u. wenn wir uns, Du u. ich wenig geändert haben, so laß nun auch die Liebe, wie sie damals war, so fortdauern, für die armselig kurze Zeit, die uns noch bleibt. Darin fühle ich mich unverändert« (Emilie an Fontane).

10. Juli – 25. August. Wernigerode, wo Mete ab 3., Emilie ab 5. Juli und zeitweise auch Friedel sind; auf dem Weg Besuch in Harzburg. *Ich war all die Wochen über fleißig. Erst lasen wir einen Killandschen und dann einen Panteniusschen Roman [»Arbeiter« und »Das rote Gold«]; ich schrieb darüber, ließ es aber im Brouillon liegen. Dann kamen zwei WANDERUNGS-Kapitel an die Reihe: DER SPREEWALD und DIE SCHLACHT BEI GROSS-BEEREN. Danach nahm ich meine im Winter begonnene Novelle GRAF PETÖFY vor und beendete sie im Wesentlichen im Brouillon; in der Mitte fehlen noch zwei, drei Kapitel* (Tagebuch).

23. August. Vorabdruck von DIE SCHLACHT BEI GROSSBEEREN AM 23. AUGUST 1813 aus SPREELAND, im **April** erarbeitet, in der »Vossischen Zeitung«.

1. September. Zur gerade eröffneten Kunstausstellung in der Königlichen Akademie der Künste: *Fand aber nichts, was mich besonders interessiert hätte* (Tagebuch).

11. September. Vertrag mit dem Verlag Schottländer über die Publikation von L'ADULTERA.

18. September – 30. Oktober. Der im wesentlichen aus vorgegebenem Text bestehende Aufsatz VOM 14. OKT. 1806 BIS 18. OKT. 1813. 7 JAHRE WELT- UND LANDESGESCHICHTE VOM STANDPUNKT EINES MÄRKISCHEN HERRENSITZES AUS in der »Vossischen Zeitung«; Fontane arbeitet daran vom **10.–20. Juni.**

20. September. Theater: Bürger, »Gold und Eisen«; Kritik:
22. September. *Ein erbärmliches Stück, langweilig, ge-
schraubt, poesielos. Den Berlinern gefiel es ganz leidlich.
Je fader, je besser, wenn nur ein Kommerzienrat und drei
Kalauer drin vorkommen* (Tagebuch).

1. Oktober. *Friedel, froh, die Schule hinter sich zu haben,
trat in das Geschäft Buchhändler Wilhelms ein, hielt aber
nur zwei Tage aus, und ging dann in das Verlagsgeschäft
von Prof. Langenscheidt* (Tagebuch). Dort absolviert er
bis Ende September 1884 seine Lehrzeit.

8. Oktober. Theater: Hillern, »Die Geier-Wally«; Kritik:
11. November. *Trotz manchem, was sich dagegen sagen
lassen mag, ein brillantes Stück Arbeit, voll dramatischem
Leben* (Tagebuch).

12. Oktober. Theater: Grillparzer, »Des Meeres und der
Liebe Wellen«; Kritik: **14. Oktober.**

Mitte Oktober. Erscheinen von ELLERNKLIPP. NACH
EINEM HARZER KIRCHENBUCHE (Berlin: Hertz): *Spielt
unmittelbar nach dem 7jährigen Kriege in einem Harz-
dorf. Eifersucht des Vaters gegen den Sohn. Der Sohn fällt
als Opfer, bis zuletzt auch der Alte den Visionen seiner
Schuld erliegt. Hauptfigur: ein angenommenes Kind,
schön, liebenswürdig, poetisch-apathisch, an dem ich
beflissen gewesen bin, die dämonisch-unwiderstehliche
Macht des Illegitimen und Languissanten zu zeigen. Sie
tut nichts, am wenigsten etwas Böses, und doch verwirrt
sie regelrechte Verhältnisse. Sie selbst, ohne den Grundton
ihres Wesens zu ändern, verklärt sich und überlebt das
Wirrsal, das sie gestiftet* (an Karpeles, 14. März 1880). –
Rezensionen: »National-Zeitung«, 31. Oktober (Karl
Neumann-Strela), »Augsburger Allgemeine Zeitung«,
21. November (Lübke), »Daheim«, 26. November, »Die
Post«, 9. Dezember, »Deutsche Literaturzeitung«, 10. De-
zember (Schlenther), »Kreuzzeitung«, 11. Dezember,
»Magdeburgische Zeitung«, 11. Januar 1882 (Wilhelm
Jensch), »Magazin für die Literatur des In- und Auslan-

des«, 18. Februar 1882, Nr. 8 (Alfred Friedmann), »Die Gegenwart«, 25. Februar 1882 (Theophil Zolling), »Deutsches Literaturblatt«, 15. April 1882, Nr. 3 (Heinrich Keck).

November. Aufnahme der Vorarbeiten zu CHRISTIAN FRIEDRICH SCHRENBERG UND DAS LITERARISCHE BERLIN VON 1840 BIS 1860, die bis **Ende 1882** dauern.

2. November. Lektüre: Lindaus Aufsatz über Victor Hugo.

6. November. Nach Potsdam zum Diner bei Kommerzienrat Hoffbauer.

8. November. Theater: Putlitz, »Die Idealisten«; Kritik: **10. November.** *Ein sehr schwaches Stück, in Hoffnung auf Tantième zusammengeschmaddert: deutsches Haus, deutsche Familie, deutsche Idealität, 1870, Gravelotte, »Deutschland Deutschland über alles« und zwei lederne Liebespaare, c'est tout. Und solch Mann glaubt ganz ernsthaft, er vertrete die bessere, sittlichere Seite deutscher Kunst. Dann bin ich für Unsittlichkeit u. Schweinerei* (Tagebuch).

17. November. *In die Kunstausstellung [des Vereins für die Kunstfreunde im Preußischen Staate] in der Commandanten-Straße, wo sich zur Zeit Hans Makarts großes Bild: »Der Sommer« befindet. Es ist genau dasselbe wie »Die Jagd der Diana«. Dieselben hetärenartigen Weibsbilder, die alle wirken, als wären sie Chansonette-Sängerinnen gewesen oder als wollten sie's morgen werden, erscheinen hier wieder auf der Bildfläche. Dort sind sie bei der Jagd, hier sind sie im Bade, dort Felsenvorsprung mit Meer und südlicher Vegetation, hier Renaissance-Veranda mit Badebassin und Parkvegetation. Ich gebe zu, daß die Technik bewundernswert, die Farbenwirkung bedeutend, das Kompositionstalent nicht gering und das Weibervolk verführerisch, alles aber genialisch ist; trotzdem läßt mich all diese Pracht und all dies Können ganz kalt, ja mehr, es langweilt mich. Eins der Weibsbilder, in einem weißen Bademantel, ist sehr schön; aber* *es flößt mir nur ein Porträt-Interesse ein. [...] Alles wirkt unheimlich, [...] man glaubt nicht recht an das Leben dieser Gestalten; es sind Abgeschiedne und Verurteilte, die sich noch mal an alter Stelle einfinden und die alten Spiele noch einmal spielen. Eine ganz unheilige Kunst. Und diese Unheiligkeit richtet sie. Aber auch wenn sie diesen Sünden- und Todeskeim nicht trüge, so wäre es, glaub ich, doch nichts damit. Es bliebe doch eine geschraubte Geschichte. Tizian durfte dergleichen malen und Rubens auch, – es war das Fürstenleben ihrer Zeit, an dem sich auch der Adel, wenn er die Mittel dazu hatte, beteiligte. Für uns existieren diese Lebensformen aber nicht mehr; auch eine Fürstin hat heutzutage bloß ein Badezimmer, in das sie sich zurückzieht, oder benutzt einen Badekarren in Ostende oder Scheveningen; kommt dergleichen aber dennoch vor, so kann man sicher sein, daß es eine Dame aus der Demi-Monde ist oder wenigstens in diese hineingehört. Das üppige far niente existiert nicht mehr, am wenigsten an Fürstenhöfen. Dadurch kriegen diese Makartschen Bilder etwas durchaus Forciertes, verfolgt der Maler aber gar den Zweck (hoffentlich verfolgt er nur den, viel Geld zu verdienen), auf diese Bummelzeit als auf ein verlorengegangenes Paradies zurückzuweisen, so tut er mir leid* (Tagebuch).

Theater: Moreto y Cabaña, »Donna Diana«; Kritik: **19. November.** *Ganz gut, aber so unspanisch wie möglich* (Tagebuch).

20. November. Lektüre: Heyse, »Die Dichterin von Carcassone«.

22. November. *Graf Petöfy wieder vorgenommen* (Tagebuch).

23. November. *Gearbeitet: neue Novelle (Stine)* (Tagebuch). Fontane arbeitet daran bis **22. Dezember,** dann bleibt das Projekt mehrere Jahre liegen.

25. November. Zum erstenmal Gast bei Prinz Friedrich Karl in Dreilinden: *Wundervolles Lokal, reich an histori-*

schen Erinnerungen und Kuriositäten. Schöne Weine, brillante Verpflegung, ungezwungene Unterhaltung. Das Ganze dauerte von 5 bis 8. Alles ein sehr verfeinertes »Tabakskollegium« (Tagebuch). Mehrere weitere Diner-Einladungen im **Dezember und Januar und März 1882.** Am **8. und 11. Juli 1882** ist Fontane zu ausführlichen Besichtigungen in Dreilinden. Verarbeitet zu DREILINDEN in FÜNF SCHLÖSSER, Vorabdruck in der »Vossischen Zeitung« zwischen **25. Dezember 1882 und 1. Januar 1883.**

26. November. *Kleine Abendgesellschaft bei uns. Zugegen: Frl. Anna v. Kahle, Dr. Karpeles, Zöllner und Frau, Menzel und Frau Krigar, Ella v. Mandel und George* (Tagebuch).

Ende November. Erscheinen von SPREELAND. BEESKOW-STORKOW UND BARNIM-TELTOW (Vorwort datiert: *15. November,* Nachwort datiert: *14. November;* vierter Band der WANDERUNGEN; Berlin: Hertz, Impressum: 1882): *Mit diesem IV. Bande nehm ich – wenigstens in meiner Wanderereigenschaft – Abschied vom Leser, nicht weil der Stoff erschöpft wäre, wohl aber vielleicht die Geduld. Und ein Band zuviel ist wie ein Tag zuviel, der den guten Besuchseindruck wieder in Frage stellt.* [...] *Über zwanzig Jahre sind vergangen, seit ich im Sommer 59 mit diesen Wanderungen begann* (Nachwort). *– Ich habe überall liebevoll geschildert, aber nirgends glorifiziert, nicht einmal meinen Liebling Marwitz. Ich habe sagen wollen, und habe wirklich gesagt: »Kinder, so schlimm, wie ihr es macht, ist es nicht«, und dazu war ich berechtigt; aber es ist Torheit, aus diesen Büchern herauslesen zu wollen: ich hätte eine Schwärmerei für Mark und Märker. So dumm war ich nicht* (an Emilie, 12. August 1882). – Rezensionen: »Kreuzzeitung«, 14. Dezember (L. Hesekiel), »Johanniterblatt«, 14. Dezember, Nr. 50, »Preußische Jahrbücher«, Dezember, »Berliner Tageblatt«, 21. Dezember (J. B.), »Weser Zeitung«, gegen Ende Dezember (Datum noch nicht ermittelt), »Die Gegenwart«,

14. Januar 1882 (August Trinius), »Schlesische Zeitung«, Ende Februar 1882 (Datum noch nicht ermittelt), »Frankfurter Zeitung«, 1882 (Datum noch nicht ermittelt), »Hamburger Nachrichten«, 1882 (Datum noch nicht ermittelt), »Deutsche Rundschau«, September 1882 (Rodenberg), »Zentral-Organ für die Interessen des Real-schulwesens«, Oktober 1882 (Ludwig Freytag).

9. Dezember. Theater: Brachvogel, »Narziß«; Kritik: **11. Dezember.**

13. Dezember. Theater: Moreto y Cabaña, »Donna Diana«; Kritik: **15. Dezember.**

16. Dezember. Theater: Laube, »Graf Essex«; Kritik: **18. Dezember.**

16. Dezember – 8. Januar 1882. Korrektur der Druckfahnen von L'ADULTERA.

23. Dezember. Besuch der Karl-Blechen-Ausstellung in der Nationalgalerie. Im **Januar 1882** besucht Fontane die Ausstellung noch mehrmals, sammelt Blechen-Materialien in der Akademie und bei Privatsammlern und arbeitet intensiv an seinem Blechen-Manuskript. Sein Interesse an dem *»Vater unsrer märkischen Landschaftsmalerei«, wie er gelegentlich genannt worden ist* (SPREELAND), reicht bis 1855 und 1860/61 zurück, wie u. a. die Erwähnungen in DIE GRAFSCHAFT RUPPIN und SPREELAND belegen. Am **20. Februar 1861** besichtigt er die Blechen-Galerie des Bankiers Brose. Erste Gesamtveröffentlichung der Blechen-Studien 1970. – Ehrenmitglied des »Historischen Vereins für die Grafschaft Ruppin«.

28.–31. Dezember. *Meist im Bett, nicht krank, aber erkältet und unbehaglich* (Tagebuch). – Über Raabes gerade begonnene Erzählung »Fabian und Sebastian« (Rezension am **17. Juni 1882** im »Magazin für die Literatur des In- und Auslandes«, Pseudonym: Adolf Hermes): *Ganz Raabe; glänzend und geschmacklos, tief und öde* (ebd.).

1882

Januar/Februar. Lektüre: Zola, »Der Totschläger« (»L'Assommoir«).

6. Januar. Theater: Wilbrandt, »Kriemhild«: *Alles vortrefflich, brillant komponiert, geistvoll im Dialog, reich an guten und wirkungsvollen Szenen, aber doch tot und beinah langweilig, namentlich der 2. Akt; der 3. Akt (au fond vielleicht noch schlimmer) macht wenigstens so viel äußerlichen Lärm, daß man zu keiner Langenweile kommen kann* (Tagebuch).

11. Januar. *Gearbeitet:* OCEANE VON PARCEVAL (Tagebuch). Der einzige Hinweis auf Fontanes Beschäftigung mit dem Novellen-Projekt, das Fragment bleibt (Erstveröffentlichung 1921).

13. Januar. Theater: Schiller, »Die Räuber«; Kritik: **15. Januar.**

18. Januar. In Potsdam zu Blechen-Studien.

21. Januar. Anregung zu CÉCILE beim Diner bei Graf Eulenburg durch die Erzählung von der Duellaffäre von dessen Sohn.

25. Januar. *Vierzehn Tage lang krank* (Tagebuch).

7. Februar. Besuch der Wassilij-Wereschtschagin-Ausstellung (*Stupend*, Tagebuch), die Nachklänge in CÉCILE hinterläßt. Fontane begegnet dem Maler am **14. Februar** bei einem Diner bei Wilhelm Gentz: *Wereschagin einfach, natürlich, schweigsam* (Tagebuch). Das Urteil über seine Kunst ist kritischer und veranlaßt Fontane zu grundsätzlichen Kunstbetrachtungen: *Über das kolossale Können herrscht kein Zweifel. Aber wie steht es mit dem innersten Leben, mit der Seele dieser Schöpfung? Es ist jetzt Mode, derartige Fragen als albern abzulehnen, und doch sollt es mich nicht wundern, wenn diese Fragen, unter der Pression des Augenblicks, gerade von denen wieder aufgenommen würden, die sich, solange sie die Siegreichen und auf ihrem eignen Gebiete nicht Überholten waren, in der*

Verspottung solcher Themata gefielen. Sie werden sich jetzt wohl oder übel hinter die Frage flüchten: ist das vollendete Können alles, und es ist gleichgültig, ob ein Engel oder ein Teufel, ein Kluger oder ein Dummer, ein Feiner oder ein Grober den Pinsel führt? Ist aber diese Frage mal gestellt und in ihrer Berechtigung zuzugeben, so wird auch die seither gewaltsam zurückgedrängte Frage nach dem poetischen Wert der Kunstwerke wieder lebendig werden. Es gibt kein Kunstwerk ohne Poesie, wobei nur zu bemerken bleibt, daß die vollendete Wiedergabe der Natur auch allemal einen höchsten Grad poetischer Darstellung ausdrückt. Nichts ist seltener als dieser höchste Grad, der absolute Gegenständlichkeit bedeutet. Die Regel ist, daß der Künstler in seinem Nachschaffen eben kein Gott, sondern ein Mensch, ein Ich ist und von diesem »Ich« in seine Schöpfung hineinträgt. Und von dem Augenblick an, wo das geschieht, dreht sich alles um die Frage: »Wie ist dies Ich?« Nach meinem unmaßgeblichen Dafürhalten ist das »Ich« Wereschtschagins kein höchstes Ich. Etwas in ihm ist sonderbar. Es ruht etwas in seiner Seele, das nicht gesund ist. Daher sind alle seine Bilder mehr sensationell als poetisch. Auch die, die poetisch sind, sind wenigstens angekränkelt (an Dominik, 13. Februar).

Theater: Shakespeare, »Othello«; Kritik: **9. Februar.**

9. Februar. Theater: Wilhelm Lange, »Der Mentor«; Kritik: **11. Februar.** *Höchst unbedeutend* (Tagebuch).

11. Februar. Theater: Shakespeare, »Romeo und Julia«; Kritik: **14. Februar.**

14. Februar. Theater: Schiller, »Kabale und Liebe«; Kritik: **16. Februar.**

27. Februar. Theater: Gensichen, »Euphrosyne«, Putlitz, »Spielt nicht mit dem Feuer«; Kritik: **1. März.**

28. Februar. Theater: Lessing, »Nathan der Weise«; Kritik: **2. März.**

Anfang März. Erscheinen von L'ADULTERA. NOVELLE (Breslau: Salo Schottländer): *Es wird niemand gefeiert,* *noch weniger gelästert, und wenn ich bemüht gewesen bin, das Leben zu geben, wie es liegt, so bin ich nicht minder bemüht gewesen, das Urteil zu geben, wie es liegt. Das heißt im Letzten und nach lange schwankender Meinung, freundlich und versöhnlich* (an Lindau, 14. Januar 1880). – Rezensionen: »Magazin für die Literatur des In- und Auslandes«, 12. Februar 1881, Nr. 7 (Engel), »Magdeburger Zeitung«, 11. Januar (Jensch), »Berliner Fremden- und Anzeigenblatt«, 23. März (I. Rösler), »Berliner Tageblatt«, 14. April, »Die Tribüne«, 18. Juni (Schlenther), »Die Gegenwart«, 1. Juli (Zolling).

4. März. Theater: Benedix, »Der Störenfried«; Kritik: **7. März.**

6. März. Theater: Ludwig, »Der Erbförster«; Kritik: **8. März.**

7. März. Theater: Putlitz, »Spielt nicht mit dem Feuer«; Kritik: **9. März.**

9. März. Theater: Wilhelmine Wickenburg-Almásy, »Das Dokument«, Alexander Bergen, »Kleine Mißverständnisse«; Kritik: **11. März.** *Beide kaum mittelmäßig* (Tagebuch).

10. März. Theater: Schiller, »Kabale und Liebe«; Kritik: **12. März.**

12. März. Theater: Bürger, »Gold und Eisen«; Kritik: **14. März.**

14. März. Theater: Lessing, »Minna von Barnhelm«; Kritik: **16. März.**

18. März. *Entwurf zu einer neuen Novelle* (Tagebuch) – ungeklärt. – Theater: Shakespeare, »Ein Sommernachtstraum«; Kritik: **21. März.**

29. März. Theater: Hedberg, »Strohhalm«; Kritik: **31. März.** *Sehr mäßig* (Tagebuch).

April. Lektüre: Erzählungen von Balduin Möllhausen, unmittelbar darauf bis **Anfang Mai** Ausarbeitung der Einleitung zu Möllhausens »Der Leuchtturm am Michigan und andere Erzählungen«, das 1883 erscheint.

George wird als Militärlehrer nach Wahlstatt bei Liegnitz versetzt (bis Ende März 1885).

19.–21. April. Ausflug mit Pastor Windel nach Potsdam, Brandenburg, Dahlem.

21. April. Theater: Wildenbruch, »Harold«; Kritik: **23. April.** *Erringt einen großen Erfolg. Es ist sehr wirksam und talentvoll, aber au fond schwach, sogar sehr schwach: Hugo Bürger in der Tragödie, also Szenengeschicklichkeit und Raffinement, eine Mischung aus der nie was werden kann. Die Leute haben nur ein Organ für die Wirkung, nicht für die Wahrheit* (Tagebuch).

30. April. Theater: Scribe, »Der Damenkrieg«, Putlitz, »Eine alte Schachtel«; Kritik: **2. Mai.**

Mai. Ausflug nach Rühstädt.

Mai/Juni. Lektüre: Emil Kuh, »Biographie Friedrich Hebbels«: *Ein gutes, fleißiges Buch, von einem gescheiten Menschen geschrieben, und angetan viel daraus zu lernen. Aber nicht angenehm. Ich liebe nichts mehr als Idyll und Genre, und gerade das Kleine hat Reiz für mich; wenn aber das Kleine nicht bloß naiv beschrieben, sondern als etwas Hochgewichtiges vorgeführt wird, wichtig, weil es noch ein Strichelchen zu dem ohnehin nicht angenehmen Porträt Hebbels hinzufügt, so wirkt das Wichtigmachen von Nichtigkeiten unerfreulich* (Tagebuch).

4.–8. Mai. Aufenthalt in Kränzlin, auf dem Hinweg über Paulinenaue und Fehrbellin, Besuch des Grabs der Mutter in Neuruppin. *Auf einem märkischen »Rittersitz« ist nicht zu leben; in meinen* WANDERUNGEN *liest sich das ganz leidlich, aber mit 62 es praktisch durchzumachen, ist über'n Spaß* (Tagebuch).

12. Mai. *Neue Novelle entworfen* (Tagebuch) – nicht geklärt.

14. Mai – 25. Juni. Vorabdruck der HOPPENRADE-Kapitel aus FÜNF SCHLÖSSER in der »Vossischen Zeitung«. Fontane beginnt die Überarbeitung am **21. Januar** und schickt das Manuskript am **26. April** ab.

18. und 21. Mai. Der Aufsatz HASTINGS UND HASTINGS-
FELD. ERINNERUNGEN AN ENGLAND BEI GELEGENHEIT
VON ERNST WILDENBRUCHS »HAROLD« in der »Vossi-
schen Zeitung«.

22. Mai. Theater: Schiller, »Don Carlos«; Kritik: **24. Mai.**

24. Mai. Theater: Birch-Pfeiffer, »Dorf und Stadt«; Kritik:
26. Mai.

6.–27. Juni. Thale mit Ausflügen nach Quedlinburg, Suderode, Gernrode. Überarbeitung von SCHACH VON WUTHE-
NOW, die aber erst im **August** in Norderney beendet wird.

20. Juni – 23. Juli. Emilie in Neuhof.

Sommer. Metes Enttäuschung über den Rückzug ihres Be-
werbers Rudolf Schreiner, eines Sohns von Schulrat Otto
Schreiner. »Seit 1–2 Jahren habe ich mich für gebunden
gehalten [...]. Ja, er hat es gewollt, sogar bis vor Kurzem;
wo der Stein lag, an dem er sich schließlich stieß, ist mir
nicht klar, aber Äußerungen von Marie machen glauben,
daß der Abend bei uns einen ganz enormen Eindruck auf
ihn gemacht hat. Er fand uns alle nett, klug, witzig, geistreich, aber wie er gesagt haben soll, er ist sich so entsetzlich unbedeutend und überflüssig vorgekommen« (Mete
an Fontane, 11. Juli).

8. und 11. Juli. Besichtigung des Schlosses Dreilinden.

19. Juli. *Übrigens hab ich heute Vormittag eine neue Novelle [IRRUNGEN, WIRRUNGEN?] entworfen; wieder sehr
diffizil, sehr intrikat* (an Emilie).

26. Juli – 22. August. Reise nach Hannover, Bremen, Oldenburg, Wilhelmshaven, Norderney. Dort etwa drei
Wochen, Besuch in Lützburg (dort am **12. August** Diner
bei Graf Knyphausen, dann über Norden nach Emden,
Marienhave (Lokalstudien für das LIKEDEELER-Projekt),
Oldenburg: *Im Ganzen muß ich mit meinen 3 Wochen
hier [in Norderney] sehr zufrieden sein; es ist mir nichts
eigentlich Unangenehmes passiert und selbst die Sturm-
tage waren schön. [...] Fatal waren die Juden; ihre fre-
chen, unschönen Gaunergesichter (denn in Gaunerei liegt*

ihre ganze Größe) drängen sich einem überall auf (an Emilie, 17. August).

29. Juli – 20. August. Vorabdruck von SCHACH VON WUTHENOW in der »Vossischen Zeitung«, wohin Fontane am **25. Juli** das Manuskript bringen läßt.

(?) August – 3. September. Emilie mit Mete in Warnemünde, dann allein in Dobbertin – und kurz in Amsterdam? (vgl. Brief vom 19. August an Fontane).

17. August. *Goethe hat einmal gesagt: »die Produktion eines anständigen Dichters und Schriftstellers entspricht allemal dem Maß seiner Erkenntnis.« Furchtbar richtig. Man kann auch ohne Kritik mal was Gutes schreiben, ja vielleicht etwas so Gutes, wie man später mit Kritik nie wieder zu Stande bringt. Das alles soll nicht bestritten werden. Aber das sind dann die »Geschenke der Götter«, die, weil es Göttergeschenke sind, sehr selten sind, einmal im Jahre, und das Jahr hat 365 Tage. Für die verbleibenden 364 entscheidet die Kritik, das Maß der Erkenntnis. In poetischen Dingen hab ich die Erkenntnis 30 Jahre früher gehabt als wie in der Prosa; daher les ich meine Gedichte mit Vergnügen oder doch ohne Verlegenheit, während meine Prosa aus derselben Zeit mich beständig geniert und erröten macht* (an Emilie).

24. August. *Es hängt alles mit der Frage zusammen: »wie soll man die Menschen sprechen lassen?« Ich bilde mir ein, daß nach dieser Seite hin eine meiner Forcen liegt und daß ich auch die Besten (unter den Lebenden die Besten) auf diesem Gebiet übertreffe. Meine ganze Aufmerksamkeit ist darauf gerichtet, die Menschen so sprechen zu lassen, wie sie wirklich sprechen. Das Geistreiche (was ein bißchen arrogant klingt) geht mir am leichtesten aus der Feder, ich bin – auch darin meine französische Abstammung verratend – im Sprechen wie im Schreiben ein Causeur, aber weil ich vor allem ein Künstler bin, weiß ich genau, wo die geistreiche Causerie hingehört und wo nicht* (an Mete).

8. September. Theater: Schiller, »Kabale und Liebe«; Kritik: **9. September.**

10. September. Theater: Birch-Pfeiffer, »Die Grille«; Kritik: **12. September.**

30. September. Theater: Goethe, »Iphigenie auf Tauris«; Kritik: **1. Oktober.**

(?) – 7. Oktober. Ausflug mit Pastor Windel nach Dahlen bei Neubrandenburg, dort Übernachtung, und Schloß Wiesenburg.

7. Oktober. Theater: Dahn, »Skaldenkunst«, Joseph Marius Babo, »Der Puls«; Kritik: **10. Oktober:** *Der Inhalt der »Skaldenkunst« läuft auf die Versicherung und gleichzeitige demonstratio ad oculos hinaus, »daß der Dichter alles könne«. Nach meinen in den betreffenden Kreisen gemachten Erfahrungen trifft dies aber durchaus nicht zu. Der Dichter d i c h t e t, was auch gerade genug ist; im übrigen kann er in der Regel sehr wenig.*

16. Oktober. Theater: Heyse, »Hans Lange«; Kritik: **18. Oktober.**

25. Oktober. Theater: Grandjean, »Am Klavier«, Zell, »Die Büste«; Kritik: **27. Oktober.**

3. November. Theater: Edward Bulwer-Lytton, »Richelieu oder die Verschwörung« im Victoria Theater.

7. November. Theater: Wilbrandt, »Die Maler«; Kritik: **9. November.**

15. November. Theater: Töpfer, »Hermann und Dorothea«, Julius Lohmeyer, »Der Stammhalter«; Kritik: **17. November.**

Um 20. November. Erscheinen von SCHACH VON WUTHENOW. ERZÄHLUNG AUS DER ZEIT DES REGIMENTS GENSDARMES (Leipzig: Wilhelm Friedrich, der die Ausgabe erst am **4. November** übernimmt, Impressum: 1883): *Spielt in der Zeit von 1805 auf 6 und schildert den schönsten Offizier der damaligen Berliner Garnison, der, in einem Anfall von Übermut und Laune die liebenswürdigste, aber häßlichste junge Dame der damaligen Hofgesell-*

*schaft becourt. So, daß der Skandal offenbar wird. Alles
tritt auf die Seite der Dame, so daß sich von Schach anscheinend freudig zur Hochzeit entschließt, nachdem er
vorher durch allerlei Kämpfe gegangen. Die Kamerad-
schaft von Regiment Gensdarmes aber lacht und zeichnet
Karikaturen, und weil er dies Lachen nicht ertragen kann, erschießt er sich unmittelbar nach dem Hoch-
zeitsmahl, an dem er in heiterer Ruhe teilgenommen. Alles ein Produkt der Zeit, ihrer Anschauungen, Eitelkeiten
und Vorurteile* (an Grosser, 31. Januar 1882). – Rezensionen: »Magdeburgische Zeitung«, 7. Dezember, Nr. 573
(Jensch), »Kreuzzeitung«, 10. Dezember, Nr. 290 (L.
Hesekiel), »Schwäbische Kronik«, Sonntagsblatt des
»Schwäbischer Merkur«, 15. Dezember, Nr. 296 (Lübke),
»Vossische Zeitung«, 17. Dezember (Kletke), »Magazin
für die Literatur des In- und Auslandes«, Dezember,
Nr. 52 (Engel), »Deutsche Literaturzeitung«, Anfang Ja-
nuar 1883 (K. W.), »Die Gegenwart«, 27. Januar 1883,
»Deutsche Rundschau«, Juni 1883, »Blätter für literari-
sche Unterhaltung« 1, 1883, »Allgemeine Conservative
Monatsschrift für das christliche Deutschland« 41, 1883,
»Die Grenzboten«, H. 42, 1883.

Ende November. Erscheinen der vierten Auflage von DIE
GRAFSCHAFT RUPPIN (Vorwort datiert: *14. November,*
Impressum: 1883); Fontane arbeitet ab **Juni** daran.

6. Dezember. Potsdam, zu Besuch bei Balduin Möllhausen.

9. Dezember. Theater: Wildenbruch, »Opfer um Opfer«;
Kritik: **12. Dezember.** *An Unwahrheit, Willkür, Unsinn
die Steigerung von »Harold«* (Tagebuch).

12. Dezember. *Novellenstoff aufgeschrieben (»Irrt, wirrt.«)*
(Tagebuch): erstes Konzept von IRRUNGEN, WIRRUNGEN,
das Fontane möglicherweise schon ab **Juli** beschäftigt
(vgl.: 19. Juli).

25. Dezember – 1. Januar 1883. Vorabdruck der DREILIN-
DEN-Kapitel (gekürzt) aus FÜNF SCHLÖSSER in der »Vos-

sischen Zeitung«; Arbeit daran **Anfang und Ende des Jahres.**

31. Dezember. Theater: Michael Klapp, »Fräulein Kommerzienrat«; Kritik: **3. Januar 1883.**

1883

Januar. Überarbeitung von GRAF PETÖFY.

10. Januar. Theater: Albin Rheinisch »Die Freunde der Frau«; Kritik: **12. Januar.**

19. Januar. Theater: Georg Siegert, »Klytämnestra«; Kritik: **21. Januar.**

31. Januar. Theater: Schiller, »Don Carlos«; Kritik: **2. Februar.**

2. Februar. Theater: Günther, »Der Leibarzt«; Kritik: **4. Februar.**

7. Februar. Theater: Erckmann-Chatrian, »Die Rantzau«; Kritik: **9. Februar.**

9. Februar. Theater: Shakespeare, »Hamlet«; Kritik: **11. Februar.**

27. Febuar. *Gearbeitet: Fein gesponnen und doch zerronnen (Novelle)* (Tagebuch) – die erste Erwähnung von UNTERM BIRNBAUM. Wie lange das Projekt Fontane schon beschäftigt, ist nicht ersichtlich.

2. März. Ausführliche Aufzeichnung des Gesprächs mit Heyse bei dessen Besuch. Fontane erläutert darin seine Gedanken über »Hilfskonstruktionen« im Leben, die später in EFFI BRIEST Wüllersdorf Innstetten nahelegt.

6. März. Theater: Geibel, »Echtes Gold wird klar im Feuer«, W. Ernst, »Kastor und Pollux«, Ernst Engelhardt, »Makart«; Kritik: **8. März.**

20. März. Theater: Gensichen, »Frau Aspasia«; Kritik: **22. März.**

31. März, 1. und 3. April. Vorabdruck von EMIL VON ARNSTEDT. FÄHNRICH IM LEIBREGIMENT, ENTHAUPTET AM

25. April. Ein Kapitel aus der Stagnationszeit, das letzte Kapitel von Hoppenrade aus Fünf Schlösser in der »Vossischen Zeitung«.

Ende März / Anfang April. Die Sitzungen für Carl Breitbachs Gemälde Fontanes, das vom **3. Mai – 1. Juli** in der Königlichen Akademie der Künste ausgestellt wird. Emilies Eindruck: »Dein Bild machte mir den weniger guten Eindruck, von den Malen, wo ich es gesehen, während Friedel 3 alte Damen davor traf, die sagten, es sollte das schönste Portrait der Ausstellung sein; es wäre ein Schriftsteller, wer denn? ich glaube Brachvogel. I, nein, der Kritiker von der Vossin« (an Fontane, 19. Juni).

4. April. Theater: Schiller, »Don Carlos«; Kritik: **5. April**.

6. April. Töpfer, »Rosenmüller und Finke«; Kritik: **7. April.**

19. April. Theater: Bürger, »Aus der Großstadt«; Kritik: **21. April.**

Mai. Lektüre: Heyse, »Das Buch der Freundschaft« mit den Novellen »David und Jonathan«, »Grenzen der Menschheit«, »Nino und Maso«.

5. Mai. [...] *als meine Schreibweise von zwei Dingen völlig frei ist: von Übertreibungen überhaupt und vor allem von Übertreibungen nach der Seite des Häßlichen. Ich bin kein Pessimist, gehe dem Traurigen nicht nach, befleißige mich vielmehr, alles in jenen Verhältnissen und Prozentsätzen zu belassen, die das Leben selbst seinen Erscheinungen gibt* (an Mete).

12. Mai. Theater: Friedrich Bodenstedt, »Alexander in Korinth«; Kritik: **16. Mai.**

24. Mai. Theater: Günther, »Der Leibarzt«; Kritik: **25. Mai.**

31. Mai. Heyses Anfrage, welche Novelle Fontanes im »Deutschen Novellenschatz« veröffentlicht werden soll. Fontane antwortet am **11. Juli**: Grete Minde, schreibt aber am **24. August** an Emilie, er habe es sich anders überlegt: *Es ist mir zu wenig.* Trotzdem erscheint die Novelle dort im 5. Band im **August 1884.**

7.–30. Juni. Aufenthalt in Thale im Harz. Überarbeitung von GRAF PETÖFY. – Lektüre: Zola, »Das Glück der Familie Rougon« (»La Fortune des Rougon«) und »Die Eroberung von Plassans« (»La Conquête de Plassans«): *Das Talent ist groß, aber unerfreulich. Besonders bemerkenswert ist sein Witz. Von Unsittlichkeit oder auch nur von Frivolität keine Spur (es ist grenzenlos dumm, daß gerade das diesen Büchern vorgeworfen wird), und selbst von Zynismus ist kaum was zu finden; es ist aber durchaus niedrig in der Gesamtanschauung von Leben und Kunst. So ist das Leben nicht, und wenn es so wäre, so müßte der verklärende Schönheitsschleier dafür geschaffen werden. Aber dies »erst schaffen« ist gar nicht nötig, die Schönheit ist da, man muß nur ein Auge dafür haben oder es wenigstens nicht absichtlich verschließen. Der echte Realismus wird auch immer schönheitsvoll sein, denn das Schöne, Gott sei Dank, gehört dem Leben gerade so gut an wie das Häßliche* (an Emilie, 14. Juni).

17. Juli – 2. September. Norderney. Konzentrierte Abschlußarbeit an GRAF PETÖFY.

23. Juli. An Emilie: *Madame »la plus gracieuse physiquement et moralement«. Ich will mit der Liebeserklärung beginnen, daß die [bei den Wangenheims lebende Französin] Desteuque beinah Recht hat. Du bist, nicht nur Deiner tatsächlichen Abstammung, sondern auch Deinem ganzen Menschen nach, halb aus Beeskow [woher Emilies Mutter stammt] und halb aus Toulouse. Hast Du Deinen Toulouser Tag, so hat die Desteuque vollkommen recht, hast Du Deinen Beeskower, so hapert es. Ich bin Dir aber das Zeugnis schuldig, daß, wenn nicht kleine Verhältnisse Dich niederdrücken, der Toulouser Tag vorherrscht. Am toulousesten bist Du, wenn gut Wetter im Kalender steht, in Deinem eignen Hause. Unter Fremden, wenn sie fein, klug und vornehm sind, bist Du mehr oder weniger befangen, und wenn sie trivial sind, gehst Du sofort auf ihre Trivialitäten ein und wirst kleinstädtisch und spießbür-*

gerlich. Übrigens hat sich das Letztre in neuster Zeit erheblich gebessert.

4. August. *Ich war immer ein Singleton und bleib' es bis zuletzt* (an Mete). *– Ich flanierte gehoben und gedrückt, in Glück und Langerweile, erst am Strand, dann in den Dünen, als ich auf einer großen, von einem Erdwall eingefaßten Wiese zwanzig junge Leute sah, die foot-ball spielten. Ich kannte das Spiel noch nicht und blieb auf dem Erdwall stehn, um zuzusehn* (an Emilie).

8. August. *Du beklagst Dich über meine Weitschweifigkeit [in* GRAF PETÖFY]. *[...] Alles in allem ein wundervoller Stoff, um aufs Neue in Weitschweifigkeit zu verfallen. [...] die Weitschweifigkeit, aber die ich übe, hängt doch durchaus auch mit meinen literarischen Vorzügen zusammen. Ich behandle das Kleine mit derselben Liebe wie das Große, weil ich den Unterschied zwischen klein und groß nicht recht gelten lasse, treff ich aber wirklich mal auf Großes, so bin ich ganz kurz. Das Große spricht für sich selbst; es bedarf keiner künstlerischen Behandlung um zu wirken* (an Emilie).

26. September. *Ich bin seit Wochen krank* (an Heyse).

2. November. Theater: Beer, »Struensee«; Kritik: **4. November.**

10. November. Theater: Schiller, »Die Braut von Messina«; Kritik: **13. November.**

17. November. Theater: Wichert, »Der Freund des Fürsten«; Kritik: **20. November.**

25. November. *Seit vierzehn Tagen arbeite ich an* CHRISTIAN FRIEDRICH SCHERENBERG *und habe die Hälfte des Aufsatzes, freilich noch sehr unfertig, zu Papier gebracht. Ich hoffe, daß diese erste Hälfte in den Weihnachtstagen, vom 24. bis 31. Dezember, und die zweite Hälfte in der Osterwoche 84 erscheinen soll* (an Rohr).

29. November. Theater: Moser, »Glück bei Frauen«; Kritik: **1. Dezember.**

14. Dezember. Theater: Wildenbruch, »Die Karolinger«; Kritik: **16. Dezember.**

17. Dezember. Theater: Shakespeare, »Othello«; Kritik:
18. Dezember.

19. Dezember. Theater: Benedix, »Die zärtlichen Verwandten«; Kritik: **20. Dezember.**

31. Dezember. Goethe, »Paläophron und Neoterpe«, Winterfeld, »Der Winkelschreiber«; Kritik: **1. Januar 1884.**

1884

17. Januar. Theater: Heyse, »Das Recht des Stärkeren«;
Kritik: **19. Januar.**

22. Januar. Gründung der literarisch progressiven, dem
Naturalismus nahestehenden »Zwanglosen Gesellschaft«
von elf Mitgliedern, darunter Paul Schlenther, Otto
Brahm, Fritz Mauthner, Theodor Fontane jun., die sich
freitags trifft und für Fontane einsetzt: *Ich verdanke
meine verbesserte Stellung oder doch mein momentanes
Ansehn im deutschen Dichterwald zum größren Teile den
»Zwanglosen«. Die Jugend hat mich auf ihren Schild gehoben, ein Ereignis, das zu erleben ich nicht mehr erwartet hatte* (an Theo, 9. Mai 1888).

24. Januar. Theater: Shakespeare, »Was ihr wollt«; Kritik:
26. Januar.

27. Januar. Lektüre: *Emilie liest mir die große polnische
Reichstagsszene aus Schillers »Demetrius« vor* (Tagebuch).

Februar. Lektüre: Spielhagen, »Uhlenhans«.

1. Februar. Theater: Bürger, »Die Mitbürger«; Kritik:
3. Februar.

3. Februar. *Leo Goldammer im Tiergarten getroffen, auf
dem Wege zum Sonntagsverein (Tunnel). Dichter dritten
Ranges sind schon lächerlich, wenn sie jung sind, aber
solch 72jähriger, mit kolossalem Asthma, der immer noch
bei seinem vor 40 Jahren angefangenen »Großen Kurfürsten« sitzt, ist die Lächerlichkeit in höchster Potenz. Da-*

bei immer noch einen schwärmerischen Augenaufschlag,
immer noch lyrisch und schwabblig. Er war mal Bäcker,
das läßt sich begreifen, dann aber auch städtischer Nacht-
Wachtmeister oder Nachtwächter-Oberst, das läßt sich
nicht begreifen. Unter seinem Regime muß furchtbar
eingebrochen worden sein. Guter Kerl, aber just einer von
der Sorte, die die Dichter-Reputation immer tiefer in den
Dreck hineinbesorgen (Tagebuch).

4. Februar. Theater: Laube, »Graf Essex«; Kritik: **6. Februar.**

7. Februar. Theater: Schiller, »Maria Stuart«; Kritik: **9. Februar:** *Schiller [...] wird auf unsrer Königlichen Bühne*
nicht gut gespielt, nicht so, wie's sein sollte. Nur wenige
Stücke, wie »Räuber« und »Kabale und Liebe« sind aus-
zunehmen. In den andern wird das Bedürfnis knapp ge-
deckt, und nur einzelne Rollen, wie Philipp, Buttler und
ein paar andre, finden eine gute, mitunter selbst eine
glänzende Vertretung. Das meiste dagegen ist öd und leer
und von einer oft tödlichen Langenweile.

10. Februar. Theater: Wildenbruch, »Die Karolinger«; Kritik: **12. Februar.**

21. Februar. Theater: Schiller, »Kabale und Liebe«; Kritik:
23. Februar: *Das Stück bewährte seinen alten Zauber*
wieder, denn mit all seinen Unglaublichkeiten ist es so
furchtbar wahr bis diesen Tag. Wenn man [...] liest, was
der Reichskanzler über die Gesandtschaftsgalopins und
ihre den letzten Schnupfen von Serenissimus zum Gegen-
stand habenden Eildepeschen sagt, so wird es einem zu
tröstlicher Gewißheit, daß die von Kalbs und von Bocks
unsterblich sind und sich jedenfalls bis in unsere Tage hin-
übergerettet haben. Alles wie vordem; nur die Millers
sind eingegangen.

23. Februar. Theater: Shakespeare, »Was ihr wollt«; Kritik:
26. Februar.

26. Februar. Theater: Franz von Schönthan, »Roderich
Heller«; Kritik: **29. Februar.** *Sehr nett* (Tagebuch).

29. Februar. Mete reist als Gesellschafterin der reichen Amerikanerin Mrs. Dooly (Dooley?) nach Italien und kehrt am 8. Juli zurück. Sie überlegt, sie nach San Francisco zu begleiten, trennt sich aber am 28. August auf einer Harzreise von ihr und wird am 1. Oktober Lehrerin der dritten Klasse an der höheren privaten Mädchenschule von Frl. A. Leyde (bis Ende März 1885). Danach arbeitet Mete, von häufigen, zum Teil nervlichen Krankheiten geplagt und unglücklich darüber, daß sie unverheiratet ist, nicht mehr, sondern lebt im elterlichen Haus und bei Freunden.

März/April. Korrektur des Vorabdrucks von GRAF PETÖFY.

16. März. Lektüre: Heine, »Memoiren«, die ersten vier Kapitel.

21. März. Soirée mit dem Herzog von Meiningen und seiner Frau bei Lindau.

28. März. Lektüre: Heyse, »Die Franzosenbraut« und »Die schwarze Jacobe«. – Fontane schickt an Heyse seine autobiographischen Angaben für den »Neuen deutschen Novellenschatz«, wo GRETE MINDE erscheinen soll.

3. April. Theater: Richard Voss, »Der Mohr des Zaren«; Kritik: **5. April**: *Was nenn' ich ein gutes Stück? Wenn ein Stück sich eine mir sympathische Aufgabe stellt und diese Aufgabe klar und verständig löst, wenn die Menschen und Situationen, mit deren Hilfe diese Lösung erfolgt, sich ebensosehr innerhalb des gesunden Menschenverstandes wie der Wahrscheinlichkeitsgesetze halten, mit andern Worten, wenn Unsinnigkeiten und Willkürlichkeiten gleichmäßig vermieden und alle diese Dinge zum letzten und besten auch noch so in die Erscheinung gebracht werden, daß mich's unterhält und abwechselnd rührt und erheitert.*

8. April. *Mein SCHERENBERG-Aufsatz ist endlich beendigt* (an Mete). – Ausstellungsbesuch: *Böcklins »Toteninsel« ist schön, wirkt aber doch, als hab er bei sich selbst eine An-*

*leihe gemacht, es erinnert an verschiedene frühere Bilder
von ihm;* »*Odysseus und Calypso*« *ist nicht übel, aber lächerlich* (Tagebuch).

9. April. *Gearbeitet; meine neue Novelle* IRRUNGEN – WIR-
RUNGEN *wieder in Angriff genommen; die Kapitel geordnet* (Tagebuch); die Arbeit daran wird am **2. Mai** wegen
Unwohlsein vorläufig eingestellt, aber durch Lokalstudien zu dem Roman gefördert (vgl.: 5., 6., 7. und
12.–26. Mai).

13. April. *Gearbeitet:* DER KARRENSCHIEBER, *Novellette
nach einer Lazarusschen Erzählung* (Tagebuch).

18. April. Anläßlich der Geburtstagsfeier der Schwester
Jenny: *Ich kann den Bourgeoiston nicht ertragen, und in
derselben Weise, wie ich in frühren Jahrzehnten eine tiefe
Abneigung gegen Professorenweisheit, Professorendünkel
und Professorenliberalismus hatte, in derselben Weise
dreht sich mir jetzt angesichts des wohlhabendgeworde-
nen Speckhökertums das Herz um. Wirklicher Reichtum
imponiert mir oder erfreut mich wenigstens, seine Erschei-
nungsformen sind mir in hohem Maße sympathisch, und
ich lebe gern inmitten von Menschen, die 5000 Grubenar-
beiter beschäftigen, Fabrikstädte gründen und Expeditio-
nen aussenden zur Kolonisierung von Mittel-Afrika.
Große Schiffsreeder die Flotten bemannen, Tunnel- und
Kanalbauer, die Weltteile verbinden, Zeitungsfürsten und
Eisenbahnkönige sind meiner Huldigungen sicher, ich
will nichts von ihnen, aber sie schaffen und wirken zu
sehn, tut mir wohl, alles Große hat von Jugend auf einen
Zauber für mich gehabt, ich unterwerfe mich neidlos.
Aber der* »*Bourgeois*« *ist nur die Karikatur davon, er ärgert mich in seiner Kleinstelzigkeit und in seinem unaus-
gesetzten Verlangen, auf nichts hin bewundert zu werden*
(an Mete).

20. April. Theater: Goethe, »Götz von Berlichingen«; Kritik: **22. April.**

22. April. Theater: Mosenthal, »Deborah«; Kritik: **24. April.**

25. April. Theater: Hillern, »Die Geier-Wally«; Kritik:
27. April.

5. Mai. Ausflug nach Jungfernheide, zum Hinkeldey-
Kreuz.

6. Mai. Ausflug zum Rollkrug und neuen Jacobi-Friedhof.

7. Mai. Ausflug mit Zöllners nach Hankels Ablage.

8. Mai. Besuch der Menzel-Ausstellung in der Nationalgalerie. – Theater: Grillparzer, »Der Traum ein Leben«;
Kritik: **10. Mai.**

9. Mai. Wiederbegegnung mit Storm bei Zöllner, vor der
Berliner Feier zu Ehren Storms am **12. Mai.**

12.–26. Mai. Aufenthalt in Hankels Ablage, *meiner Rück-
zugslinie in Zuständen nervöser Pleite* (an Emilie,
14. Mai), dazwischen wegen Theaterverpflichtungen drei
Tage in Berlin: *Schrieb acht Kapitel meiner Novelle IR-
RUNGEN – WIRRUNGEN, wodurch ich diese im ersten Entwurf zum Abschluß brachte* (Tagebuch).

14. Mai. *Meine ganze Produktion ist Psychographie und
Kritik, Dunkelschöpfung im Lichte zurechtgerückt* (an
Emilie).

17. Mai. Theater: Brachvogel, »Narziß«; Kritik: **20. Mai.**

19. Mai. Theater: Lessing, »Emilia Galotti«; Kritik:
21. Mai.

7. Juni. Sommerpartie nach Pichelswerder mit der »Zwanglosen Gesellschaft« (etwa 80 Personen).

9.–28. Juni. Aufenthalt in Thale. Ausflüge nach Victors-
höhe, Alexisbad, Mägdesprung, Gernrode, Suderode,
Quedlinburg, Besuch bei Herrn Rodenstein, dem 80jäh-
rigen Präzeptor von Altenbrak (*Alles wunderbarer Stoff
für meine Novelle* [CÉCILE], an Emilie, 19. Juni). Korrektur von SCHERENBERG. – Erste Niederschrift von CÉCILE:
*Das Beste war, daß ich mit meiner Arbeit plötzlich von
der Stelle kam; bis dahin hatte ich nur die Tendenz und
ein paar Einzelszenen, mit einem Male aber ging die
ganze Geschichte klar vor mir auf, namentlich auch in ihren schwierigsten Partien, und heute früh hab ich denn*

auch alles in 14 Kapiteln niedergeschrieben. D. h. ganz kurz, jedes Kapitel ein Blatt. Aber es lebt doch nun und strampelt (an Emilie, 20. Juni).

Lektüre: Julius Stinde, »Buchholtzens in Italien«: *Der bon sens drin ist vorzüglich und die anscheinend bummlige Behandlung voll Kunst, Geist und Humor, aber Dünkel, Unverschämtheit und Gesinnungsknotismus haben mir die Lektüre schließlich doch verleidet* (an Emilie, 13. Juni).

26. Juni – 19. Juli. Vorabdruck von CHRISTIAN FRIEDRICH SCHERENBERG UND DAS LITERARISCHE BERLIN VON 1840 BIS 1860 in der »Vossischen Zeitung«. **Ende Mai – Anfang Juli** liest Fontane die Druckkorrektur.

Juli/August. Vorabdruck von GRAF PETÖFY in der »Deutschen Romanbibliothek zu Land und Meer«. – Lektüre: Brahm, »Heinrich von Kleist«.

19. (?) Juli – 2. September. Aufenthalt in Krummhübel, die zweite Hälfte mit Emilie, die dann bis **23. September** nach Neuhof reist. Arbeit an CÉCILE; am **10. August** die letzten Druckkorrekturen von GRAF PETÖFY an den Verlag.

Bei diesem Aufenthalt lernt Fontane den Amtsgerichtsrat (ab 1888) Georg Friedlaender (1843–1914) kennen; der erste der etwa 275 erhaltenen Briefe an ihn (vollständige Erstveröffentlichung 1954) datiert vom **18. September**. Bis zu seinem Tod verbindet Fontane mit Friedlaender, den er bei seinen Aufenthalten in Schlesien, bei gemeinsamem Urlaub anderswo und in Berlin immer wieder trifft und den er wiederholt als seinen liebsten Gesprächspartner bezeichnet, ein intensiver geistiger Austausch, der ihn zu vielen offenen, kritischen, geistreichen Altersbriefen mit breiter Thematik anregt. Friedlaender kümmert sich bei Fontanes schwerer Erkrankung 1892 in Schlesien rührend um ihn, aber Fontanes Urteil bleibt wegen Friedlaenders jüdischer Herkunft letzten Endes zwiespältig: *Ein Freund von mir, Rat und Richter, aus einer angesehe-*

*nen und reichen und seit 3 Generationen im Staatsdienst
stehenden Judenfamilie, der längst verstorbene Vater or-
thodoxer Musterchrist, der Sohn selber klug und gescheit
und mit einem ehrlich verdienten eisernen Kreuz bewaff-
net. Und doch Stockjude, so sehr, daß seine feine und liebenswürdige Frau blutige Tränen weint, bloß weil ihr
Mann die jüdische Gesinnung nicht los werden kann* (an
Friedrich Paulsen, 12. Mai 1898).

4. September. Theater: Laube, »Graf Essex«; Kritik: **6. September**.

7.–14. September. Reise nach Rügen: Stralsund, Bergen,
Saßnitz, Stubbenkammer, Herthasee, Lohme (Begegnung
mit Möllhausen), Arkona, Putbus, Bergen.

20. September. Theater: Wilbrandt, »Assunta Leoni«; Kritik: **23. September**.

25. September. Das letzte Manuskript von SCHERENBERG
an den Verlag.

26. September. Verlagsvertrag mit Hertz über SCHEREN-
BERG, nach einer mündlichen Vereinbarung vom **10. Januar**.

30. September. Friedels Buchhändlerlehre endet. Nach einem Urlaub arbeitet er kurzfristig im Frommannschen
Sortimentsgeschäft in Jena. – Theater: Putlitz, »Das Testament des Großen Kurfürsten«; Kritik: **2. Oktober**.

14. Oktober. Rezension von Brahm, »Heinrich von Kleist«
in der »Vossischen Zeitung«.

Mitte Oktober. Erscheinen von GRAF PETÖFY. ROMAN, in
zwei Bänden (Dresden: F. W. Steffens, o. J.): *Die Arbeit ist
nun ganz, wie sie sein soll, und liest sich wie geschmiert.
Alles flink, knapp, unterhaltlich, so weit espritvolles Ge-
plauder unterhaltlich sein kann; wer auf plots und große Geschehnisse wartet, ist verloren. Für solche Leute
schreib' ich nicht. Ich fühle, daß nur ein feines, vielleicht
nur ein ganz feines Publikum […] der Sache gerecht werden kann, aber ich kann, um dem großen Haufen zu genügen, nicht Räubergeschichten- und Aventüren-Blech*

schreiben (an Emilie, 30. August 1883). – Rezensionen: »Kreuzzeitung«, 16. November (L. Hesekiel), »Vossische Zeitung«, 13. Dezember (Ernst Schubert), »Deutsche Literaturzeitung«, 10. Januar (G. Lemcke), »Magazin für die Literatur des In- und Auslandes«, 14. März 1885 (Conrad Telman = Konrad Zitelmann), »Deutsche Rundschau«, März 1885 (Brahm).

Ich beginne [...] *meine für die »Gartenlaube« bestimmte Novelle: »Fein Gespinnst, kein Gewinnst« [= UNTERM BIRNBAUM] zu schreiben und beende sie Ende November im Brouillon* (Tagebuch).

22. Oktober. Theater: Hans Herrig, »Konradin«; Kritik: **23. Oktober.**

4. November. Theater: Shakespeare, »König Richard II.«; Kritik: **6. November.**

15. und 16. November. Theater: Schiller, »Wallenstein-Trilogie«; Kritik: **18. November.**

22. November. Berliner Schiller-Fest zum 25jährigen Bestehen der Schiller-Stiftung.

25. November. Theater: Klapp, »Rosenkranz und Güldenstern«; Kritik: **27. November.**

Dezember. Lektüre: Friedrich Hebbel, »Tagebücher«.

12. Dezember. Theater: Wildenbruch, »Christoph Marlowe«; Kritik: **14. Dezember.**

1885

4. Januar. Rezension von Engel, »Psychologie der französischen Literatur« in der »Vossischen Zeitung«.

6. Januar. Rezension von Panthenius, »Die von Kelles« in der »Vossischen Zeitung«.

6. Januar – 22. April. Überarbeitung von UNTERM BIRNBAUM.

17. Januar. Theater: Gensichen, »Lydia«, Lothar Clement, »Die vier Temperamente«; Kritik: **20. Januar.** *Das letz-*

tere ganz erbärmlich, höchst anspruchsvoll und langweilig
(Tagebuch).

24. Januar. *Viele Stunden lang in [Ludvig] Holbergers dänischer Geschichte gelesen. Diese alten Geschichtsschreibungen sind interessanter als die neuen und werden sie überleben* (Tagebuch).

31. Januar. Großes Fest der »Zwanglosen« im Englischen Haus.

Februar. Lektüre: Julius Stinde, »Familie Buchholz«.

6. Februar. *Interessanter Brief (Novellenstoff) von Frau Geh. Rätin Brunnemann aus Meran* (Tagebuch) – die Anregung zu Unwiederbringlich (vgl. Brief an Rodenberg, 21. November 1888).

7. Februar. *Kleine Abendgesellschaft bei uns: [Theos Studienfreund Edwin] Litti und Braut, Frl. Wandel, Paul Meyer, der junge Herr Rieger aus Darmstadt* (Tagebuch).

9.–21. Februar. *Meist krank, zuletzt bettlägerig* (Tagebuch).

13. Februar. Theater: Molière, »Tartuffe«, W. Ernst, »Kastor und Pollux«; Kritik: **15. Februar.**

März. Erscheinen von Christian Friedrich Scherenberg und das literarische Berlin von 1840 bis 1860 (Berlin: Hertz), einzige Ausgabe zu Lebzeiten. – Rezensionen: »Der Bär«, 11. April, Nr. 28 (Peter Wallé), »Die Nation«, 18. April, Nr. 29 (Schlenther), »Vossische Zeitung«, 22. und 23. Mai (Ludwig Schwerin), »Die Gegenwart«, 30. Mai, Nr. 22, »Norddeutsche Allgemeine Zeitung«, 8. August, Nr. 307, »Deutsche Literaturzeitung«, 8. August, Nr. 32 (Paul Nerrlich), »Deutsche Rundschau«, September, »Literarisches Centralblatt für Deutschland«, 26. September, Nr. 40.

18. März. Theater: Shakespeare, »Der Kaufmann von Venedig«; Kritik: **20. März.**

30. März. Theater: Hackländer, »Magnetische Kuren«; Kritik: **1. April.**

April. Fontanes Gedicht JUNG-BISMARCK erscheint zusammen mit fünf Gedichten anderer Autoren zu Bismarcks 70. Geburtstag in »Nord und Süd«: *Lindau hatte niemandem mitgeteilt, daß es auf einen Sanges-Wettstreit hinausliefe, was ich unpassend finde. Die ganze Geschichte kriegt dadurch was Fabrikmäßiges und wirkt mindestens ebensosehr als Ulk wie als Huldigung* (Tagebuch).
Theo macht sein Intendantur-Assessorexamen [...] *und tritt Ende April seine Stellung bei der Korps-Intendantur in Münster an. Friedel verläßt Jena zu Ostern und geht nach Leipzig in das Förster-Volkmannsche Geschäft* (Tagebuch), wo er nur bis Ende Mai bleibt.

22. April. Das Manuskript von UNTERM BIRNBAUM an »Die Gartenlaube«: *Vorläufig bin ich von 6monatlicher unausgesetzter Novellenarbeit, immer dieselbe Geschichte, kolossal angegriffen* (an Friedlaender).

29. April – 13.(?) Mai. Aufenthalt mit Mete in Hankels Ablage, zwischendurch Theaterverpflichtungen.

1. Mai. George wird wieder Militärlehrer in Lichterfelde.

3. Mai. Theater: Schiller, »Wallensteins Tod«; Kritik: **5. Mai.**

6. Mai. Theater: Goethe, »Faust I«; Kritik: **8. Mai.**

9. Mai. Theater: Moser, »Glück bei Frauen«; Kritik: **10. Mai.**

12. Mai. Theater: Erckmann-Chatrian, »Die Rantzau«; Kritik: **14. Mai.**

14. Mai. Theater: Laube, »Die Karlsschüler«; Kritik: **16. Mai.**

17. Mai. Tod Lepels: *Welch kümmerliches, kleines, unerquickliches Leben bei so viel Talent, Wissen und ursprünglich guten Bestrebungen.* [...] *Er war eine schwache, träge Natur, durch jedes Wort bestimmbar, auch von dem dummsten Menschen, und was ihn und sein Leben recht eigentlich zu Fall gebracht hat, war das, daß er nicht arbeiten konnte.* [...] *Hätte er die Pflicht der Ar-*

*beit gekannt, so hätte er sich von seinem Schwiegervater
nicht ernähren lassen und wäre ruhig als ein geachteter
Mann und seinerseits seine brave Frau achtend, in seiner
ersten Ehe geblieben* (an Rohr, 23. Mai). Fontane veröffentlicht am **7. Juni** einen biographischen Nachruf auf
den langjährigen Freund in der »Vossischen Zeitung«.

19. Mai. Theater: Birch-Pfeiffer, »Die Waise von Lowood«;
Kritik: **21. Mai.**

28. Mai. Der Aufsatz KOLONIE ZEUTHENSEE in der »Vossischen Zeitung«.

1. Juni. Friedel geht zur Schulzeschen Hofbuchhandlung
in dem feinen und reizenden Oldenburg (an Friedel,
6. Juni), wo er bis Ende Juli 1887 bleibt.

1. Juni – 19. September. Aufenthalt in Krummhübel (zeitweise mit Emilie, Mete und George), unterbrochen durch
eine Reise nach Liegnitz. Brouillon des ersten Teils von
QUITT, Überarbeitung von CÉCILE, die von **November –
Ende März 1886** fortgesetzt wird. Außerdem schreibt
Fontane Gedichte: *In den ersten 6 Wochen habe ich nur
Verse geschrieben, Lieder und Balladen, so daß ich mit 65
wieder bei 25 und beinah bei 15 angelangt bin. Die
Schlange, die sich in den Schwanz beißt, der Ring, der
sich schließt* (an Emilie Zöllner, 18. August). Viel angenehmer gesellschaftlicher Umgang: *Dieser ganze reiche
Verkehr interessierte mich lebhaft und würde mich
20 Jahre früher beglückt haben; so aber empfand ich doch
beständig ein »zu spät« und fühlte neben dem Freundlichen und Angenehmen etwas Störendes heraus. Immer
unterwegs und am Ende »Wozu der Lärm?«* (Tagebuch).

August/September. Vorabdruck von UNTERM BIRNBAUM
in der »Gartenlaube«.

30. September. Theater: Lessing, »Minna von Barnhelm«;
Kritik: **2. Oktober.**

8. Oktober. Theater: Töpfer, »Der beste Ton«; Kritik:
10. Oktober.

11. Oktober. Theater: Goethe, »Egmont«; Kritik: **13. Oktober.**

Mitte Oktober. Zweite Auflage von GRAF PETÖFY.

17. Oktober. Theater: Töpfer, »Rosenmüller und Finke«; Kritik: **19. Oktober.**

22. Oktober. Theater: Genée, »Gastrecht«, Bauernfeld, »Das Tagebuch«; Kritik: **24. Oktober.**

1. November. Fest zum 200jährigen Bestehen der französischen Kolonie. Prolog und Text zu den sechs lebenden Bildern, im Sommer in Thale entworfen, von Fontane, das Festspiel von Theodor Fontane jun.

3. November. Koloniediner im Englischen Haus.

7. November. Theater: L. Hoyer, »Trug in Treue«; Kritik: **8. November.**

14. November. Erscheinen von UNTERM BIRNBAUM (Berlin: Müller-Grote, Sammlung von Werken zeitgenössischer Schriftsteller): *Daß keine schöne, herzerquickliche Gestalt darin ist,* [...] *ist richtig und keine üble Bemerkung, das Schöne, Trostreiche, Erhebende schreitet aber gestaltlos durch die Geschichte hin und ist einfach das gepredigte Evangelium von der Gerechtigkeit Gottes, von der Ordnung in seiner Welt. Ja, das steht so fest, daß die Predigt sogar einen humoristischen Anstrich gewinnen konnte* (an Friedlaender, 16. November). – *Die Novelle* [...] *macht selbstverständlich gar keinen Eindruck. Absatz womöglich noch schlechter als bei Hertz. Dagegen erscheinen* [...] *Märchen von Frau Anna Lindau, geradezu entsetzlich, Verhöhnung von Sitte und Geschmack, woraufhin dieselben »Weihnachtsbuch« werden und gehen. Wohl bekomm's* (Tagebuch). – Rezension: »Vossische Zeitung«, 23. Dezember, Nr. 598 (Pietsch).

16. November. Nachricht von Georges Beförderung zum Hauptmann.

3. Dezember. Theater: Putlitz, »Waldemar«; Kritik: **5. Dezember.**

8. Dezember. Menzels 70. Geburtstag. Fontanes Gedicht
SANSSOUCI 7./8. DEZEMBER 1885 (ZU MENZELS 70. GE-
BURTSTAG) (1889 in GEDICHTE unter dem Titel AUF DER
TREPPE VON SANSSOUCI) erscheint in der »Vossischen Zeitung«: *Der Erfolg war glänzend, am entzückendsten der
Kronprinz, der bei Menzel, jedem, der es hören wollte, erzählte, daß er es seiner Frau 2 mal beim Frühstück vorgelesen* [...] *habe. Derlei Freundliches drang von vielen Seiten her an mich heran, und doch bin ich, beinah 14 Tage lang, aus dem Ärger oder richtiger aus einem sehr
schmerzlichen Gefühl nicht herausgekommen.* [...] *man
ließ mich [bei der »Vossischen Zeitung«] fühlen, daß man
das Gedicht nur aus Gefälligkeit drucke* [...]. *Ich hatte
geglaubt, man würde mich umarmen* [...]. *Menzel selbst
gab kein Lebenszeichen und kam erst am 10. oder
11. Tage, um sich zu bedanken. Es kann Zufall gewesen
sein, will sagen unbeabsichtigt, aber selbst dann ist es
starker Taback* (an Friedlaender, 6. Januar 1886).

24. Dezember. Georges Verlobung mit Martha Robert, der
Tochter eines Berliner Justizrats.

30. Dezember. Theater: Freytag, »Die Journalisten«; Kritik: **1. Januar 1886.**

31. Dezember. Theater: Francis Stahl, »Tilli«; Kritik: **3. Januar 1886.**

1886

1886. Die Ballade JOHN MAYNARD in »Berliner Bunte
Mappe. Originalbeiträge Berliner Künstler und Schriftsteller«, München.

Januar – Ende März. Schluß der Überarbeitung von CÉ-
CILE. Am **19. Februar** schickt Fontane die ersten zehn
Kapitel an die Zeitschrift »Universum« mit der Bemer-
kung: *Das zweite Drittel wird etwa am 3. oder 5. März,
das letzte Drittel am 15. März in Ihren Händen sein* (an
Jesco von Puttkammer, 19. Februar). – Lektüre (bis **Sep-**

Fontane und Mete in Arnsdorf im Riesengebirge
Photographie, 1886

tember): Leopold von Ranke, »Weltgeschichte«, *die mich an ihren großen Stellen entzückt, im ganzen aber, namentlich als stilistische Leistung, wenig befriedigt. Es ist viel zu viel hineingestopft, und weil diese Masse nur kurz behandelt werden darf, geht alle Klarheit verloren. Viel zu lang und auch wieder nicht lang genug: sollen Details gegeben werden, so verlangen diese einen bestimmten Raum, ohne den sie sich drängen und unübersichtlich werden* (Tagebuch).

16. Januar. Das Feuilleton Cafés von heute und Konditoreien von ehmals, eins der charmantesten Stücke Fontanescher Kurzprosa, in Lindaus kurzlebiger Wochenschrift »Das neue Berlin« (vgl.: Juni 1842).

6. Februar. Theater: Voss, »Treu dem Herrn«; Kritik: **8. Februar.** *Ein unangenehmes Stück* (Tagebuch).

1. März. Theater: Gutzkow, »Uriel Acosta«; Kritik: **2. März.**

2. März. *Während ich mitunter 3 Wochen in aller Stille zu Hause sitze, bei Tee, Vossin und Ranke (den ich jetzt lese), war von vorigem Donnerstag an der Deubel los. Es hing Gewicht sich an Gewicht, und nachdem ich am Freitag [26. 2.] einen »Commers mit Damen« inklusive geriebenem Salamander [...] durchgemacht hatte, folgte am Sonnabend [27. 2.] eine Landpartie nach Lichterfelde, denn das war es, trotzdem es Diner hieß, am Sonntag [28. 2.] ein Souper bei Freund Stephany ([Max] Heinemann, Ludwig Löwe, Wendelin v. Maltzahn zugegen) und gestern Montag Beginn eines Gastspiels, das auf 12 Rollen, sonst immer 3, anschwellen kann. Daß der Gast Sauer heißt, ist selbstverständlich, kann mich aber nicht trösten. Und das alles bei 10° Kälte und Nordost, der mein Todfeind ist* (an Friedlaender).

3. März. Theater: Goethe, »Egmont«; Kritik: **4. März.**

13. März. Theos Verlobung mit Martha Soldmann, der Tochter des Münsteraner Oberpostdirektors.

17. März. Theater: Fritz Dunkland, »Sympathie«; Kritik: **18. März.**

27. März. Die letzten drei Kapitel von CÉCILE werden zum Vorabdruck abgeschickt.

April – Mitte Mai. Überarbeitung von IRRUNGEN, WIRRUNGEN.

April – September. Vorabdruck von CÉCILE in »Universum. Illustrierter Hausschatz für Poesie, Natur und Welt, Literatur, Kunst und Wissenschaft«.

Lektüre: Mauthner, »Quartett«, Keller, »Martin Salander«: *mit größtem Behagen gelesen, er ist einer der Wenigen, die einen nie im Stiche lassen, gleichviel welche Wege sie gehn, an welchem Ziele sie landen* (Tagebuch), Max Kretzer, Drei Weiber: *Das Kretzersche Buch (in gewissen äußerlichen Schilderungen auch talentvoll) ist eine Schweinerei. Dergleichen – ein Assessor lebt mit Mutter, Stieftochter und Dienstmädchen a tempo auf dem Liebesfuß; die Tochter, noch dazu an ihrem Verlobungstage, ist sogar Augenzeuge einer Liebesszene mit der Mutter – kommt vor, und ich will einem Dichter, der sittlicher Mensch und Genie zu gleicher Zeit ist, die Behandlung solcher Dinge gestatten, ja, es kann dann von erschütternder Wirkung sein, Kretzer ist aber bloß ein talentierter Saupeter* (Tagebuch).

14. April. Theater: Adolf Friedrich Graf von Schack, »Timandra«; Kritik: **16. April**. *Ein langweiliges Stück, tot, akademisch* (Tagebuch).

Mitte April. Menzels Dankesdiner für die Glückwünsche und Geschenke zum 70. Geburtstag (vgl.: 8. Dezember 1885) im Kaiserhof (etwa 80 Gäste, darunter Fontane).

21. April. Theater: Ferdinand Raimund, »Der Verschwender«; Kritik: **22. April.**

8. Mai. Theater: Shakespeare, »Romeo und Julia«; Kritik: **10. Mai.**

12. Mai. Theater: Goethe, »Egmont«; Kritik: **13. Mai.**

15. Mai. Theater: Grandjean, »Am Klavier«; Kritik: **16. Mai.**

22. Mai. Theater: Freytag, »Die Journalisten«; Kritik: **23. Mai.**

6. Juni. *Heute vormittag war ich in der Wereschtschagin-Ausstellung und empfand angesichts der Bilder dasselbe, was ich am Nachmittag bei Lektüre Ihrer Kapitel [Vorabdrucke aus dem Buch »Griechische Frühlingstage«] wieder empfand: eine Sehnsucht, die, im Moment ihres Entstehens, unter einem schmerzlichen »Zu spät« auch schon wieder hinstarb* (an Engel). Vgl.: 7. Februar 1882.

12. Juni. Georges Hochzeit.

15. Juni – 8. September. Aufenthalt in Schlesien. Schmiedeberg (15.–17.), dann Krummhübel mit Mete (bis 1. September), von 24. Juli bis 4. September auch Emilie. Ausarbeitung von QUITT: *Das Beste war, daß ich aller Unbilden unerachtet, 10 Wochen lang unausgesetzt arbeiten und meine neue für die Gartenlaube bestimmte Arbeit im ersten Entwurf beenden konnte* (Tagebuch), dazu Lektüre: Heinrich Pestalozzi, »Lienhard und Gertrud«, außerdem: David Strauß, »Der alte und der neue Glaube«, Lindau, »Der Zug nach dem Westen«.

August. Zweite, unveränderte Auflage von SPREELAND.

September – Dezember. Überarbeitung von IRRUNGEN, WIRRUNGEN.

19. September. *Der Unterschied zwischen christlichem und jüdischem Geist. Der letztre hat so viel Blendendes und Verführerisches, und jeder Berliner (ich selbst in hohem Maße) ist ihm auf länger oder kürzer verfallen gewesen. Er hat auch viel Fördersames. Im Ganzen ist er aber ein Unglück und etwas durchaus niedrig Stehendes.* [...] *Die Juden haben nichts von der germanischen Schwerfälligkeit, sie sind quick, witzig, zugespitzt im Ausdruck, aber der germanische Geist ist dem jüdischen unendlich überlegen* (an Friedlaender).

29. September. Theater: Shakespeare, »Ein Wintermärchen«; Kritik: **30. September:** *das Stück, das mir, nicht an poetischer Schönheit, wohl aber an dramatischer Kraft, dem »Sommernachtstraum« überlegen zu sein scheint.*

30. September. Tod des langjährigen Intendanten des Berliner Königlichen Schauspiels Botho von Hülsen. Neuer Intendant: Bolko Graf Hochberg.

Friedel kündigt seine Stelle bei der Schulzeschen Buchhandlung in Oldenburg. Er wird beim Militär abgelehnt und arbeitet kurzzeitig in zwei Berliner Buchhandlungen.

1. Oktober. Das Gedicht GULDBRANDSDAL in »Deutsche Dichtung«.

2. Oktober. Theater: Hackländer, »Der geheime Agent«; Kritik: **3. Oktober.**

3.–6. Oktober. Zu Theos Hochzeit am **5. Oktober** in Münster.

22. Oktober. *Ich bin nicht einen Tag Mode gewesen, und mitunter staune ich, daß ich es, trotzdem, zu wenigstens hohen Honoraren gebracht habe* (an Friedlaender). – Theater: Felix Philippi, »Daniela«, Kritik: **24. Oktober.**

28. Oktober. Theater: Wilbrandt, »Jugendliebe«, Kleist, »Der zerbrochne Krug«, Benedix, »Eigensinn«; Kritik: **29. Oktober:** *Kleists »Zerbrochener Krug«* [...] *ist ein Lesestück. Da bewundert man die Kunst des Aufbaus, die Konsequenz der Durchführung, die Schärfe der Sprache, vor allem ihre Knappheit, und was Häßliches mit darunter läuft, wird einem* [...] *wenigstens nicht direkt unter die Nase gestoßen. Hat man dies Greuel von Dorfrichter aber dreiviertel Stunde lang beinah auf Handnähe vor sich, sieht man ihn sich die gequetschte Wade gemächlich verbinden, und wird man unausgesetzt zum Augen- und Ohrenzeugen seiner Brutalitäten, Lügen und Pfiffigkeiten, ohne in diese sich auch schon äußerlich als Schmuddelwelt charakterisierende Gerichtsstube nur ein einzigen Licht- und Schönheitsschimmer (denn der zutage tretende Humor ist au fond wenig erquicklich) einfallen zu sehen, so wird man der unbestreitbaren und beinah grandiosen Vorzüge des Stückes, nämlich seiner Charakteristik und seiner Ökonomie, nicht recht froh.*

November. Die Affäre um Friedlaenders Fontane gewidmete, gerade erschienene Kriegserinnerungen »Aus den

Kriegstagen 1870« (er soll vor ein militärisches Ehrenge-
richt gestellt werden, weil er darin schreibt, Oberst von
Wulffen habe »verblüfft« ausgesehen, was als ehrenrührig
für einen preußischen Offizier angesehen wird) regt Fontane zu bitteren Äußerungen über *unsre[n] Staats- und
Militärpopanz* (an Friedlaender, 15. November) an.

2. November. *Ich persönlich leide, wie immer von Oktober
bis Dezember, unter der Unverschämtheit meiner schrift-
stellerischen Kollegen, die alle von mir besprochen, d. h.
gelobt sein wollen, ohne je um mich einen Finger zu rüh-
ren* (an Theo).

20. November. Freytag, »Graf Waldemar«; Kritik: **23. November.**

27. November. Rezension von Lindau, »Der Zug nach dem
Westen« in der »Vossischen Zeitung«: *Aufgabe des modernen Romans scheint mir die zu sein, ein Leben, eine
Gesellschaft, einen Kreis von Menschen zu schildern, der
ein unverzerrtes Widerspiel des Lebens ist, das wir führen. Das wird der beste Roman sein, dessen Gestalten sich
in die Gestalten des wirklichen Lebens einreihen, so daß
wir in Erinnerung an eine bestimmte Lebensepoche nicht
mehr genau wissen, ob es gelebte oder gelesene Figuren
waren* (aus Fontanes Aufzeichnungen nach der Lektüre
des Buches).

Dezember. Zweite Auflage von SPREELAND. – George wird
Hauptmann.

5. Dezember. Theater (zum 100jährigen Bestehen des Königlichen Theaters): Putlitz, »Die Unterschrift des Königs«, Jünger, »Verstand und Leichtsinn«; Kritik: **7. Dezember.**

18. Dezember. Theater: Carl Maria von Weber / Pius Alexander Wolff, »Preziosa«; Kritik: **20. Dezember.**

31. Dezember. Theater: A. Fischer, »Edelweiß«, Putlitz,
»Die Unterschrift des Königs« und »Das Schwert des
Damokles«; Kritik: **1. Januar 1887.**

1. Januar–Ende Februar. *Ich begann mit Korrektur dreier kleiner Arbeiten* [...]. ONKEL DODO, IM COUPÉ *und* EINE FRAU IN MEINEN JAHREN (Tagebuch). – Überarbeitung von STINE.

Anfang Januar. Henrik Ibsen in Berlin. Zu seinen Ehren findet am **11. Januar** ein Festbankett im Kaiserhof statt, bei dem Fontanes Name mit auf der Einladung steht, er selbst aber laut Brief an Schlenther, Anfang Januar, nicht anwesend ist.

9. Januar. Theater: Ibsen, »Gespenster«, private Matinée im Residenztheater, da die Polizei eine öffentliche verbietet; Kritik: **13. Januar.** Fontanes Urteil: *Ich bin selbst so sehr die helle Begeisterung, daß ich mit meiner Altenherrnweisheit weder Ihnen noch Ibsen sonderlich ins Gehege kommen würde. Nur den in den »Gespenstern« umgehenden gesellschaftlich-reformatorischen Schemen der Sittlichkeitsprätension oder, wenn diese (was möglich ist) fehlen sollte, dem anspruchsvoll und unberechtigt zutage tretenden Pessimismus einer trotz scheinbarer Zutreffendheit doch verschrobenen Weltanschauung würde ich entgegentreten. Die Bewunderung für die dichterische Arbeit bleibt: Abweichung nur im Letzten und Innersten* (an Schlenther, 9. Januar). Fontane verfolgt Ibsens dramatisches Œuvre mit großer Anteilnahme und einer gewissen Distanzierung, vor allem von dessen *Eheblödsinn* (an Guide Weiß, 14. August 1889). Vgl.: 6. Juni 1893, 22. März 1898.

29. Januar. Theater: Lessing, »Emilia Galotti«; Kritik: **1. Februar.**

10. Februar. Theater: Shakespeare, »Ein Wintermärchen«; Kritik: **11. Februar.**

16. Februar. Theater: Benedix, »Gegenüber«, Bergen, »Kleine Mißverständnisse«; Kritik: **17. Februar.**

März – 5. Juli. Überarbeitung und Abschluß von IRRUNGEN, WIRRUNGEN.

4. März. Theater: Gensichen, »Die Märchentante«; Kritik:
5. März.

9. März. *Den ganzen Winter über bin ich krank gewesen
und bin es in diesem Augenblicke wieder recht empfindlich* (an Heinrich Kruse).

April. Erscheinen von CÉCILE. ROMAN (Berlin: E. Dominik): *Cécile ist doch mehr als eine Alltagsgeschichte, die
liebevoll und mit einem gewissen Aufwande von Kunst
erzählt ist. Wenigstens will die Geschichte noch etwas
mehr sein; sie setzt sich erstens vor, einen Charakter zu
zeichnen, der, soweit meine Novellenkenntnis reicht (freilich nicht sehr weit) noch nicht gezeichnet ist, und will
zweitens den Satz illustrieren, »wer mal ›drinsitzt‹,
gleichviel mit oder ohne Schuld, kommt nicht wieder heraus«. Also etwas wie Tendenz* (an Schlenther, 2. Juni
1887). – Rezensionen: »Vossische Zeitung«, 27. Mai
(Schlenther), »Augsburger Allgemeine Zeitung«, 16. und
17. Juni, Nr. 165 und 166 (Lübke) ,»Die Grenzboten«,
Juli (anonym = Adolf Stern).

6. April. Theater: Wildenbruch, »Der Fürst von Verona«;
Kritik: **8. April.**

13. April. Theater: Shakespeare, »Was ihr wollt«; Kritik:
15. April.

20. April. Theater: Hackländer, »Der geheime Agent«; Kritik: **21. April.**

2. Mai. Theater: Schiller, »Wallensteins Lager« und »Die
Piccolomini«; Kritik: **4. Mai.**

3. Mai. Theater: Schiller, »Wallensteins Tod«; Kritik: **6. Mai.**

10. und 11. Mai. Theater: Schiller, »Wallenstein-Trilogie«;
Kritik: **13. Mai:** *Ja, öde Flächen! Je länger man sich
mit Kunst beschäftigt, je mehr erkennt man, daß diese
(die »öden Flächen«) zu tilgen, die eigentlichste Kunstauf-
gabe ist.*

17. Mai. Theater: Goethe, »Die Geschwister«, Hans Arnold, »Geburtstagsfreuden«, Benedix, »Gegenüber«; Kritik: **18. Mai.**

Ende Mai. Besuch von Wilsnack, Quitzöwel und Rühstädt, unmittelbar darauf Beginn der Arbeit an den Quitzöwel-Kapiteln aus Fünf Schlösser.

1. Juni. Friedel beginnt als Volontär in der Buchhandlung Seidel, vorher *monatelang ohne Stellung* (Tagebuch); ab 1. August arbeitet er dann im Verlagsgeschäft Dominik.

5. Juni. Theater: Schiller, »Die Braut von Messina«; Kritik: **7. Juni.**

9. Juni. Theater: Schiller, »Kabale und Liebe«; Kritik: **11. Juni.**

13. Juni. Theater: Schiller, »Wallensteins Lager« und »Die Piccolomini«; Kritik: **14. Juni.**

16. Juni. Theater: Schiller, »Kabale und Liebe«; Kritik: **17. Juni.**

20. Juni. Theater: Iffland, »Die Jäger«; Kritik: **21. Juni.**

24. Juni. Theater: Lessing, »Emilia Galotti«; Kritik: **25. Juni.**

26. Juni. Theater: Birch-Pfeiffer, »Die Grille«; Kritik: **27. Juni.**

7. Juli – 7. August. Urlaub, zeitweise mit Mete, in Seebad Rüdersdorf, einem Etablissement am Kalksee, östlich von Berlin, zwischen Erkner und Rüdersdorf. Korrektur der sehr schlechten Fahnen des Vorabdrucks von Irrungen, Wirrungen, Erweiterung und Überarbeitung von Quitzöwel, Beginn der Arbeit an Plaue a. H. (am **2. Februar 1888** abgeschlossen) und an Unwiederbringlich.

21. Juli. *Bin ich Großvater; an diesem Tage wurde unserm alten Theo ein Sohn geboren, der nun als Klein-Otto das Glück seiner Eltern ist* (Tagebuch).

24. Juli – 23. August. Vorabdruck von Irrungen, Wirrungen. Eine Berliner Alltagsgeschichte in der »Vossischen Zeitung«, der moralische Bedenken (»gräßliche Hurengeschichte«, so nach Conrad Wandrey, »Theodor Fontane«, München 1919, der Besitzer der Zeitung) erregt.

19. August – 19. September. Mit Mete, zeitweise auch Emilie in Krummhübel, *zuletzt eine große Partie ins Ge-*

birge hinein, bis nach Spindelmühl (Tagebuch). Dort die Fertigstellung von Quitzöwel am **14. September.**

21. September. Theater: Lessing, »Minna von Barnhelm«; Kritik: **22. September.**

24. September. Tod des ältesten Sohns George, der an einem geplatzten Blinddarm stirbt; Beerdigung am **27. September** auf dem Lichterfelder Friedhof.

Oktober – Januar 1888. Vorabdruck der Quitzöwel-Kapitel aus Fünf Schlösser, illustriert und mit mehreren Quitzow-Gedichten Fontanes, in Dominiks Zeitschrift »Zur guten Stunde«.

1. Oktober – 23. Dezember. *Während des Vierteljahres* [...] *war ich sehr fleißig, fühlte mich auch meistens wohl. Ich schrieb den in Schleswig-Holstein und auf Seeland spielenden Roman* Unwiederbringlich (Tagebuch).

2. Oktober. Theater: Shakespeare, »König Richard III.«; Kritik: **4. Oktober.**

15. Oktober. Theater: Heinrich Heinemann, »Auf glatter Bahn«; Kritik: **16. Oktober.**

5. November. Theater: Goethe, »Egmont«; Kritik: **7. November.**

17. November. Rezension von Lindau, »Arme Mädchen« in der »Vossischen Zeitung«.

21. November. Theater: Schiller, »Die Piccolomini«; Kritik: **22. November.**

24. November. Theater: Ivar Svenson, »Der Seestern«, Rosen, »Mamas Augen«; Kritik: **25. November.**

25. November. Theater: Lessing, »Minna von Barnhelm«; Kritik: **26. November.**

29. November. Theater: Goethe, »Egmont«; Kritik: **30. November.**

Dezember. Zweite Auflage von Grete Minde.

8. Dezember. Theater: Shakespeare, »Othello«; Kritik: **10. Dezember.**

17. Dezember. Theater: Calderón de la Barca, »Das Leben, ein Traum«; Kritik: **19. Dezember.**

Weihnachten. EINE FRAU IN MEINEN JAHREN (fünfte Geschichte aus VON, VOR UND NACH DER REISE) in »Zur guten Stunde«.

31. Dezember. Theater: Otto Girndt, »Die Maus«; Kritik: 1. Januar 1888.

1888

Januar–Mai. Brouillon von FRAU JENNY TREIBEL, der drei Jahre liegenbleibt.

Januar – Anfang Juni. Überarbeitung von STINE, dann wird das Manuskript zum Vorabdruck abgeschickt.

6. Januar. Theater: Lessing, »Emilia Galotti«; Kritik: **7. Januar.**

10. Januar. Theater: F. Silesius / Max Bauermeister, »Sie weint«; Kritik: **11. Januar.**

26. Januar. Theater: Lindau, »Tante Therese«; Kritik: **27. Januar.**

Anfang Februar. Erscheinen von IRRUNGEN, WIRRUNGEN. ROMAN (Leipzig: F. W. Steffens): *Daß in meinem Ibsen-Aufsatz und in* IRRUNGEN, WIRRUNGEN *dieselbe Tendenz lebt: »Ehe ist Ordnung«, ist mir erst durch Ihre Kritik zu Gemüte geführt. Und diese Tendenz selbst, – ja das ist ein weites Thema* [...]. *»Du sollst nicht ehebrechen«, das ist die Norm und wohl dem, der, nicht in Versuchung und nicht in Kämpfe geführt, dieser Norm entspricht; aber der Kompliziertheiten modernen Lebens sind so viele, daß das Gesetz jeden Tag und jede Stunde durchlöchert wird, weil es durchlöchert werden muß, wodurch wir, wollend oder nicht, unsere Stellung zur Schuldfrage beständigen Wandlungen unterworfen sehen. Das zugleich ein Ideal verkörpernde Gesetz, es bleibt, aber seine Strafandrohungen und Strafbemessungen, auch die bloß gesellschaftlichen, ändern sich nach der veränderten Schuldanschauung, und die Zeit kann kommen, wo das Gesetz selbst darüber* *zusammenbricht* (an Brahm, 21. April). – Rezensionen: »Allgemeine Zeitung«, 3. März, Nr. 63 (Lübke), »Magazin für die Literatur des In- und Auslandes«, 24. März, Nr. 13, »Vossische Zeitung«, 1. April, Nr. 158 (Schlenther), »Deutsche Literaturzeitung«, 7. April, Nr. 14 (Max von Waldberg), »Deutsches Literaturblatt«, 7. April, Nr. 3 (Richard Bürkner), »Frankfurter Zeitung«, 20. April (Brahm), »Schlesische Zeitung«, 5. Mai, Nr. 313 (Pietsch), »Magdeburgische Zeitung«, 31. Mai, Nr. 274 (Jensch), »Deutsches Wochenblatt«, 16. August, Nr. 21 (Robert Hessen), »Deutsche Rundschau«, September (O. Pniower), »Blätter für literarische Unterhaltung«, 20. September, Nr. 38 (Richard Weitbrecht), »Die Grenzboten«, 27. September, H. 4 (Adolf Stern), »Westermanns illustrierte deutsche Monatshefte«, August (G. = Adolf Glaser), »Die Gegenwart«, 1. Dezember, Nr. 48 (g.), »Die Nation«, 28. Dezember 1889, Nr. 13 (Maximilian Harden), »Die Gesellschaft«, 29. Dezember 1889 (Conrad Alberti).

10. Februar. Erster erhaltener Brief an Fritz Mauthner, bis **September 1898** etwa 70 weitere erhalten.

18. Februar. Theater: Heyse, »Die Weisheit Salomos«; Kritik: **21. Februar.**

26. Februar – 19. März. Ismael Gentz' Bleistiftzeichnung Fontanes.

März – Juli. Überarbeitung von Wohin?, Im Coupé, Der Karrenschieber von Grisselsbrunn, Der letzte Laborant, Plaue a. O. und für die neue Auflage der Gedichte einiger Balladen.

9. März. Tod Kaiser Wilhelms I.; der unter dem Einfluß seiner englischen Frau liberalere Friedrich I. wird Kaiser: *Die liberalen Intentionen waren gewiß die besten, und es mag dahingestellt bleiben, ob Preußen – All-Deutschland schon schwieriger – nicht nach einem solchen liberalen Programm zu regieren gewesen wäre. Ohne Adel, Geistlichkeit und Bürokratie geht es freilich nicht, aber es ist*

*unzweifelhaft, daß wir in Preußen auch einen liberalen
Adel, eine liberale Geistlichkeit und eine liberale Beam-
tenschaft haben. Mit diesen Elementen, die an Zahl wie
geistiger Potenz der alten preußischen Regierungsgarde
mindestens ebenbürtig sind, hätte man's unter andern
Umständen versuchen können. Aber der neue Kaiser war
bereits ein Sterbender, und so hatten wir nicht einen liberalen Regierungswechsel, sondern die alte Regierung
blieb, in die nun »vom Kabinett aus«, d. h. durch die Kai-
serin, fortschrittlich hineingewirtschaftet wurde. So daß
Willkürlichkeit und Konfusion dieser ganzen Epoche den
Stempel aufgedrückt haben. Zum Glück dauerte es nicht
lange* (Tagebuch).

April. Das Gedicht Walter Scotts Einzug in Abbotsford in »Zur guten Stunde«.

2. April. Theater: Shakespeare, »Othello«; Kritik:
4. (?) April.

7. April. Theater: Schiller, »Maria Stuart«; Kritik:
10. April.

14. April. Theater: Goethe, »Egmont«; Kritik: **15. April.**

24. April. Theater: Birch-Pfeiffer, »Die Grille«; Kritik:
25. April.

26. April. Theater: Lessing, »Minna von Barnhelm«; Kritik:
27. April.

Mai. Die Gedichte Walter Scott in Westminster Abbey
und Jan Bart in »Zur guten Stunde«.

9. Mai. Abschluß des Brouillons von Frau Jenny Treibel.
– Verlagsvereinbarung mit Hertz über die Publikation
von Fünf Schlösser.

10. Mai. Theater: Schiller, »Kabale und Liebe«; Kritik:
11. Mai.

20. Mai. Vorabdruck von Wohin? Eine Plauderei (siebte
Geschichte aus Von, vor und nach der Reise) in der
»Vossischen Zeitung«.

28. Mai. Theater: Schiller, »Kabale und Liebe«; Kritik:
29. Mai.

Anfang Juni. *War ich bei Lessings in Meseburg. Wie hätte mich das alles mal entzückt; nun war es mir gleichgültig* (Tagebuch).

Mitte Juni. Tod des Kindheitsfreundes Scherz, *dem ich (und namentlich Theo) so viel verdanke* (Tagebuch).

15. Juni. Tod Kaiser Friedrichs I.; Wilhelm II. wird Kaiser.

13., 15., 17. und 23. Juni. Vorabdruck von SCHLOSS PLAUE A. H. aus FÜNF SCHLÖSSER in der »Vossischen Zeitung«.

30. Juni. Übergabe des Manuskripts von FÜNF SCHLÖSSER an Hertz.

Juli. Vorabdruck von IM COUPÉ (dritte Geschichte aus VON, VOR UND NACH DER REISE) und das Gedicht WALDEMAR ATTERDAG in »Zur guten Stunde«.

4. Juli. Tod Storms. Wenige Tage danach: *einen längeren Aufsatz über Storm angefangen, aber wieder beiseitegeschoben, weil mir die Kraft dazu ausgeht* (Tagebuch). Die Arbeit bleibt Fragment (Erstveröffentlichung 1958).

8.–15. Juli. *Außerdem sah ich meinen Roman QUITT durch und ordnete alles übersichtlich, kam aber im einzelnen zu keinen rechten Verbesserungen* (Tagebuch).

15. Juli. Vorabdruck von DER LETZTE LABORANT (zehnte Geschichte aus VON, VOR UND NACH DER REISE) in der »Vossischen Zeitung«.

16. Juli – 1. September. Aufenthalt in Krummhübel (auf der Brotbaude), Mete schon ab 5. Juli, ab 22. Juli auch Emilie. Korrektur von FÜNF SCHLÖSSER und Überarbeitung von QUITT (Arbeiten daran aber noch bis **April 1889**). Lektüre: Kretzer, »Meister Timpe«: *Das Widerliche, das in seinem Roman »Drei Weiber« [vgl.: 15. Juni – 8. September 1886] eine so große Rolle spielt, fehlt hier ganz, aber dafür ist dies neue Buch trostlos und langweilig und, was mir das überraschendste ist, nach meiner Meinung ganz unrealistisch* (an Lazarus, 9. August).

September. Erscheinen der vierten Auflage von DAS ODERLAND und der dritten von HAVELLAND (beide mit Impressum: 1889).

Mehrere Besuche der »Großen Kunstausstellung« der Königlichen Akademie der Künste, aber *am meisten interessierte mich der »Brand von Rom« (Großes Panorama)* (Tagebuch) von Max Koch im Ausstellungspark, Straße Alt-Moabit.

Die Gedichte SPÄTHERBST, SO UND NICHT ANDERS, AUSGANG, GESCHICHTSSCHREIBUNG, GULBRANDSDAL, GRABSCHRIFT und vier Alte-Fritz-Gedichte in »Zur guten Stunde«.

15. September. Theater: Eugenie Heiden / Francis Stahl, »Der Herr Major auf Urlaub«; Kritik: **17. September.**

29. September. Theater: Bürger, »Auf der Brautfahrt«; Kritik: **30 September.**

30. September – 16. (?) Oktober. Emilie in Neuhof.

Oktober. Die Gedichte DER ALTE MUSIKANT, RÜCKBLICK, DOLUS TYRANNUS, SCHLAF, TROST, ZUSPRUCH, ES KRIBBELT UND WIBBELT WEITER, PUBLIKUM, ZUM NAMENSTAG MEINER ENKELIN, WAS MIR GEFÄLLT und AFRIKAREISENDER in »Zur guten Stunde«.

Oktober – Ende April 1889. Korrektur von QUITT.

1. Oktober. Gründung des Verlags Friedrich Fontane & Co, der durch stille Partner finanziert wird und von nun an fast alle Werke Fontanes veröffentlicht.

6. Oktober. Das Kaiser-Friedrich-Gedicht LETZTE FAHRT (6. JUNI 1880) in »Der Bär«.

9. Oktober. Theater: Schneider, »Michel Perrin«, Holtei, »Wiener in Paris« im Berliner Theater; Kritik: **10. Oktober.**

10. Oktober. *Seit länger als 14 Tagen dichte ich in einem fort, erst für den »Bär«, ein Kaiser Friedrich-Gedicht, dann für den Berliner Geschichtsverein ein Festgedicht auf die Kaiser Wilhelm und Friedrich, dann für meinen Gönner Béringuier einen Prolog zum Kolonie-Fest »auch mit etwas Friedrich damang«. Nun kann ich aber nicht mehr und muß zu meinen auf länger als zwei Wochen unterbrochenen Arbeiten zurückkehren* (an Otto Arendt).

12. Oktober. Theater: Lessing, »Emilia Galotti«; Kritik:
13. Oktober.

13. Oktober. Theater: Mrs. Kennion, »My Sweetheart« in
Krolls Theater; Kritik: **14. Oktober.**

Mitte Oktober. Erscheinen von FÜNF SCHLÖSSER. ALTES
UND NEUES AUS MARK BRANDENBURG (Vorwort datiert:
20. September, Berlin: Hertz, Impressum: 1889): *Wenn
ich meine* WANDERUNGEN *vielleicht als Plaudereien oder
Feuilletons bezeichnen darf, so sind diese* FÜNF SCHLÖS-
SER *ebenso viele historische Spezialarbeiten, Essays, bei
deren Niederschreibung ich, um reicherer Stoffeinheim-
sung und noch häufiger um besseren Kolorits willen, eine
bestimmte Fahrt oder Reise machte, nicht eine Wanderung* (Vorwort). – Rezensionen: »Vossische Zeitung«,
11. November, »Deutsches Wochenblatt«, 6. Dezember
(Otto Girndt), »Der Bär«, 8. Dezember, Nr. 10, »National-Zeitung«, 9. Dezember (S. S. = S. Samosch), »Die Nation«, 15. Dezember (Harden), »Deutsche Rundschau«,
Januar 1890 (Brahm).

15. Oktober. Theater: Schiller, »Maria Stuart«; Kritik:
16. Oktober.

20. Oktober. Theater: Blumenthal, »Der Probepfeil« im
Berliner Theater; Kritik: **21. Oktober.**

21. Oktober. Theater: Ibsen, »Die Wildente« im Residenztheater; Kritik: **22. und 28. Oktober.**

25. Oktober. Theater: Carl Schönfeld, »Mit fremden Fe-
dern« im Berliner Theater; Kritik: **26. Oktober.**

3. November. Theater: Freytag, »Die Journalisten«; Kritik:
4. November.

9. November. Theater: Wildenbruch, »Die Quitzows«; Kritik: **10. November**: *Das Stück Genie, nach dem ich mich,
wenn ich Wildenbruchsches sah, sieben Jahre lang vergeblich umgesehen habe, hier ist es; nach meinem Dafürhalten zum erstenmal, aber nun auch mit erobernder Gewalt.
Das ist ein Stück, wie's sein soll, ein Stück außerhalb der
Schablone, vielmehr umgekehrt von Anfang bis Ende in*

*seinen eigenen Stiefeln stehend. Von Schuhen läßt sich hier
nicht sprechen. Es ist ein Ding für sich. Alles andere, was
ich von Ernst von Wildenbruch kenne, wird über kurz
oder lang weggefegt sein, dies aber wird bleiben, denn es
ist in seinem Kerne voll Wahrheit und Leben, zugleich, auf
seine Tendenzen hin angesehn, voll erhebender Schönheit.*

10. November. Rezension von Brahm, »Schiller« in der
»Vossischen Zeitung«.

28. November. Theater: Brachvogel, »Narziß«; Kritik:
29. November.

10. Dezember. Auf Vorschlag des Kultusministers Goßler
Verleihung des Ritterkreuzes des Hohenzollernschen
Hausordens: *Man kriegt Orden für Andre, nur in dieser
Beleuchtung haben sie Wert, aber dann auch einen wirk-
lichen Wert. Wäre ich ein gesellschaftlich angesehner
Mann, ein Gegenstand von Huldigungen oder auch nur
Achtung, die man allseitig meiner Stellung oder meinem
Vermögen entgegenbrächte, so bedeutete mir solche Aus-
zeichnung, mit der ich mich übrigens kaum je vor der
Welt herumzieren werde, so gut wie nichts. Angesichts der
Tatsache aber, daß man in Deutschland und speziell in
Preußen nur dann etwas gilt, wenn man »staatlich appro-
biert« ist, hat solch Orden einen wirklichen praktischen
Wert: man wird respektvoller angekuckt und besser be-
handelt* (an Friedlaender, 7. Januar 1889).

12. Dezember. Theater: Ludwig von Dóczi, »Letzte
Liebe«; Kritik: **13. Dezember.**

15. Dezember. Theater: Schiller, »Wallensteins Tod«; Kritik: **16. Dezember.**

22. Dezember. Theater: Shakespeare, »Othello«; Kritik:
23. Dezember.

23. Dezember. Theater: Wilhelm Wendlandt, »Friedrich
von Hohenzollern und die Quitzows« im Volkstheater;
Kritik: **24. Dezember.**

27. Dezember. Shakespeare, »Julius Cäsar« im Berliner
Theater; Kritik: **28. Dezember.**

Januar – Juni. Überarbeitung von UNWIEDERBRINGLICH.

12. Januar. Theater: Lindau, »Johannistrieb«; Kritik:
13. Januar.

16. Januar. *Die Vollendung im Schlichten und Naiven bedeutet mir das Höchste [in der Lyrik]* (an Lazarus).

2. Februar. Theater: Heyse, »Weltuntergang«; Kritik:
3. Februar.

März. Beginn von Fontanes Teilnahme an Spielhagens »Literarischem Club«, der donnerstags im Hotel Kaiserhof in der Wilhelmstraße tagt. Er gibt die Teilnahme 1891 enttäuscht auf.

Anfang März. Teilnahme an einem Souper für Ibsen.

5. März. Theater: Ibsen, »Die Frau vom Meere«; Kritik:
6. März: *Beiläufig, mein Ibsen-Enthusiasmus hat seit 8 Tagen einen Knax weg, und die »Frau vom Meere« hat den Bruch nicht geheilt, sondern bloß für einen Doppelbruch Sorge getragen* (an Friedlaender, 7. Januar, nach der Lektüre des Stücks).

19. März. Theater: Ibsen, »Die Frau vom Meere«; Kritik:
21. März: *Es hat Jahrhunderte ohne Ellidas gegeben, jetzt kommen die Jahrhunderte mit. Und weil sie da sind, diese nervösen Frauen, zu Hunderten und Tausenden unter uns leben, so haben sie sich, einfach durch ihre Existenz, auch Bühnenrecht erworben. Oder will man ihnen gegenüber von »Krankheit« sprechen? Was heißt krank? Wer ist gesund? Und wenn krank, nun so bin ich eventuell fürs Kranke. Karl Frenzel, jetzt, zu meinem Schmerz, so sehr gegen Ibsen, schrieb einmal, daß er zu Beginn des vorigen Jahrhunderts lieber unter dem unsittlichen König August in Dresden als unter dem sittlichen König Friedrich Wilhelm I. in Berlin gelebt haben würde. Mir ganz aus der Seele gesprochen. Und so sag' ich: Ich lebe mit Kranken wie Ellida [...] lieber als mit der Mehrzahl der Gesunden, die mir in meinem Leben vorgestellt wurden.*

28. März. QUITT wird an den Verlag Kröner zum Vorabdruck geschickt.

April (?). Vorabdruck von DER KARRENSCHIEBER VON GRISSELSBRUNN (vierte Geschichte aus VON, VOR UND NACH DER REISE) in der »Gesellschaft«.

7. April. Theater: Shakespeare, »Hamlet«; Kritik: **8. April.**

12. April. Theater: Hermann Schreyer, »Nausikaa«; Kritik: **13. April.**

2. Mai. Theater: Genée, »Stephy Girard«, Rosen, »Gemischte Gesellschaft« im Lessing-Theater; Kritik: **3. Mai.**

8. Mai. *OLAF KRAGEBEEN, SVEND GABELBART UND HERLUF TROLLES BEGRÄBNIS, drei Balladen, an denen ich nun [...] abwechselnd und beständig von einem zum andern übergehend, seit 3 Wochen arbeite* (an Mete). Alle drei für die dritte Auflage der GEDICHTE (vgl.: Anfang November), die letzte wird auch in UNWIEDERBRINGLICH verwendet.

12. Mai. *In großer Kumpanei, nach Meseburg, eine Stunde von Gransee. Wir waren 8 im Coupé* (an Mete).

18. Mai. Theater: De Girardin, »Lady Tartuffe«; Kritik: **19. Mai.**

27. Mai – 2. (?) Juni. *Nach Landin (Havelland), von wo aus ich die Güter der Friesacker Linie besuche: Landin selbst, Kriele, Liepe, Senzke, Wagnitz, Görne, Kleessen und Friesack* (Tagebuch), *wo eine Ausgrabung vorgenommen werden soll, eine sehr schwierige Sache, weil erst aufgeschüttete Erdmassen (zur Zeit ein Garten) und dann ein darunter befindliches Gewölbe von oben her durchbrochen werden muß, um in die alte Bredow-Gruft der Quitzow-Zeit etc. zu gelangen* (an Emilie, 30. Mai). Die Grabung ist offenbar erfolgreich: *Wir haben neulich an der Hand eines auf der Burg wohnenden Baumeisters die Baulinien der alten Burg ziemlich genau wieder festgestellt und dabei zuletzt 2 Friesacker vernommen, Achtzigjährige, die bei der letzten Öffnung der dann 1842 zugeschütteten Krypta zugegen waren* (an Rodenberg, 9. Juni). Gleich darauf Verwertung des Materials für *die neue*

große märkische Arbeit [...]: *Die Bredows, ihre Ge-*
schichte und ihr Besitz (ebd.). Dazu unternimmt Fontane
vom **24.–29. August** eine Reise zu den *verschiedenen*
Bredows um Nauen herum (an Oskar Schnabel, Ende
August) und vom **14.–17. (?) September** nach Bredow.
Seine negativen Eindrücke unter anderem von der Familie Bredow veranlassen ihn, die Arbeit auf Friesack zu beschränken. Nach erneuter Arbeit an dem Projekt im **Ja-**
nuar 1891 gibt er es im **Mai oder Juni 1891** auf (vgl.
aber: September 1898).

3. Juni. Theater: Shakespeare, »Othello«; Kritik: **4. Juni.**

8. Juni. Übergabe des Manuskripts der dritten Auflage der
GEDICHTE durch Emilie an Hertz, der ihr sagt, *»sie sähe*
aus wie meine älteste Tochter«, eine Bemerkung, die im-
mer wieder Wunder tut (an Mete).

12. Juni. Theater: Scribe, »Feenhände« im Berliner Theater; Kritik: **13. Juni.**

17. Juni. Theater: Gottschall, »Arabella Stuart«; Kritik:
18. Juni.

20. Juni. Theater: Schiller, »Kabale und Liebe«; Kritik:
21. Juni.

22. Juni. Das Kaiser-Friedrich-Gedicht LETZTE BEGEG-
NUNG (14. JUNI 1888) in »Zur guten Stunde«. – Theater:
Goethe, »Egmont«; Kritik: **23. Juni.**

25. Juni. Theater: Lessing, »Emilia Galotti«; Kritik:
26. Juni.

27. Juni – 6. August. Aufenthalt in Kissingen, ab 4. Juli mit
Emilie. Abstecher nach Bayreuth zu den Wagner-Fest-
spielen, während Emilie in Kissingen bleibt: *Sonntag Par-*
sifal, Anfang 4 Uhr. Zwischen 3 und 4 natürlich Wolken-
bruch; für zwei Mark, trotzdem ich ganz nahe wohnte,
hinausgefahren. Mit aufgekrempelten Hosen hinein, alles
naß, klamm, kalt; Geruch von aufgehängter Wäsche.
1500 Menschen drin, jeder Platz besetzt. Mir wird so son-
derbar. Alle Türen geschlossen. In diesem Augenblicke
wird es stockduster, nur noch durch die Gardine fällt ein

*schwacher Lichtschimmer, genau wie in Macbeth, wenn
König Duncan ermordet wird. Und nun geht ein Tuba-
blasen los, als wären es die Posaunen des Letzten Ge-
richts. Mir wird immer sonderbarer, und als die Ouver-
türe zu Ende geht, fühle ich deutlich »noch 3 Minuten
und du fällst ohnmächtig oder tot vom Sitz.« Also wieder
'raus. Ich war der Letzte gewesen, der sich an 40 Personen vorbei bis auf seinen Platz, natürlich neben der
»Strippe«, durchgedrängt hatte, und das war jetzt kaum
10 Minuten. Und nun wieder ebenso zurück. Ich war
halb ohnmächtig, aber ich tat so, als ob ich's ganz wäre,
denn die Sache genierte mich aufs äußerste. Gott sei
Dank, wurde mir auf mein Pochen die Tür geöffnet, und
als ich draußen war, erfüllte mich Preis und Dank* (an
Zöllner, 19. August). Seine Karte für »Tristan und Isolde«
gibt Fontane zurück.

6. Juli. Die Gedichte ADLIG BEGRÄBNIS, SIEGESBOTSCHAFT
mit weiteren, schon früher gedruckten unter dem Titel
MÄRKISCHE REIME in »Zur guten Stunde«.

August (?). ONKEL DODO (sechste Geschichte aus VON,
VOR UND NACH DER REISE) in »Zur guten Stunde«.

13. August. Ausflug nach Lichterfelde. – *Ich bin zeitlebens
ein nervenkranker Mann gewesen, und es hat auch so gehen müssen und ist gegangen* (an Mete).

16. August. Besuch in Dobbertin, die letzte Begegnung mit
Mathilde von Rohr.

17. August. Besuch in Ludwigslust.

24. August. Sieben Gedichte unter dem Titel AUS DER GE-
SELLSCHAFT in »Zur guten Stunde« zusammen mit Fontanes populärster Ballade HERR VON RIBBECK AUF RIBBECK
IM HAVELLAND: *Es ist ein gutes Gedicht, was Sie vielleicht
schon dem Titel abfühlen* (an Rodenberg, 11. Juni).

September – Juni 1890. Die erste Saison des Theaters der
»Freien Bühne« mit acht Inszenierungen moderner, zum
Teil kontroverser Stücke, deren Aufführungen Fontane in
der »Vossischen Zeitung« bespricht: *Das literar[ische] Le-*

*ben des Winters gruppierte sich um die »Freie Bühne«, so-
wohl um das Theater wie um das Blatt dieses Namens.
Ich verfolge all diese Erscheinungen mit dem größten Interesse und finde die Jugend hat Recht. Das Überlieferte
ist vollkommen schal und abgestanden; wer mir sagt »ich
war gestern in ›Iphigenie‹, welch Hochgenuß!«, der lügt
oder ist ein Schaf und Nachplapprer* (an Friedlaender,
29. April 1890).

16. September. Tod Mathilde von Rohrs: *Es war, trotz
Beschränktheit und komischem Literaturenthusiasmus
(denn sie konnte nicht einmal ein Gedicht richtig ab-
schreiben), eine ganz kapitale Person, die ich geliebt und
verehrt habe* (an Hertz, 23. Mai 1888).

20. September. Theater: Iwan Turgenjew, »Natalie«; Kritik: **21. September.**

29. September. Theater: Ibsen, »Gespenster« in der »Freien
Bühne«; Kritik: **30. September.** *Seine Wirkung ist groß
und berechtigt, er hat neue Typen und neue Aufgaben geschaffen, es fängt wirklich ein neues Leben mit ihm an,
und das Alte wirkt abgestanden, langweilig. Aber indem
ich dies kolossale Lob ehrlich ausspreche, muß ich doch
zugleich hinzusetzen, alles, was da von Lebensanschau-
ungen und Doktrinen mit drunterläuft, ist der reine Unsinn, so daß ein alter Kerl wie ich bloß darüber lachen
kann* (an Friedrich Stephany, 30. September).

1. Oktober. Theater: Voss, »Brigitta«; Kritik: **3. Oktober.**

9. Oktober. Theater: Wichert, »Ihr Taufschein«, »Der
Mann der Freundin« und »Post festum«; Kritik: **10. Oktober.**

10. Oktober. *Der Realismus wird ganz falsch aufgefaßt,
wenn man von ihm annimmt, er sei mit der Häßlichkeit
ein für allemal vermählt; er wird erst ganz echt sein,
wenn er sich umgekehrt mit der Schönheit vermählt und
das nebenherlaufende Häßliche, das nun mal zum Leben
gehört, verklärt hat. Wie und wodurch? das ist seine Sache zu finden; der beste Weg ist der des Humors. Übri-*

*gens haben wir in Shakespeare längst die Vollendung des
Realismus. Er wird nur in seiner Größe nicht ausschließlich daraufhin angesehn* (an Stephany).

12. Oktober. Nach einer Begegnung mit Heyse, dessen
Abneigung gegen den Naturalismus Fontane amüsiert: *Er
erfreute mich neulich durch einen kurzen Besuch, liebenswürdig, fein und formgewandt wie immer, aber doch ein
wenig gereizt, nicht gerade gegen mich persönlich, dazu
kennt er zu gut meine Gesinnungen und Gefühle von alter Zeit her, aber doch gereizt, weil die Welt zu neuen
Göttern oder Götzen schwört. [...] Morgen über 8 Tage
haben wir Gerhardt [sic!] Hauptmanns Stück, und wenn
Heyse dann noch hier ist, so stürzt er wie Klärchen auf die
Straße und ruft die guten Bürger zusammen, um Egmont,
der hingerichtet werden soll, zu retten* (an Hertz). – Theater: Freytag, »Die Journalisten«; Kritik: **13. Oktober.**

16. Oktober. Theater: Schiller, »Wilhelm Tell«; Kritik:
17. Oktober.

19. Oktober. *Wir leben sehr unruhig, namentlich ich, Ge-
sellschaften, Besuche von außerhalb und vor allem viel
Theater. Darunter auch Aufführungen auf der sogenannten »Freien Bühne«, die vom kleinen Brahm geleitet
wird. Morgen wieder, mittags von 12 bis 2, ein Realissi-
mus von Drama, das wütende Kämpfe im Geleite haben
wird; ich als Gonfaloniere der »Neuen« in vorderster
Reihe. Was man nicht alles erlebt* (an Theo).

20. Oktober. Theater: Hauptmann, »Vor Sonnenaufgang«
in der »Freien Bühne«; Kritik: **21. und 22. Oktober.** *Ein
fabelhaftes Stück* [...] *ich war ganz benommen davon.
Mama natürlich wieder in Angst, ich ginge zu weit, ich
engagierte mich ungebührlich; Durchgänger, Hitzkopf,
»Jüngling«* [...]. *Dieser Hauptmann, ein wirklicher
Hauptmann der schwarzen Realisten-Bande, welche
letztre wirklich was von den Schillerschen Räubern hat
und auch dafür angesehen wird, ist ein völlig entphraster
Ibsen, mit andern Worten ist das wirklich, was Ibsen bloß*

sein will, aber nicht kann [...] (an Mete, 14. September, nach der Lektüre des Stücks). Hauptmann ist für Fontanes Einsatz, wie seine Lebenserinnerungen zeigen, dankbar: »Von Beginn meiner sogenannten Laufbahn an ist Theodor Fontane mein höchster Protektor gewesen. [...] Ich hatte Ursache anzunehmen, der alte Herr möge mich persönlich gern.« Hauptmann gibt hier auch einen Eindruck des bekannten Spaziergängers Fontane: »Man sah ihn übrigens täglich im Tiergarten, den kleinen bunten Wollplaid locker über die Schultern genommen, auf die das graue Haar strähnig herunterfiel. Ein dichter Schnurrbart und Kinnbart verdarb nichts an diesem schönen, klug-sympathischen Dichterkopf.«

22. Oktober. Theater: Kleist, »Der Prinz von Homburg«; Kritik: **23. Oktober.**

31. Oktober. Theater: Bürger, »Der Name«; Kritik: **1. November.**

13. November. Theater: Benedix, »Aschenbrödel«; Kritik: **14. November.**

Anfang November. Erscheinen der dritten, vermehrten Auflage der GEDICHTE (Berlin: Hertz): *Alles, was ich geschrieben, auch die WANDERUNGEN mit einbegriffen, wird sich nicht weit ins nächste Jahrhundert hineinretten, aber von den GEDICHTEN wird manches bleiben und darunter auch Einzelnes, das erst diese neue Auflage enthält* (an Hertz, 9. November). – Rezensionen: »National-Zeitung«, November (?) (Samosch), »Vossische Zeitung«, 15. Dezember, Nr. 587 (Schlenther?), »Deutsches Dichterheim«, Nr. 10, »Deutsche Rundschau«, Januar 1890 (Wilhelm Bölsche), »Die Gegenwart, 4. Januar 1890, Nr. 1, »Westermanns Monatshefte«, November 1890.

Tod Henriette von Merckels, der früh verwitweten treuen Freundin Fontanes, deren Aufzeichnungen ihrer »Erinnerungen an die Familie Fontane« erst 1987 veröffentlicht werden.

17. November. Theater: Edmond und Jules de Goncourt,

»Henriette Maréchal« in der »Freien Bühne«; Kritik: **18. November.**

21. November. Der am 3. November geschriebene Aufsatz DIE MÄRKER UND DIE BERLINER UND WIE SICH DAS BERLINERTUM ENTWICKELTE im »Deutschen Wochenblatt«.

23. November. Theater: Schiller, »Die Räuber«; Kritik: **25. November.**

30. November. Theater: Otto Vischer, »Gaudeamus«; Kritik: **1. Dezember.**

13. Dezember. Theater: Maria Knauff, »Ellen«; Kritik: **14. Dezember,** nach zwei Jahrzehnten die letzte als Kritiker der »Vossischen Zeitung« für das Königliche Schauspiel Berlin; Fontane bittet um seine Entlassung am **22. Juni:** *Ich habe mich nie für einen großen Kritiker gehalten und weiß, daß ich an Wissen und Schärfe hinter einem Manne wie Brahm weit zurückstehe, habe das auch immer ausgesprochen, aber doch muß ich, für natürliche Menschen, mit meinen Schreibereien ein wahres Labsal gewesen sein, weil doch jeder die Antwort auf die Frage »weiß oder schwarz«, »Gold oder Blech« daraus ersehen konnte; ich hatte eine klare, bestimmte Meinung und sprach sie mutig aus. Diesen Mut habe ich wenigstens immer gehabt. [...] Zu solchem runden Urteil rafft sich von den Mordernen keiner auf; wie die Schatten in der Unterwelt schwankt alles hin und her und sieht einen traurig an* (an Mete, 21. Februar 1891).

15. Dezember. Theater: Björnsterne Björnson, »Ein Handschuh« in der »Freien Bühne«; Kritik: **16. Dezember.**

29. Dezember. Geburt von Theos Tochter Gertrud (✝ 1969).

30. Dezember. Fontanes 70. Geburtstag. Hauptmann widmet ihm »ehrfurchtsvoll« sein Drama »Das Friedensfest«.

31. Dezember. Die »Vossische Zeitung« gewährt Fontane für seine fast 20jährige Tätigkeit als Theaterkritiker »eine lebenslängliche Pension von jährlich fünfzehnhundert Mark« (die Eigentümer der Zeitung an Fontane).

Januar – März. Vorabdruck von QUITT, stark gekürzt, in der »Gartenlaube«.

Lektüre: Zola, »Die Bestie im Menschen« (»La bête humaine«): *Was z. B. Zola in seinem Neuesten verbricht, ist nicht mehr subtile Zergliederung oder wissenschaftliche Behandlung oder tiefsinnige Rätsellösung, sondern einfach Blödsinn. Meine Zola-Verehrung hat einen starken Knax weggekriegt* (an Schlenther, 7. März).

4. Januar. Festbankett im Englischen Haus unter Spielhagens Vorsitz zu Fontanes 70. Geburtstag, veranstaltet vom Verein der Berliner Presse, der »Literarischen Gesellschaft«, der »Vossischen Zeitung« und dem »Rütli«. Fontane drückt seine kritische Einstellung schon vorher aus: *Ich erwarte keine Liebe, ich will einsam begraben sein, will auch keine Kränze haben und verzichte auf den ganzen Klimbim, ich will nur, solange ich atme, einfach sagen dürfen, wie ich die Dinge ansehe. Man lebt sich selbst, man stirbt sich selbst; man ist den Menschen gar nichts (ihnen höchstens im Wege), und wenn sich 3 Ausnahmen finden, so steht es auch mit diesen mau genug. Wir hatten ein altes Dienstmädchen, [...] das 16 Jahr in unsrem Hause war und all die Kinder hat wachsen und gehen sehn, die wird trauern, wenn ich selber gehe, das andre ist alles nichts. Und nun gar bei dem Vorspiel, das 70. Geburtstag heißt!* (An Stephany, 20. November 1889.) Kultusminister Goßler spricht, und Fontane bezeichnet seine Rede als *»epochemachend« in unsrem preußischen literarischen Leben* (an Karl Frenzel, 5. Januar): *Solche Rede hat, den »catilinarischen Existenzen« gegenüber, noch niemals ein preußischer Minister gehalten. Der Jubel war groß* (an Heyse, 15. Januar). Laut Rodenbergs Tagebuch sagt der Minister etwa: »Jeder von Ihnen wird sich sagen, daß der Schriftsteller bei uns in keinem rechten Verhältnisse zum Staate steht, u. der Staat sagt sich das

Fontane
Photographie von J. C. Schaarwächter, 1889/90

selber, u. ich darf Ihnen verraten, daß jetzt ernsthaft an diese Frage gedacht wird. Wie man sich ihre Lösung denkt, das – Sie werden es begreifen – kann ich nicht so hier über den Tisch hin sagen.« Fontane ist verstimmt, weil beim Vortrag von ARCHIBALD DOUGLAS vorzeitig geklatscht wird. Die Beantwortung von 400 Gratulationen ist erschöpfend. Der märkische Adel ist bei der Feier kaum vertreten: *Das moderne Berlin hat einen Götzen aus mir gemacht, aber das alte Preußen, das ich, durch mehr als 40 Jahre hin, in Kriegsbüchern, Biographien, Land-und-Leute-Schilderungen und volkstümlichen Gedichten verherrlicht habe, dies »alte Preußen« hat sich kaum gerührt und alles (wie in so vielen Stücken) den Juden überlassen* (an Heinrich Jacobi, 23. Januar).

25. Januar – 15. März. Vorabdruck von STINE, gekürzt, in Mauthners neuer Wochenschrift »Deutschland«.

26. Januar. Theater: Leo Tolstoi, »Die Macht der Finsternis« in der »Freien Bühne«; Kritik: **27. Januar:** *Die moderne realistische Kunst hat nichts Besseres und, trotzdem wir überall in Nacht blicken, nichts heilig Leuchtenderes aufzuweisen als dieses Stück. Wer über realistische Kunst und ihre Berechtigung oder Nichtberechtigung mitsprechen will, der darf ihre Art nicht an ihren Entartungen demonstrieren, an ein Stück wie dieses muß er herantreten, und dann wollen wir sehen, was er dagegen sagen kann. Ethisch wird er sich davor beugen müssen, und künstlerisch, ein Schlimmstes angenommen, wird er sich vor Fragen gestellt sehen, die vielleicht nicht überall zugunsten des Stückes zu beantworten sind. Aber auch darüber ist schließlich noch zu streiten.*

Februar/März. Weitere Überarbeitung von UNWIEDER-BRINGLICH.

4. Februar. Diner bei Fontanes mit Stephany und Frau, Schlenther, Paula Conrad, Mauthner und Ludwig Fulda.

März. Lektüre: Hauptmann, »Das Friedensfest«: *Er [Hauptmann] richtet seine Aufmerksamkeit nicht bloß auf Äußerlichkeiten und Zufälligkeiten, vielmehr möchte ich ihm umgekehrt vorwerfen, sich den innern Menschen zu sehr unter der Lupe angesehn zu haben. Dabei kommt auch nicht viel heraus. Wer zu viel und zu scharf sieht, sieht auch falsch* (an Schlenther, 7. März).

2. März. Theater: Ludwig Anzengruber, »Das vierte Gebot« in der »Freien Bühne«; Kritik: **3. März.**

20. März. Abdankung des Kanzlers Bismarck auf Druck des jungen Kaisers. Unter großer öffentlicher Anteilnahme vollzieht sich am 29. März die Abreise des entlassenen Kanzlers aus Berlin.

April. Erscheinen von STINE (Berlin: F. Fontane & Co) – Fontanes erstes Buch im Verlag seines Sohnes. Eine zweite Auflage im selben Jahr, ebenso eine zweite Auflage von L'ADULTERA. – Rezensionen: »Berliner Tageblatt«, 20. Mai (Th. Wolff), »Die Nation«, 9. August, Nr. 45 (Harden).
Theo, der vorher kurzfristig in Karlsruhe arbeitet, wird *als Hilfsarbeiter ins Berliner Kriegministerium berufen* (Tagebuch) – bis April 1896.

7. April. Theater: Arno Holz / Johannes Schlaf, »Die Familie Selicke« in der »Freien Bühne«; Kritik: **7. April.**

19. April. Erscheinen der Parodie auf Julius Langbehn, »Der Rembrandt-Deutsche«: NAUTE STRUMP ALS ERZIEHER (FREI NACH REMBRANDT ALS ERZIEHER), gezeichnet F., in »Deutschland«.

4. Mai. Theater: Arthur Fitger, »Von Gottes Gnaden« in der »Freien Bühne«; Kritik: **5. Mai.**

5. Mai. *Wenn ich noch dazu komme, Dinge zu schreiben, die nach der Seite des märkisch Betrachtenden hin liegen (im Gegensatz zu dem ewig bloß Beschreibenden), so erlaube ich mir, es Ihnen zu senden. Es wird aber nicht viel werden, man wird immer spacker, und die Lust an derlei Dingen, und an vielen andern, erlischt. Zudem ist* *mir unser Adel, so sehr ich ihn menschlich und novelli- stisch liebe, politisch doch zu sehr gegen den Strich* (an Arendt).

5. (?) Mai. Besuch bei Lessings in Meseburg.

7. Mai. Vorabdruck von AUF DER SUCHE. EINE PLAUDEREI (achte Geschichte aus VON, VOR UND NACH DER REISE) in der »Freien Bühne für modernes Leben«.

29. Mai. *Mit dem Adel, hohen und niedren, bin ich fertig; er war zeitlebens ein Gegenstand meiner Liebe, die auch noch da ist, aber einer unglücklichen Liebe* (an Friedlaender).

1. Juni. Theater: Hauptmann, »Das Friedensfest« in der »Freien Bühne«; Kritik: **2. Juni**: *Das ganze Stück muß wieder als ein voller Beweis für das dichterische Talent Gerhart Hauptmanns gelten.* [...] *wenn ich auch nicht verkenne, daß das »Friedensfest« künstlerisch gereifter ist und in mehr als einem Punkte einen Fortschritt des Dichters bedeutet, so stelle ich sein erstes, damals so hart ange- fochtenes Drama doch höher. Es ist genialer, kühner, un- terhaltlicher, dramatischer.*

7. Juni. Partie mit der »Zwanglosen Gesellschaft« nach Wannsee, Dampferfahrt nach Nedlitz.

9. Juni. *Unter Tränen wachse ich immer mehr aus meinem Antisemitismus heraus, nicht weil ich will, sondern weil ich muß* (an Mete).

16. Juni – 15. Juli. Aufenthalt in Kissingen mit Emilie; auf dem Hinweg Besuch bei Lazarus in Schönefeld bei Leip- zig.

Juli. Abschluß von QUITT, Überarbeitung von UNWIEDER- BRINGLICH.

28. Juli. Fontane bietet EFFI BRIEST dem Verleger Kröner an, offenbar für die »Gartenlaube«, *für Winter oder um nächste Ostern herum.* Wie weit der Roman hier schon gediehen ist, ist nicht belegt (vgl.: 19. Mai 1892).

4. August – 22. September. Aufenthalt in Krummhübel (auf der Brotbaude), mit Emilie und Mete, die am 21. Juli vorausfährt, und während der ersten zwei Wochen auch Friedel: *Ich nehme die Korrektur von* UNWIEDERBRING-LICH *wieder auf und komme fast völlig damit zustande. Emilie macht gleichzeitig die Abschrift* (Tagebuch). Vgl. aber: 18. November.

September. Die erste nach Fontane benannte Straße, in Lichterfelde in Berlin.

2. September. *Der eigentliche Adel* [...] *ist der Landadel, und so sehr ich gerade diesen liebe und so sehr ich einräume, daß er in seiner Natürlichkeit und Ehrlichkeit ganz besondre Meriten hat, so ist mir doch immer mehr und mehr klar geworden, daß diese Form in die moderne Welt nicht mehr paßt, daß sie verschwinden muß und jedenfalls daß man mit ihr nicht leben kann* (an Friedlaender).

Oktober. Lektüre: Droste-Hülshoff, Prosawerke.

Oktober – Anfang Dezember. Abschluß der Überarbeitung von UNWIEDERBRINGLICH.

4. Oktober – 6. Dezember. Der im März abgeschlossene Aufsatz WILHELM GENTZ. EIN LEBENSBILD aus DIE GRAFSCHAFT RUPPIN in »Deutschland«.

14. Oktober. Fritz Werners Bleistiftzeichnung Fontanes anläßlich der Einweihung des Berliner Lessing-Denkmals. Werner vermerkt darauf Fontanes Körpergröße: 183 cm.

November. Lektüre: »Briefe Victor Helms von 1876 bis 1890 an Hermann Wichmann«.

Ab November. Erscheinen der ersten Ausgabe von Fontanes GESAMMELTEN ROMANEN UND NOVELLEN in 12 Bänden (»Dominik-Ausgabe«), 10 Bände in Dominiks »Deutschem Verlagshaus« (1–8) und in seinem »vorm. Deutschen Verlagshaus« (9–10), die letzten beiden bei F. Fontane & Co.

18. November. *Meine Frau hat schon oben auf der schlesischen* »Brotbaude« *die ganze Geschichte* [UNWIEDERBRINGLICH] *nach vorgängiger Glattmachung (so wenig-*

stens glaubte ich) abgeschrieben, und ich lebte der Hoffnung: alles überstanden. Aber als ich es nun wieder vornahm, war von »glatt« noch keine Rede, und das Basteln ging wieder los (an Rodenberg). Abschluß des Manuskripts und Absenden der letzten Kapitel **Anfang Dezember.**

23. November. Kopfwunde durch einen *Sturz vor Blüchers Palais*, die *Binden und Bandagen* (Tagebuch) erfordert. (Das November-Datum in Fontanes Tagebuch ist in Frage gestellt worden: 23. Dezember?)

Ende November. Erscheinen von QUITT. ROMAN (Berlin: Hertz, Impressum: 1891): *Die Welt nimmt wenig Notiz davon, nicht einmal Kritiken erscheinen. Es muß auch so gehen* (Tagebuch). – Rezensionen: »Der Wanderer im Riesengebirge«, April (Oswald Beer), »Vossische Zeitung«, 21. Dezember (Schlenther), »Velhagen & Klasings Neue Monatshefte«, Februar 1891 (Paul von Szczepanski), »Tägliche Rundschau«, 11. Februar 1891, Nr. 35 (K. Z.), nachgedruckt in »Die Gesellschaft«, April 1891, »Freie Bühne für modernes Leben«, 13. Februar 1891 (Bruno Wille), »Deutsche Dichtung«, 1. April 1891 (h. m.), »Deutsche Rundschau«, Juli 1891 (Bölsche), »National-Zeitung«, 18. September 1891 (Samosch).

Weihnachtswoche. Lektüre: Heyse, »Weihnachtsgeschichten« mit den Novellen »Eine Weihnachtsbescherung«, »Das Freifräulein«, »Die Geschichte von Herrn Wilibald und dem Frosinchen« und »Die Dryas«.

1891

Januar. Lektüre: Lecky, »Geschichte Englands im 18. Jahrhundert«, 4 Bände.

Januar – Juni. Vorabdruck von UNWIEDERBRINGLICH in der »Deutschen Rundschau«.

12. Januar. Theater: Hauptmann, »Einsame Menschen« in der »Freien Bühne«; Kritik: **12. Januar.**

Februar – April. *Meine Hauptarbeit* [...] *ist die Korrektur meines kleinen Romans* Frau Jenny Treibel (Tagebuch).

17. Februar. *Die kl[eine] Kritik über* Quitt *ist ganz gut, die Sache mal von einer ganz andren Seite beleuchtet, – der Staat soll seine Rechtsanschauungen dadurch modifizieren lassen, was er wohl bleiben lassen wird. Das einzig Anzügliche in der Kritik ist der Hohn- und Schreckens-Ausruf: Dostojewski und Fontane! Ich schrieb an Brahm, es klänge etwa wie:* »Egmont und Jetter!« *Natürlich lache ich darüber, ich gönne den Berühmtheiten ihre dickere Berühmtheit und freue mich der Gesundheit und Natürlichkeit meiner Anschauungen. Das habe ich vor der ganzen Blase voraus und bedeutet mir die Hauptsache* (an Mete).

24. Februar. Fontane wird im »Habsburger Hof« Bismarck vorgestellt – in dem Hotel, aus dem die geschiedene Effi Briest ihre Mahlzeiten bezieht.

28. März. Conrad Ferdinand Meyer an Rodenberg über Unwiederbringlich: »Sehr interessiert es mich, Fontanes Roman quasi vor meinen Augen erstehen zu sehen. Man sieht ihn bauen. Unwiederbringlich ist wohl das vorzüglichste, was die R[undschau] in der reinen Kunstform des Romans je gebracht hat: feine Psychologie, feste Umrisse, höchst-lebenswahre Charaktere u. über allem doch ein gewisser poetischer Hauch.«

April. Die Gedichte Der echte Dichter (wie man sich früher ihn dachte), Brunnenpromenade und Ikarus in »Zur guten Stunde«.

Um 18. April. Besuch der Franz-Stuck-Ausstellung in Schulzes Kunsthandlung, Unter den Linden: *Seit einer Woche sind hier Bilder von Franz Stuck ausgestellt, die auf mich einen großen Eindruck gemacht haben. Einige sagen, es seien* »Schmierereien« *und der Engel mit seinem Flammenschwert ein Hausknecht. Ja, jeder, der einen rausschmeißt, muß immer ein bißchen von einem Hausknecht haben, sonst hat er noch Schlimmeres. Und*

Schmierereien! Eine Berliner Kegelbahn kann aus glatten
Linien bestehn, aber ein Cherubim wohnt anders und ist
kein Stammgast (an Heyse, 23. April).

19. April. Schillerpreis, zusammen mit Klaus Groth, Preis-
summe: 3000 Mark: *Mein Dankgefühl ist um so größer,*
als ich mich kaum entsinnen kann, ein Ereignis der Art
mit so sauersüßer Miene aufgenommen gesehn zu haben.
Einige steinalte Geheimeräte haben mir gratuliert, sonst
ist das Nichtgratulieren mit einer Konsequenz durchge-
führt worden, daß sie den Charakter von »Charakter«
annahm und mir beinah imponierte. Solche gesinnungs-
tüchtige Opposition ist doch immer noch besser als die
krampfhafte Beglückwünschung mit dem »Dolch im Ge-
wande«. Am erheiterndsten war meine junge Garde. Sie
verfuhr wie jene Negerstämme, die sich erst einen Götzen
machen und ihn prügeln, wenn er ihnen nicht mehr paßt
oder hinter ihren Erwartungen zurückbleibt (an Berta
Frenzel).

24. April. Einwöchige Reise Emilies zu der nun verwitweten Johanna Treutler in Blasewitz bei Dresden.

1. Mai. Besuch der internationalen Kunstausstellung, Teilnahme an der Eröffnung mit Emilie und dem Festdiner
allein: *Die Ausstellung* [...] *zeigt den Berlinern, wie weit*
sie – die bekannten paar Ausnahmen abgerechnet – noch
zurück sind. So liegt es auf jedem Gebiet. Eh' der Dünkel
nicht schwindet, daß hier alles herrlich sei, kann's nicht
besser werden (Tagebuch).

3.–30. Juni. Aufenthalt in Kissingen mit Emilie. Überarbeitung von Frau Jenny Treibel. Nochmalige Durch-
sicht im **September/Oktober.** Im **November** einige Än-
derungen auf Wunsch Rodenbergs.

21. Juni. Rezension von Lübke, »Lebenserinnerungen« in
der »Vossischen Zeitung«, anonym.

9. Juli. Lektüre: Ilse Frapan-Akunian, »Klärchens Früh-
lingsfahrt. Eine Novelle in Briefen«: *Ich bin ganz ent-*
zückt davon. Entzückt wodurch? Weil ich in dieser kl. Ar-

*beit das finde, was unsrer deutschen Schreiberei so grau-
sam fehlt: Leichtigkeit, Grazie, Humor und – wirkliche
Kunst. Ein bedeutendes Buch und einen inhaltreichen
Roman können in Deutschland, wenn die Leute wollen
(die Besten wollen nur nicht recht), sehr viele schreiben,
dazu braucht man bloß gescheit zu sein und viel gelernt
und viel gesehn zu haben; das alles hat mit »Kunst« sehr
wenig zu tun, mit der Gabe, aus ein bißchen Brotkrume,
sagen wir den Raub der Sabinerinnen im Kate-Greena-
way-Stil humoristisch herauszukneten. Das können die
Deutschen nicht, das ist ihr Mangel, ihr Barbarenrest, und
jedes Zeichen, daß es mit dieser Barbarei mal aufhören
wird, begrüße ich mit herzlicher Freude* (an Rodenberg).

6.–29. August. Aufenthalt in Wyk auf Föhr, wo Fontane
Friedlaenders trifft, Abstecher nach Amrum. Beginn der
Arbeit an DIE POGGENPUHLS (der Brouillon ist am **9. Ja-
nuar 1892** abgeschlossen) und erste Niederschrift von
MATHILDE MÖHRING; beides wird in Berlin fortgesetzt
bis **Ende September.**

22. Oktober. Verlagsvertrag über die Publikation von UN-
WIEDERBRINGLICH mit Hertz.

Ende Oktober. Erscheinen der um zehn Gedichte vermehrten vierten Auflage der GEDICHTE (Impressum:
1892).

31. Oktober. Fontane schickt FRAU JENNY TREIBEL an Rodenberg.

Mitte November. Erscheinen von UNWIEDERBRINGLICH.
ROMAN (Berlin: Hertz): *Ich [...] habe die Geschichte nach
Schleswig-Holstein und Kopenhagen hin transponiert, so
daß sie jetzt zu kleinerem Teil auf einem Schloß in der
Nähe von Glücksburg, zu größerem in Kopenhagen und
auf der Insel Seeland spielt. Solche Transponierung ist
nicht leicht. Ich ging sämtliche deutsche Höfe durch,
nichts paßte mir, als ich aber Nordschleswig und Kopenhagen gefunden hatte, »war ich raus«. Nur Strelitz selbst
wäre vielleicht doch noch besser gewesen und hätte mei-*

ner Geschichte den Ton des politisch Satirischen gegeben;
nun klingt nordisch Romantisches mit durch. Geschrieben
habe ich die Geschichte jetzt vorm Jahr, in den Wo-
chen und Monaten, die dem Tode meines Sohnes folgten.
Ich habe mich unter der Arbeit bei Trost und Frische ge-
halten (an Rodenberg, 21. November 1888). – Rezensionen: »National-Zeitung«, 18. September (Samosch),
»Freie Bühne für modernes Leben«, 2. Dezember
(Brahm), »Deutsche Rundschau«, Januar 1892 (Rodenberg), »Die Nation«, 2. Januar 1892 (Schlenther), »Die
Grenzboten«, 1. Vierteljahr 1892 (Moritz Necker).
Lektüre: Storm, »Der Schimmelreiter«, Theodor Gottlieb
Hippel, »Lebensläufe nach aufsteigender Linie«.

26. Dezember. Der Aufsatz DIE GESELLSCHAFTLICHE STEL-
LUNG DER SCHRIFTSTELLER im »Magazin für die Literatur
des In- und Auslandes«, anonym.

1892

Januar – März. Überarbeitung von EFFI BRIEST.

Januar – April. Vorabdruck von FRAU JENNY TREIBEL in
der »Deutschen Rundschau«.

12. Januar. Hauptmann, Brahm und Schlenther bei Fontane zum Diner.

14. Januar. Abschluß von DIE POGGENPUHLS.

7. März. Fontane hinterlegt sein mit Hilfe von Justizrat Dr.
Paul Meyer aufgesetztes Testament beim Amtsgericht in
der Neuen Friedrichstraße.

12. und 19. März. Fontanes letzter WANDERUNGEN-Aufsatz, der erst posthum in das Werk eingeht, in der Wochenzeitschrift »Daheim«: MATHILDE VON ROHR, KON-
VENTUALIN ZU KLOSTER DOBBERTIN. †16. SEPTEMBER
1889.

14. März. Beginn der lang anhaltenden Influenza, die zu
schweren, bis **Herbst** andauernden Depressionen führt;

Fontane nennt 1892 *ein recht bitteres Jahr für mich* (Tagebuch): *Ein sonderbares Gefühl des totalen Überflüssigseins beherrscht mich, und wiewohl ich eigentlich nie »eine Zeit« gehabt habe, fühle ich doch, meine Zeit liegt zurück* (an Friedlaender, 9. Mai).

19. Mai. EFFI BRIEST wird *als dickes Manuskriptpaket* (an Friedlaender) nach Schlesien geschickt, wo Fontane aber wegen seiner Krankheit nicht daran arbeitet. Das Paket wird im **September** zurück nach Berlin gesandt.

23. Mai – 12. (?) September. Aufenthalt in Zillerthal in Schlesien, in der Villa Gottschalk, zeitweise mit Mete. Die Depressionen halten an. **Anfang August** begibt sich Fontane bei Professor Ludwig Hirt in Breslau in Behandlung: *Die Reise nach Breslau war eine kolossale Strapaze, Martha begleitete mich* (an Zöllner, 8. August). Er diagnostiziert Gehirnanämie und verordnet eine elektrische Kur, zu der Fontane **Ende August** für 18 Tage wieder nach Breslau fährt. Die Behandlung wirkt nur kurzfristig und erschöpft Fontane sehr: *Schwer sind die Stunden vom 2. Frühstück bis zum Nachmittagskaffe; ich bin dann immer so furchtbar müde und fahre doch auf, wenn mich die Müdigkeit übermannen will. Von 4 Uhr an wird es dann besser* (an Mete, 1. September).

Anfang Juni. Am Pfingstsonntag Besuch von Brahm, Hauptmann und Hartleben in Zillerthal.

15. Juni. Wegen seiner schlechten Gesundheit plant Fontane, *Berlin aufzugeben und uns nach Schmiedeberg für den Rest unserer Tage zurückzuziehn. Ich habe keine Freude mehr an dem großstädtischen Leben; aber wenn es auch anders läge, die Verhältnisse ließen mir keine Wahl. Seit meiner letzten Krankheit bin ich eine ganz gebrochene Kraft, zur Zeit kaum fähig, ein paar Briefzeilen zu schreiben, und so schrumpfen denn meine Einnahmen auf weniger als die Hälfte zusammen* (an Lessing); der Plan wird aufgegeben.

Sommer (?). Erscheinen der ersten Übersetzung eines Fontaneschen Werkes: »Souvenirs d'un prisonnier de guerre allemand en 1870. Introduction par T. de Wyzewa« (Paris: Perrin et Cie.).

Juli. Geburt von Friedels unehelichem Sohn Georg Hett († 1956).

15. August. Erscheinen von DIE GRAFSCHAFT RUPPIN in der »wohlfeilen Ausgabe« der WANDERUNGEN (Vorwort datiert: *9. März 1892,* Berlin: Hertz).

Mitte Oktober. Auf Vorschlag seines Hausarztes Dr. Wilhelm Delhaes beginnt Fontane, MEINE KINDERJAHRE zu schreiben. Schon am **1. November** kann er Friedlaender berichten, *daß ich seit 8 oder 10 Tagen ins Schreiben gekommen bin, etwas das ich von mir total gebrochenen Mann nicht mehr erwartet hätte. Und zwar habe ich schon 4 Kapitel meiner Biographie (Abschnitt: Kinderjahre) geschrieben. Da mich dies Unterfangen sehr glücklich macht, so ist alle Korrespondenz ins Stocken geraten.* Am **2. Dezember** ist der Brouillon bis auf das letzte Kapitel abgeschlossen, *kurz vor Weihnachten* (an Friedlaender, 25. Dezember) die erste Niederschrift fertig. Fontane ist überzeugt, *mich an diesem Buch wieder gesund geschrieben zu haben* (Tagebuch).

17. Oktober. Vortrag Schlenthers über Fontane in der »Freien literarischen Gesellschaft«. Emilies Eindruck in Fontanes Worten: *Bewegt kam meine Frau nach Haus, und unter dem Berichte, den sie mir gab, fielen Alter und Krankheit auf Augenblicke von ihr ab. In all dem freundlichen, das sie hören durfte, lag so vieles, was sie beim Rückblick auf unser Leben hatte fühlen lassen: es war doch gut so, wie's war* (an Schlenther, 18. Oktober).

Ende Oktober. Erscheinen von FRAU JENNY TREIBEL. ROMAN (Berlin: F. Fontane & Co, Impressum: 1893), auf dem Schutzumschlag: »Roman aus der Berliner Gesellschaft«. – Rezensionen: »Die Nation«, 19. November (Max Bernstein), »Vossische Zeitung«, 27. November (Schlenther), »Hannoverscher Courier«, 1. Dezember,

Fontanes Arbeitszimmer in der Potsdamer Straße 134 c

Aquarell von Marie von Bunsen, 1898

»Kölnische Zeitung«, 3. Dezember, »Königsberger Hartungsche Zeitung«, 6. Dezember, »Blätter für literarische
Unterhaltung«, 22. Dezember, »Schlesische Zeitung«, Nr.
85, 1892 (Hanns Fechner), »Der Kunstwart« 6, 1892/93,
»Velhagen & Klasings Monatshefte«, Februar 1893
(Szczepanski), »Freie Bühne für den Entwicklungskampf
der Zeit«, 1. und 2. Quartal 1893, »Allgemeine Zeitung«,
4. Juli 1893 (Joseph Ettlinger), »Die Grenzboten«, H. 52,
1893.

1. November. Erscheinen von SPREELAND in der »wohlfeilen Ausgabe« der WANDERUNGEN.

15. November. Erscheinen von HAVELLAND in der »wohlfeilen Ausgabe« der WANDERUNGEN.

1893

Januar. Erscheinen von DAS ODERLAND in der »wohlfeilen
Ausgabe« der WANDERUNGEN, die damit innerhalb eines
halben Jahres geschlossen vorliegt.

Januar–9. April. Überarbeitung und Abschluß von MEINE
KINDERJAHRE.

26. Februar. Theater: Hauptmann, »Die Weber«, vor ge-
schlossenem Publikum der »Freien Bühne« im Neuen
Theater am Schiffbauerdamm. Vgl.: 25. September 1894.

10. April. *Gestern habe ich das letzte Kapitel meiner mit
dem 12. Jahre bereits abschließenden Biographie durch-
korrigiert und zur Abschrift gegeben* (an Friedlaender);
das Manuskript wird am **27. Juni** an den Verlag geschickt.

6. Juni. *Ibsen* [...] *hat mich in der »Wildente« erschüttert,
in der »Frau vom Meer« aufs äußerste gespannt, und wer
mich, der ich sehr nüchtern bin, so packen kann, der ist
eben kein Nachtwächter aus Rixdorf. Ibsen ist ein segens-
reicher Revolutionär, der die ästhetische Welt um einen
guten Schritt vorwärts gebracht hat* (an Stephany).

9. Juni. Ich habe am Vormittag die Pohl-Geschichte

[= EINE NACHT AUF DER KOPPE] niedergeschrieben (an
Friedlaender).

1. August. *Haben Sie neulich vielleicht gelesen, wie ost-
preußische Pastoren ihrem neuernannten Superintendenten als »Bischof« gehuldigt haben? Schafsköpfe, Heuchler,
Narren. Diese Stümper, Stümper noch mehr an Herz als
an Geist, diese dürftigen Gesellen, die bloß an Klingel-
beutel, an das Wohlwollen hoher Vorgesetzten [...] denken, solche Löffelgarde will sich dem Riesen der neuzeitli-
chen Entwickelung entgegenstellen und erhofft das Heil
von einer Verdoppelung der Kirchen, in denen man jetzt
schon nur solche sieht, die nicht da sind. Ich kenne keinen
Menschen, zu dessen Glaubensbekenntnis, wenn es sich
mit dem lutherischen deckt, ich das geringste Vertrauen
hätte; nur offner Unglaube, Redensartlichkeit und Heu-
chelei treten mir entgegen* (an Friedlaender).

16. August – 13. September. Aufenthalt in Karlsbad mit
Emilie, zeitweise Friedlaenders, Ausflug nach Eger am
29. August. *Unser Tag verläuft wie folgt: um 6½ auf, um
7½ an den Theresienbrunnen [...], von 7½ bis 9 Spaziergang bis zum »Posthof«, das Tepeltal hinauf, und auf dem
Heimwege Gebäckeinkauf bei Domenico Mannl, Schwei-
zer-Bäcker, von dessen »Weltruhm« die Karlsbader mit
Stolz sprechen. [...] Von 9 bis 9½ Frühstück. Dann schläft
sich Mama viertelstundenweis durch den Vormittag
durch, während ich [...] lese. Dann Toilette, d. h. bei
Mama, das alte Spitzenkleid wird angezogen, bei mir, ein
neuer Hemdkragen wird umgebunden. Handschuh-
zwang für die Männerwelt existiert nicht. Dann folgt das
Diner: halbes Rebhuhn, hinterher eine Mehlspeise und
ein Glas Pilsener. Von 2 bis 4 Stillsitzen in unsrer Wohnung und Erörterung der lieben alten Fragen: »Wird es
schwül bleiben, oder wird es regnen, oder wird ein Gewit-
ter kommen, oder wird es bloß wetterleuchten?« Nach
endlicher Feststellung, daß das eine so gut möglich sei, wie
das andre, geht es um 4 zu Pupp, um Kaffe bez. Milch*

oder auch bloß Gieshübler zu trinken. Die Kellnerinnen kokettieren (freilich nicht mit mir), die Oblatenmädchen, Bälge von 10 oder 12 Jahren, überbieten noch die Kellnerinnen, und von fern her, oder auch im Lokal selbst, hört man Musik. Denn ohne diese geht es hier nicht. Die Session bei Pupp dauert bis 6. Dann wieder Spaziergang bis zum »Posthof«, auf dem Heimwege Schinkeneinkauf bei »Friedel« (unsrem wünschte ich dies Geschäft, eine wahre Goldgrube), gegen 8 Abendbrot und um 9 in die Klappe (an Mete, 21. August).

27. August – 20. September. Korrektur der Fahnenabzüge von Meine Kinderjahre.

September. Aus dem Riesengebirge. Kleine Geschichten (Vorabdruck der 9. und 11.–13. Geschichte aus Von, vor und nach der Reise) in der »Deutschen Rundschau«.

September – Mai 1894. Abschließende Überarbeitung von Effi Briest.

Oktober. Hanns Fechner malt sein erstes Ölporträt Fontanes: »Mit allen Malutensilien, bepackt wie ein Weihnachtsmann, zog ich sofort die Treppen hinauf in das dem Himmel nächstgelegene Stockwerk des alten Johanniterhauses in der Potsdamer Straße. – Anfangs nur ein paar Striche Arbeit. Genießen und Aufnehmen hielten mich im Bann. Wundersames Erzählen – freudiges Zuhören! . . . Und wie glänzten die jungen Augen des Weißhaarigen jetzt auf, wenn sie, den Erinnerungswegen folgend, hinausschauten [...]. – Ein einfaches Büchergestell . . . daran halbgelehnt steht – ein Buch in der Hand – Fontane . . . und das volle Licht trifft sein Gesicht . . . irgendwo in der Ecke ein kleines Kännchen, ein Erinnerungstück an die Zeit der Gefangenschaft des Berichterstatters im Siebziger Kriege, – so mußte er im Bilde wiedererstehen!« (Fechner, »Menschen, die ich malte« (1927.) Vgl.: Juni oder Juli 1894.

14. November. Theater: Hauptmann, »Hanneles Himmel-fahrt«: *Ich finde das Stück* [...] *»verfehlt und verwerflich«. So hochgradig, daß ich es, so weit in solchen Dingen von Pflicht die Rede sein kann, als Pflicht empfinde, es auszusprechen. Auch meine große Vorliebe für Hauptmann kann daran nichts ändern; hoch mit »Crampton« und »Vor Sonnenaufgang«, aber nicht hoch, trotz Himmelfahrt, mit Hannele* (an das Deutsche Theater, 16. November).

Ende November. Erscheinen von MEINE KINDERJAHRE. AUTOBIOGRAPHISCHER ROMAN (Berlin: F. Fontane & Co, Impressum: 1894): *Ich weiche ganz von dem Üblichen ab und erzähle nur Kleinkram. Meine Überzeugung, daß das das Richtige sei, ist unerschüttert, aber daneben bleibt doch die Frage, ob ich's im Maß richtig getroffen habe und, wenn richtig getroffen, ob das Publikum Lust hat, meinen Standpunkt gelten zu lassen* (an Friedlaender). Nur zwei Kapitel werden vorabgedruckt, da Fontane die vorgeschlagenen Kürzungen des Herausgebers der »Deutschen Rundschau«, Rodenberg, ablehnt: 16. Kap.: **2. Dezember** im »Magazin für die Literatur des In- und Auslandes«; 13. Kap.: **15. Dezember und 1. Januar 1894** in »Deutsche Dichtung«. – Rezensionen: »Vossische Zeitung«, 17. Dezember (Schlenther), »National-Zeitung«, 14. Januar 1894 (Samosch), »Der Bund« (Bern), 21. Januar 1894 (Joseph Viktor Wichmann anonym), »Neue Freie Presse«, 1. Februar 1894 (Necker), »Blätter für literarische Unterhaltung«, 29. März 1894 (Necker), »Der Zuschauer«, Januar – Juni 1894 (Ernst Müller-Holm).

Dezember. Vorbereitung des Drucks von VON, VOR UND NACH DER REISE.

27. Dezember. Mete *hat übrigens* [...] *eine Erbschaft angetreten: Onkel Witte hat ihr 12 000 Mark hinterlasssen, so daß sie 600 Mark Zinsen hat* (an Friedlaender).

28. Dezember. Verlagsvertrag über VON, VOR UND NACH DER REISE mit F. Fontane & Co.

1894. Mutmaßliches Entstehen des Fragments Die preussi-sche Idee (Erstveröffentlichung 1966).

1. Februar. *Die Welt hat vom alten Adel gar nichts, es gibt Weniges, was so aussterbereif wäre wie die Geburtsaristo-kratie; wirkliche Kräfte sind zum Herrschen berufen, Charakter, Wissen, Besitz, – Geburtsüberlegenheit ist eine Fiktion und wenn man sich die Pappenheimer ansieht, so-gar eine komische Fiktion* (an Friedlaender).

16. Februar. *Seit gestern lagert das Manuskript [von Effi Briest] bei Rodenberg und ich kann nun aufatmen* (an Mete), und zwar laut Brief an diesen vom **15. Februar** noch nicht völlig abgeschlossen: *Zunächst Kapitel I bis IX, druckfertig. Dann Kapitel X bis XXV in Rein-schrift, aber unfertig. Dann Kapitel XXVI bis XXXVI, erste Niederschrift, nur auf den Stoff hin anzusehn.* Erst am **29. Mai** wird das endgültige Manuskript abge-schickt.

März. Erscheinen von Von, vor und nach der Reise. Plaudereien und kleine Geschichten (Berlin: F. Fon-tane & Co): *Kein Mensch kümmert sich darum, doch wohl noch weniger als recht und billig. Natürlich sind sol-che Geschichtchen nicht angetan, hunderttausend Herzen oder auch nur eintausend im Fluge zu erobern, man kann nicht danach laufen und rennen, als ob ein Extrablatt mit vierfachem Mord ausgerufen würde, aber es müßte doch ein paar Menschen geben, die hervorhöben: »ja, wenn das auch nicht sehr interessant ist, so ist es doch fein und gut; man hat es mit einem Manne zu tun, der sein Metier ver-steht, und die Sauberkeit der Arbeit zu sehn, ist ein klei-nes künstlerisches Vergnügen«* (Tagebuch). – Rezension: »Deutsche Dichtung«, 15. April.

April. Theo geht als Intendanturrat nach Hannover.

1. Mai. Mein Erstling: »Das Schlachtfeld von Gross-beeren« in »Deutsche Dichtung«; im Herbst auch in

»Die Geschichte des Erstlingswerks. Biographische Aufsätze«, herausgegeben von K. E. Franzos.

13. Mai. *Die Begabung zum öffentlichen Auftreten hat mir
stets gefehlt, ich kann gut plaudern, aber schlecht sprechen, und bedaure es nachträglich, daß ich ein paar mal in
meinem Leben es trotzdem versucht habe. Jedesmal mit
sehr schwachem Erfolg* (an Necker).

Ende Mai – Anfang Juli. Überarbeitung von DIE POG-
GENPUHLS. Danach bis Ende des Jahres Arbeit an VON
ZWANZIG BIS DREISSIG.

Anfang Juni. Lektüre: Ludwig Quidde, »Caligula. Eine
Studie über römischen Cäsarenwahn« mit deutlichen und
beabsichtigten Parallelen zu Kaiser Wilhelm II.; August
Strindberg, »Tschandala«: *Ein furchtbarer Mensch, dieser
Strindberg, aber doch von einem so großen Talent, daß
man in seinem Unmut, Ärger und Ekel immer wieder erschüttert ist* (an Theo).

Juni oder Juli. Hanns Fechner malt sein zweites Ölporträt
Fontanes; es wird im **November/Dezember** in Schultes
Kunstsalon, Unter den Linden ausgestellt, ohne daß Fontane es dort sieht. Fechner malt **1896** ein weiteres Ölporträt Fontanes.

15. August – 12. September. Aufenthalt in Karlsbad mit
Emilie.

25. September. Ehrenmitglied des »Pegnesischen Blumen-
ordens«.

Theater: Hauptmann, »Die Weber«, im Deutschen Theater, erste öffentliche Aufführung. Fontanes anonyme Kritik, seine letzte überhaupt, im »Salonfeuilleton«, einer in
Friedels Verlag erscheinenden Pressekorrespondenz. *Das
Stück ist vorzüglich, epochemachend. Ob jemand dran
herumtadelt, meinetwegen selbst mit Recht, ist gleichgültig.* [...] *Sprechen Sie dem liebenswürdigen Dichter, der
mal wirklich einer ist und ein Mensch dazu, meinen herz-
lichsten Dank aus* (an Brahm, 27. September). Vgl.:
26. Februar 1893.

Oktober. Lektüre: Droste-Hülshoff, Gedichte und Prosa: *Ist es mir gestattet, ein Wort über die Sachen zu sagen, so würde ich der »Judenbuche«, so hübsch und bemerkenswert sie ist, doch nicht gerade den höchsten Rang einräumen. Das spezifisch Westfälische darin, das Land und Leute Schildernde, hat man in dem Aufsatze »Bei uns zu Lande« etc. und in den »Bildern aus Westphalen« noch besser und anschaulicher, und das rein Novellistische der Geschichte kann ich nicht so sehr hoch stellen. Natürlich ist es aber stimmungsreich und wirkungsvoll (solch Inhalt muß wirken), aber das Maß der Kunst oder gar der Technik, ist nicht hervorragend. Eigentlich enthält die »Judenbuche« zwei Geschichten (von sehr verwandtem Charakter) und das ist auf 50 oder 60 Seiten kein Vorteil* (an Richard Schöne, Entwurf).

Oktober – März 1895. Vorabdruck von EFFI BRIEST in der »Deutschen Rundschau«.

25. Oktober. Antrag von u. a. Erich Schmidt, Heinrich von Treitschke, Herman Grimm und Theodor Mommsen, Fontane zum 75. Geburtstag die Ehrendoktorwürde der Berliner Universität zu verleihen, der angenommen wird. Die Promotionsurkunde wird am **8. November** ausgestellt und Fontane in seiner Wohnung am **24. November** vom Dekan Prof. Ferdinand Freiherr von Richthofen und von Prof. Erich Schmidt überreicht.

November – Februar 1895. Lektüre: Keller, »Der grüne Heinrich«: *In mehr als einer Beziehung ist es doch, selbst an Keller gemessen, Nummer eins, höher potenziert als die kunstvollendeteren Sachen seiner späteren Epoche, selbst das Glanzstück vom »Fähnlein der sieben Aufrechten« nicht ausgeschlossen. Zu allem andren habe ich aufs Neue daraus gelernt, wie nebensächlich, um nicht zu sagen wie gleichgültig die Form ist, wenigstens in einem Roman, wenn man darunter den Gesamtaufbau versteht* (an Schlenther, 12. Februar 1895).

12. November. Ablehnung des Vorabdrucks von DIE POG-
GENPUHLS durch den Herausgeber von »Daheim«, *weil
der Adel in dem Ganzen eine kleine Verspottung er-
blicken könne. Totaler Unsinn* (Tagebuch 1895).
Dezember. Fontane wird Gründungsmitglied der Zeitschrift »Pan«.
11. Dezember. Fontane bedankt sich bei Hertz für das Exemplar der kurz vorher in Kopenhagen erschienenen dänischen Übersetzung von UNWIEDERBRINGLICH: »Gre-
vinde Holk. Roman fra Frederik den syvendes Tyd«,
übersetzt von Jes Thaisen: *Herr Jes Thaisen hatte auch
mir ein Exemplar geschickt, begleitet von einem Briefe,
drin es hieß, »daß der Kopenhagener Verleger gleich nach
dem Erscheinen bankrutt gemacht habe«. [...] Einen In-
seldänen an mir scheitern zu sehn, erfüllt mich mit
Schmerz.*
30. Dezember. Fontanes 75. Geburtstag; er erhält eine lebenslange Ehrenpension durch das preußische Kultusministerium.

1895

12. Februar. *So hoch ich die beiden Schweizer: G. Keller
und C. F. Meyer, als Erzähler stelle, ich möchte ihnen geradezu den ersten Rang anweisen, so kann ich doch mit
ihrer Lyrik nicht recht mit. Eben, vor dem Einpacken,
habe ich noch wieder ein gutes halbes Dutzend gelesen:
die ersten gefielen mir so gut, daß ich an meinem früher
empfangenen Urteile momentan irre wurde, aber als ich
weiter las, war der alte Eindruck wieder da. Die Sachen
haben alle was Ernstes, Verständiges, Männliches, man
empfindet, daß man es nicht mit einem jugendlichen
Quatschpeter zu tun hat; aber der eigentliche lyrische
Zauber, der bei Storm, Mörike, Justinus Kerner so groß
ist, fehlt (ein paar Ausnahmen zugegeben) total. Beide
Schweizer haben keine leichte Hand; in ihrer Prosa haben*

sie Schönheit und Grazie, in ihrer Lyrik meistens nicht (an
Fechner).

23. Februar. *Ehe nicht die Machtverhältnisse zwischen alt
und neu zugunsten von »neu« sich ändern, ist all unser
politisches Tun nichts als Redensartenkram und Spielerei.
Existierte nicht die Sozialdemokratie und hätte nicht die
Aufrichtung des Reichs dem alten Preußentum einige
arge Schwierigkeiten eingebrockt, so wäre die Situation
auf absehbare Zeit wohl hoffnungslos; so, wie's liegt, ist
wenigstens die Möglichkeit der Änderung gegeben, freilich auch zum Schlimmeren* (an Stephany).

27. Februar. Die auch von Fontane unterzeichnete Petition
des Vereins der Berliner Presse an Reichstag und Reichskanzler wird verabschiedet und am **1. März** übermittelt.
Sie richtet sich gegen die von konservativen Kreisen be-
triebene »Umsturzvorlage«, die die Verschärfung der Gesetze zur geistigen Freiheit anstrebt: *Es wäre mir, bei
meinem starken Friedensbedürfnis, lieber gewesen, dieser
Kelch wäre an mir vorübergegangen. Da er mir aber ge-
reicht wird, so trinke ich ihn, wenn auch nicht unter der
Sänger-Überschrift; »O Trank voll süßer Labe.«* […] *Es
müssen lauter Leute sein, die durch Titel oder Orden ge-
eicht, ganz »zweifelsohne« dastehn. Die Namen müssen
ausdrücken:* »*auch wir, die loyalsten, fühlen uns gefähr-
det; keiner ist sicher«* (an Schlenther, 24. Februar).

März/April. Beschäftigung mit dem Stoff zu DIE LIKEDEE-
LER, Fontanes letztem großen Romanprojekt (Erstveröffentlichung 1938), an dem er sporadisch schon seit 1880
arbeitet, dessen erster Einfall laut (verschollenem) Tagebuch aber schon auf **August 1863** zurückgeht: *Ich will einen neuen Roman schreiben* […]*, einen ganz famosen Roman, der von allem abweicht, was ich bisher geschrieben
habe, und der überhaupt von allem Dagewesenen abweicht* […]*, indem er eine Aussöhnung sein soll zwischen
meinem ältesten und romantischsten Balladenstil und
meiner modernsten und realistischsten Romanschreiberei.*

[...] *als phantastische und groteske Tragödie gedacht* [...]. *Er heißt »Die Likedeeler« (Likedealer, Gleichteiler, damalige – denn es spielt Anno 1400 – Kommunisten), eine Gruppe von an Karl Moor und die Seinen erinnernden Seeräubern, die unter Klaus Störtebeker fochten und 1402 auf dem Hamburger Grasbrook en masse hingerichtet wurden* (an Hans Hertz, 16. März).

April – November. Vorabdruck aus Von Zwanzig bis Dreissig in der neuen Vierteljahrsschrift »Pan«: die ersten beiden Kapitel von »Berlin 1840« und die drei Kapitel »Bei Kaiser Franz«.

6. Mai. *Mein Haß gegen alles, was die neue Zeit aufhält, ist in einem beständigen Wachsen, und die Möglichkeit, ja die Wahrscheinlichkeit, daß dem Sieg des Neuen eine furchtbare Schlacht voraufgehen muß, kann mich nicht abhalten, diesen Sieg des Neuen zu wünschen. Unsinn und Lüge drücken zu schwer, viel schwerer als die leibliche Not. Heute nachmittag will ich in die Kunstausstellung, um meine schon begonnenen Bilderstudien fortzusetzen; es sind s e h r interessante belgische, französische und italienische Sachen da. Was wir ausgestellt haben, ist, wie gewöhnlich, vorwiegend langweilig. Eh wir nicht volle Freiheit haben, haben wir nicht volle Kunst; ob einige Zoten und Frechheiten mit drunterlaufen, ist ganz gleichgültig, die leben keine 3 Tage. Die Regierenden glauben hier, auf jedem Gebiet, das tote Zeug einpökeln zu können. Eine mir bei der Gescheitheit unsrer Gesellschafts-Oberschicht ganz unverständliche Dummheit* (an Friedlaender).

Juni/Juli und September. Wahrscheinliches Entstehen des Novellenfragments Melusine von Cadoudal (Erstveröffentlichung 1969).

1. Juni. *Bei meinen memoirenhaften Schreibereien bin ich jetzt, in einem riesigen Tunnel-Kapitel, bei Leo Goldammer angelangt* (an Auguste Scherenberg).

7. Juni. Verlagsvertrag über Effi Briest mit F. Fontane & Co.

25. Juni. *Ich habe seit etwa einem Jahr, aber glücklicher-weise mit Unterbrechungen, an einer Fortsetzung meiner Lebenserinnerungen gearbeitet, und dieser 2. Teil ist im Entwurfe nahezu fertig* (an Rodenberg).

Sommer. *Schreibe ich allerlei Gedichte, von denen die besseren teils 95, teils 96 im »Pan« erscheinen* (Tagebuch). Vgl.: Januar 1896.

Juli. Lektüre: Edmond und Jules Goncourt, »Die Brüder Zemganno. Roman aus dem Zirkusleben« (»Les Frères Zemganno«): *wundervolles Buch* (an Heinrich Joseph Horwitz, 27. Juli).

27. Juli. Fontanes Reaktion auf Oskar Panizzas als gottes-lästerlich verbotenes Buch »Das Liebeskonzil. Eine Himmelstragödie in fünf Akten«: *Die ganze Welt – das ist die Macht des Überkommenen – steckt in dem Vorurteil, daß der Glauben etwas Hohes und der Unglauben etwas Niederes sei. Wer sich zu Gott und zur Unsterblichkeit seiner eigenen werten Seele bekennt, ist ein »Edelster« oder dergleichen, wer da nicht mitmacht, ist ein Lump [...]. Mit diesem furchtbaren Unsinn muß gebrochen werden* (an Harden). Und am **8. August**: *Panizzas Buch hat seine Berechtigung in der zum unerbittlichen Dogma erhobenen Legende. Wer mir zumutet, daß ich die Zeugungsgeschichte Christi glauben soll, wer von mir verlangt, daß ich mir den Himmel in Übereinstimmung mit den präraphaelitischen Malern ausgestalten soll: Gott in der Mitte, links Maria, rechts Christus, heiliger Geist im Hintergrund als Strahlensonne, zu Füßen ein Apostelkranz, oben ein Kranz von Propheten und dann eine Girlande von Heiligen, – wer mir das zumutet, der zwingt mich zu Panizza hinüber, oder läßt mich wenigstens sagen »wie's in den Wald hineinschallt, so schallt es auch wieder heraus«* (an Harden).

16. August – 11. September. Aufenthalt in Karlsbad mit Emilie, wo man zu deren Ärger Friedlaenders trifft.

30. August. *Der Leutnant ist nicht der Held der Situation,* *sondern der aus dem Volk geborene Unteroffizier. Da sitzen die Musikanten. Volk ist alles, Gesellschaft ist nichts, und nun gar unsre die, die Juden abgerechnet, bloß eine sein will und nichts ist wie Bonvivants auf einer kleinstädtischen Bühne. Friesack in Frack und Claque. Man hat gesagt: »Preußen werde durch Subalterne regiert.« Das ist richtig und auch gut so. Die Subalternen [...] sorgen für Ordnung, Sauberkeit und Herrschaft des gesunden Menschenverstandes. Die »Ideen« finden sich von selbst, die wachsen rätselvoll und sind mit einem Male da. Das Wort Nietzsches von der »Umwertung« der Dinge, die durchaus stattfinden müsse, trifft überall zu* (an Mete).

18. Oktober. Erscheinen von Effi Briest. Roman (Berlin: F. Fontane & Co): *der erste wirkliche Erfolg, den ich mit einem Roman habe* (Tagebuch); es erscheinen 1895 noch zwei Auflagen. *Liebesgeschichten in ihrer schauderösen Ähnlichkeit haben was Langweiliges –, aber der Gesellschaftszustand, das Sittenbildliche, das versteckt und gefährlich Politische, das diese Dinge haben, das (speziell hier) beständig an die Verschwörung Grenzende, d a s ist es, was mich so sehr daran interessiert* (an Stephany, 2. Juli 1894). – Rezensionen: »Neue Freie Presse«, 26. Oktober (Necker), »Vossische Zeitung«, 8. November (Schlenther), »Die Nation«, 16. November, Nr. 7 (Felix Poppenberg), »Der Bund«, 17. November, Nr. 46 (Widmann), »Der Kunstwart«, November, »Die Zeit«, 14. Dezember (Servaes), »Allgemeine Zeitung«, 14. Dezember (Siegmund Schott), »Deutsche Literaturzeitung«, 22. Februar 1896, Nr. 8 (Pniower), »Die Nation«, April 1896 (Harden), »Westermanns illustrierte Monatshefte«, Juni 1896 (G.).

Oktober – März 1896. Vorabdruck von Die Poggenpuhls in »Vom Fels zum Meer«.

November/Dezember. Entwurf von Der Stechlin. Anschließend bis **Herbst 1896** erste Überarbeitung.

Anfang November. Lektüre: Ernst von Wolzogen, »Ecce ego – Erst komme ich!«

19. November. *Ich bin nun schon über 2 Monate aus Karlsbad zurück, aber in diesen 9 oder 10 Wochen nicht zum Arbeiten gekommen. Nur ein Dutzend Gedichte, die schon vorher entworfen waren, habe ich fertig gemacht, 3 davon werden im Januar im »Pan« erscheinen* (an Friedlaender).

7. Dezember. ADOLPH MENZEL ZU SEINEM 80. GEBURTSTAG in der »Zukunft«.

21. Dezember. *Ich bin bei zwei letzten Kapiteln eines kleinen politischen (!) Romans [DER STECHLIN], den ich vor Weihnachten beenden möchte* (an Schlenther). Fontane beginnt den Brouillon erst *vier oder fünf Wochen* (an Theo, 25. Dezember) vorher. Das Projekt beschäftigt ihn das ganze Jahr 1896 hindurch und wird – *freilich erst im ersten Entwurf – im* **Herbst 96** (Tagebuch) beendet.

24. Dezember. Der erste der 28 erhaltenen, an James Morris gerichteten Briefe Fontanes, die eine kritische politische Tour d'horizon enthalten: *Ich unterhalte eine Korrespondenz mit meinem alten Freunde Dr. med. Morris in London, die darin besteht, daß er mir illustrierte Londoner Zeitungen der mannigfachsten Art schickt, auf welche Zusendungen ich alle 6 Wochen in einem kleinen Dankesbriefe antworte. Wir haben aber Beide doch was davon; ich amüsiere mich über die Blätter und Bilder und bleibe in Zusammenhang mit dem englischen Leben, er amüsiert sich über die mal lobende, mal tadelnde Kritik, die ich übe* (an Friedlaender, 1. März 1893). Die Bekanntschaft entsteht 1852, als Fontane dem Arzt Morris Deutschunterricht gibt, und wird 1855–1859 in England fortgesetzt, als Morris der Hausarzt der Fontanes ist.

25. Dezember. *Nur sehr selten in meinem Leben – und ich erachte dies für ein großes Glück – haben mich Dinge beleidigt oder schwer verdrossen, in welchen Fällen ich immer kurzen Prozeß gemacht und jede Beziehung abge-*

brochen habe. Solche Personen waren von Stund an Luft
für mich, aber auf eine sich hinschleppende stille Fehde
habe ich mich nie eingelassen. Ich trenne mich von Men-
schen oder, wenn ich mich nicht von ihnen trenne, so
lebe ich in Frieden mit ihnen und verwinde kleine und
selbst große Unannehmlichkeiten, die ja nun mal nicht
aus der Welt zu schaffen sind (an Theo).

1896

Januar. Abschluß von VON ZWANZIG BIS DREISSIG. –
Kurzfristige Wiederaufnahme der Arbeit an MATHILDE
MÖHRING, die dann liegenbleibt (Erstveröffentlichung
fehlerhaft 1907, authentisch 1969).
Die im **November 1895** fertiggestellten Gedichte LUREN-
KONZERT, FIRE, BUT DON'T HURT THE FLAG und DIE BA-
LINESENFRAUEN AUF LOMBOK im »Pan«: *In einem nieder-*
ländischen Blatt bin ich wegen eines im »Pan« abge-
druckten Gedichts (also der Pan lebt!) heftig angegriffen
und einerseits als »alter Barde«, andrerseits als »Meister
der Grobschmiedekunst« spöttisch gefeiert worden, weil
das eine Gedicht DIE BALINESENFRAUEN AUF LOMBOK
mit den Worten schließt: »Mynheer derweilen auf seinem
Kontor, malt sich christlich Kulturelles vor.« Ich bin sehr
froh darüber; auf die Weise wird mein armes Gedicht
doch wenigstens beachtet, denn die Berl. Blätter […]
drucken die ganze Geschichte ab und natürlich das Ge-
dicht mit (an Mete, 19. März).
3. Januar. *Als ich eines Tages las, »daß es nur noch drei*
große Männer in Deutschland gäbe: Bismarck, Menzel
und Fontane«, – da wurde mir doch unheimlich. Es muß
notwendig ein Rückschlag kommen, und wie mir Pietsch
an meinem Geburtstag erzählte (als Geburtstagsgeschenk
freilich etwas sonderbar), daß das »Daheim« einen Arti-
kel vorbereitete, drin ich mehr oder weniger als alter Esel

*dargestellt würde, erkannte ich so was von göttlicher Ge-
rechtigkeit* (an Karl Eggers).

4. Januar. Theater: Hauptmann, »Florian Geyer«: *Ritter-
stücke sind immer langweilig, und Hauptmann hat keine
Ausnahme von der Regel geschaffen* (an Lise Mengel).
Fontane liest das Stück **Ende Februar / Anfang März**
Abend um Abend einen Akt (an Brahm, 3. März).

13. Februar. Lektüre: Spielhagen, »Die Wahlverwandtschaften Goethes und Fontanes Effi Briest«. Der Aufsatz
erscheint am 28. März 1896 im »Magazin für die Literatur
des In- und Auslandes«, nachdem Rodenberg ihn für die
»Deutsche Rundschau« abgelehnt hat.

22. Februar. *Alles Interesse ruht beim vierten Stand. Der
Bourgeois ist furchtbar, und Adel und Klerus sind altbak-
ken, immer wieder dasselbe. Die neue, bessere Welt fängt
erst beim vierten Stande an. Man würde das sagen können, auch wenn es sich bloß um Bestrebungen, um An-
läufe handelte. So liegt es aber nicht; das, was die Arbeiter denken, sprechen, schreiben, hat das Denken, Sprechen und Schreiben der altregierenden Klassen tatsächlich
überholt, alles ist viel echter, wahrer, lebensvoller. Sie, die
Arbeiter, packen alles neu an, haben nicht bloß neue
Ziele, sondern auch neue Wege* (an Morris).

28. Februar. Besuch des in Berlin weilenden Heyse bei
Fontane; dessen Gegenbesuch am **15. März** – wohl die
letzten Begegnungen der Freunde. Für Fontanes späte
Werke bringt Heyse keinerlei Verständnis mehr auf (vgl.:
16. Februar 1897).

19. März. *Ich gehe, wie Dir Mama wohl schon geschrieben
hat, unruhigen Tagen entgegen, Sitzungstage, Maltage. Ich
freue mich aber drauf, einmal weil es nun doch endlich mal
ein richtiger Maler ist, dem ich in die Hände falle, dann weil
Liebermann ein ebenso liebenswürdiger wie kluger Mann
ist* (an Mete). Es entstehen die Kreidezeichnung, die Kreide-
skizze und die Lithographie Max Liebermanns von Fontane. Letztere wird im Juni im »Pan« veröffentlicht.

Fontane
Lithographie von Max Liebermann, 1896

Die Gedichte Auf der Kuppe der Müggelberge (Semonen-Vision) und Arm und reich im »Pan« und Die Alten und die Jungen im »Kunstwart«.

April – Juni. Vorabdruck des größten Teils der »Tunnel«-Kapitel aus Von Zwanzig bis Dreissig in der »Deutschen Rundschau«.

30. (?) Mai – 20. Juni. Aufenthalt in Karlsbad mit Emilie. Lektüre: Spielhagen, »Zum Zeitvertreib«.

28. Juni. Einweihung des Goethe- und Schiller-Archivs im neuen Gebäude in Weimar; Fontane lehnt die Teilnahme ab. – Theater: Wildenbruch, »Heinrich und Heinrichs Geschlecht«.

14. August. *Die Haltung des Adels, dabei über das Politische fast hinausgreifend, hat den Charakter des Unverschämten angenommen, nicht äußerlich, aber innerlich. Sie verlangen Dienste, man ist, immer mehr oder weniger, Pastor, Hauslehrer oder Inspektor; sie sind ganz unfähig, Individuen richtig einzuschätzen; eine schaudervolle Mischung von Borniertheit, Dünkel, Selbstsucht erfüllt die ganze Sippe* (an Friedlaender).

18. August – 15. September. Urlaub in Waren am Müritzsee, zeitweise mit Mete. Arbeit an Der Stechlin, bald darauf Abschluß des Brouillons.

Oktober. Vorabdruck der ersten beiden Kapitel von »Der 18. März« aus Von Zwanzig bis Dreissig in »Cosmopolis«. – Lektüre: Jerome K. Jerome, »Drei Mann in einem Boot, des Hundes zu geschweigen«.

10. Oktober. Ausflug nach Treptow.

13. Oktober. Theater: Hermann Sudermann, »Morituri«; mit dem Autor ist Fontane am **18. Oktober** zusammen mit Hauptmann, Rodenberg und Fulda bei Schlenther zum Diner eingeladen. Emilie ist derweil in Blasewitz.

Anfang November. Erscheinen der sechsten Auflage von Die Grafschaft Ruppin und von Die Poggenpuhls. Roman (Berlin: F. Fontane & Co): *An den Poggenpuhls* *habe ich, über Erwarten, viel Freude. Daß man dies Nichts, das es ist, um seiner Form willen so liebenswürdig anerkennt, erfüllt mich mit großen Hoffnungen, nicht für mich, aber für unsre liter[arische] Zukunft* (an Friedlaender, 4. Januar 1897). – Rezensionen: »Vossische Zeitung«, 8. November, Nr. 527 (Schlenther), »Über Land und Meer«, 1896, Bd. 2 (Szczepanski), »Der Kunstwart«, 1896/97, S. 101 (Ferdinand Avenarius), »Die Nation«, 1896/97, S. 245 (Ernst Heilborn), »Münchner Allgemeine Zeitung«, 12. Februar 1897, Nr. 34 (Schott), »Deutsche Rundschau«, März 1897 (Willy Pastor), »Deutsche Literaturzeitung«, 1897, Sp. 430, »Deutsche Revue«, 3, 1897, S. 114, »Westermanns illustrierte Monatshefte«, 1897, S. 125 (Spielhagen).

2. November. *Alles, was jetzt bei uns obenauf ist, entweder heute schon oder es doch vom morgen erwartet, ist mir grenzenlos zuwider: dieser beschränkte, selbstsüchtige, rappschige Adel, diese verlogene oder bornierte Kirchlichkeit, dieser ewige Reserve-Offizier, dieser greuliche Byzantinismus. Ein bestimmtes Maß an Genugtuung verschafft einem nur Bismarck und die Sozialdemokratie, die beide auch nichts taugen, aber wenigstens nicht kriechen* (an Friedlaender).

November. Lektüre: Harden, »Literatur und Theater«.

10. November. *Ich bin schon seit über 8 Tagen stark erkältet* (an Brahm).

2. Dezember. Theater: Hauptmann, »Die versunkene Glocke«.

1897

Januar. Das Gedicht DIE GESCHICHTE VOM KLEINEN EI (MÄRKISCHES) in »Cosmopolis«. – Lektüre: Spielhagen, »Mesmerismus und Alles fließt. Zwei Novellen«.

Anfang – Ende Mai. *Beschäftigt mich mein Roman DER STECHLIN; ich schreibe noch einige Kapitel, vor allem* *nimmt mich die Überarbeitung ganz in Anspruch* (Tage-buch).

5. Januar. *Wir haben hier auch keinen Winter, nur daß sich die Woche aus lauter Apriltagen mit eingelassenem Novembernebel zusammensetzt. Da mir von allen Religionsformen die Sonnenanbetung am fernsten steht, bin ich über das ewige Grau nicht sehr unglücklich* (an Lazarus).

16. Februar. Heyses Urteil über DIE POGGENPUHLS: »Auch ich war von dem liebenswürdigen Berliner Plauderton des Buches zu Anfang sehr angetan und nahm das bißchen allzu Triviale gewisser Küchenzettel und häuslichen Verhältnisse gern in Kauf. Als aber aus der Raupe und Puppe sich durchaus kein Schmetterling entwickeln wollte, die Erzählung ausging wie das berühmte Hornberger Schießen und wir wirklich nur eine coin de réalité vu par un tempérament aufgetischt bekommen hatten, sagt' ich mir eben doch, daß dieser anmutige Klatsch bei aller Kunst des Vortrags und Schärfe der Beobachtung meine arme – akademische! reaktionäre! veraltete und hinter der Zeit zurückgebliebene! – Seele nicht mit demjenigen Wohlgefühl erfüllen könne, das ich im Gegensatz gegen den bloßen Cancan einer angenehmen Gesellschaft von der sog. Dichtkunst erwarte. Dazu die ungemeine Sorgfalt des lieben Alten, allem, was nur von fern einem Gedanken ähnlich sieht, aus dem Wege zu gehen« (an Schott).

25. Februar. Fontane beteiligt sich an dem Aufruf zur finanziellen Unterstützung Detlev von Liliencrons.

12. Mai. *Ich stecke so drin im Abschluß eines großen, noch dazu politischen (!!) und natürlich märkischen Romans [= DER STECHLIN], daß ich gar keinen andern Gedanken habe und gegen alles andre auch gleichgültig bin* (an Ernst Heilborn).

9. Juni – 17. Juli. Aufenthalt in Neubrandenburg am Tollensesee: *Am Mittwoch will ich mit Frau und Tochter nach »Nijen Brannenburg« abdampfen, um Preußen zu ‹*

*vergessen, wozu Fritz Reuters Heimat – als eine Art Ge-
gensatz – die beste Gelegenheit bietet. Ich stelle Rotspon
und Onkel Bräsig höher als den ganzen Borussismus,
diese niedrigste Kulturform, die je da war. Nur der Puri-
tanismus (weil total verlogen) ist noch schlimmer* (an
Hertz, 6. Juni).

Fortsetzung der zweiten Überarbeitung von DER STECH-
LIN, die am 13. Juli beendet wird. Nach der Rückkehr
nach Berlin Absenden des Manuskripts an »Über Land
und Meer«. Die Redaktion dankt mit dem Telegramm:
»Hochgeehrter Herr Doktor, intensiv mit allen Ihren
Menschen mitlebend, vor allem mit dem alten Freiherrn,
am Schlusse im Innersten erschüttert, danken wir Ihnen
dafür, daß ›Über Land und Meer‹ ein solches Werk veröf-
fentlichen darf.«

23. August – 12. (?) September. Aufenthalt in Karlsbad
mit Emilie. Korrekturfahnen von DER STECHLIN (bis **vor
Weihnachten**).

Oktober – März 1898. Vorabdruck von DER STECHLIN in
»Über Land und Meer«.

November. Lektüre: Spielhagen, »Faustulus. Roman«.

6. November. Hauptmann und Brahm bei Fontanes zum
Diner.

28. November, 5. und 12. Dezember. Vorabdruck der vier
Kapitel von »Mein Leipzig lob ich mir« aus VON ZWAN-
ZIG BIS DREISSIG in der »Vossischen Zeitung«.

Dezember. Lektüre: Schlenther, »Gerhart Hauptmann.
Sein Lebensgang und seine Dichtung«.

Anfang Dezember. Fünfte Auflage der GEDICHTE (Impressum: 1898).

1. Dezember. *Ich bin seit Wochen in recht elender Verfassung, und wie das kranke Wild beiseit geht, um nicht zu
stören, so am besten auch der kranke Mensch. In meinem
Fall vermählt sich dem Kranksein noch das Altsein, und
das ist das Schlimmste von der Sache, weil das Aussichts-
lose* (an Heyse).

1898

Mitte Januar. Stille Verlobung Metes mit dem Architekten Prof. Dr.-Ing. Karl E. O. Fritsch (1838–1915).

Januar/Februar. *Husten, Asthma und, was das Schlimmste war, eine totale Nervenpleite stellten sich ein. Das ging so durch zwei Monate* (Tagebuch).

Lektüre: Max Müller, »Literary Recollections« (vgl.: Sommer 1841).

7. März. *Statt fünfzig Millionen Deutscher, die sich untereinander auffraßen, sind jetzt fünfzig Millionen Deutsche da, die dieselben nationalen Ansprüche erheben, die man bei andern Völkern als natürlich und selbstverständlich ansieht. Dies ist der ungeheure Umschwung, der sich vollzogen hat, und mir tun die Völker leid, die sich nicht entschließen können, mit diesem Umschwunge zu rechnen. [...] Deutschland ist aus der Vormundschaft heraus, und es bleibt nichts andres übrig, als es seine eigenen Wege gehen zu lassen, auch wenn diese Wege den Erwartungen und Interessen anderer widersprechen* (an Morris).

20. März. *Immer wieder erschrecke ich vor der totalen »Verjüdelung« der sogenannten »heiligsten Güter der Nation«, um dann im selben Augenblick ein Dankgebet zu sprechen, daß die Juden überhaupt da sind. Wie sähe es aus, wenn die Pflege der »heiligsten Güter« auf den Adel deutscher Nation angewiesen wäre* (an Mete).

22. März. *Ibsen mag die größere Natur, die stärkere Persönlichkeit, das überlegene bahnbrechende Genie sein, dichterisch steht mir G. Hauptmann höher, weil er menschlicher, natürlicher, wahrer ist. Da quatscht jetzt jeder von Ibsens Wahrheit, aber gerade die spreche ich ihm ab. Er ist ein großer epochemachender Kerl, aber mit seiner »Wahrheit« kann er mir gestohlen werden. In der Mehrzahl seiner Dramen ist alles unwahr, die bewunderte Nora ist die größte Quatschliese, die je von der*

Vorabdruck von Fontanes Roman Der Stechlin in der Zeitschrift
»Über Land und Meer«, Oktober 1897 – März 1898

Bühne herab zu einem Publikum gesprochen hat (an Stephany).

Frühjahr (?). Prof. Dr. Kinzel-Friedenau in »Die Wis-
senschaften und Künste der Gegenwart in ihrer Stellung zum biblischen Christentum. Zusammenhängende
Einzelbilder von verschiedenen Verfassern«, hrsg.
von L. Weber (Gütersloh): »Auch Theodor Fontane, der einst
wesentlich andere Bahnen wandelte, steht, seitdem er, in
dem Glauben an eine notwendige Auffrischung der Er-
zählkunst im modernsten Sinne, die Wege der Unsitten-
schilderung eingeschlagen, dem Christentum und der auf
ihm basierten Sittlichkeit fremd gegenüber. Das Gegen-
ständliche beschäftigt ihn so ausschließlich, daß er verschmäht, es in das Licht eines sittlichen Urteils zu rücken,
von religiösen Gesichtspunkten ganz zu schweigen. Daher die innere Unbefriedigung, mit der man seine modernen Romane aus der Hand legt. Neben dem vielen Unrat,
der uns in ihnen entgegentritt, fehlt es an Licht, neben
dem friedlosen Sinnentaumel an Frieden.«

April – Juli. Lektüre: Friedrich Paulsen, »Immanuel Kant.
Sein Leben und seine Lehre«, ohne allzu viel Verständnis.

Mai. Vorabdruck des achten »Tunnel«-Kapitels aus Von
Zwanzig bis Dreissig unter dem Titel »Bernhard von
Lepel« in »Cosmopolis«.

12. Mai. *Wir standen bis 48 oder vielleicht auch bis 70 unter
den Anschauungen des vorigen Jahrhunderts, hatten uns
ganz ehrlich in etwas Menschenrechtliches verliebt, und
schwelgten in Emanzipationsideen, auf die wir noch nicht
Zeit und Gelegenheit gehabt hatten, die Probe zu machen. Dies »die Probe machen« trägt ein neues Datum
und ist sehr zu Ungunsten der Juden ausgeschlagen.
Überall stören sie (viel viel mehr als früher), alles ver-
manschen sie, hindern die Betrachtung der Frage als solcher. Auch der Hoffnungsreichste hat sich von der Unaus-
reichendheit des Taufwassers überzeugen müssen. Es ist,
trotz all seiner Begabungen, ein schreckliches Volk, nicht*

ein Kraft und Frische gebender »Sauerteig«, sondern ein Ferment, in dem die häßlicheren Formen der Gärung lebendig sind, – ein Volk, dem von Uranfang an etwas dünkelhaftes Niedriges anhaftet, mit dem sich die arische Welt nun mal nicht vertragen kann (an Paulsen).

18. Mai – 28. Juni. Aufenthalt im Sanatorium »Weißer Hirsch« bei Dresden.

10. Juni. Erscheinen von VON ZWANZIG BIS DREISSIG. AUTOBIOGRAPHISCHES (Vorwort datiert: *Im Mai 1898*, Berlin: F. Fontane & Co). – Rezensionen: »Vossische Zeitung«, 29. Juni (Pietsch), »Kreuzzeitung«, 10. Juli, »Dresdner Journal«, 18. Juli (Stern), »Die Nation«, 23. Juli (Alexander Meyer), »Cosmopolis«, August (E[rnst] H[eilborn]), »Leipziger Zeitung«, 13. August (J[ulius] R[iffert]), »Die Zeit«, 13. August (Paul Linsemann), »Tägliche Rundschau«, 21. und 23. August (Otto Leixner), »Berliner Tageblatt«, 25. August (Mauthner), »Neue Deutsche Rundschau«, September (Moritz Heimann), »Königsberger Hartungsche Zeitung«, 4. September (Karl Theodor Schulz), »Der Bund«, 16./17. September (Widmann), »Deutsches Wochenblatt«, 30. September (Carl Busse), »Deutsche Rundschau«, Oktober (Pastor), »Blätter für literarische Unterhaltung«, 27. Oktober (Necker), »Velhagen & Klasings Monatshefte«, November (Heinrich Hart), »Zeitschrift für Bücherfreunde«, H. 5/6 (Feodor von Zobeltitz).

Juli (?). Franz Servaes (»Pan« 5, 1899) gibt einen lebendigen, wenn auch sicher verklärenden Eindruck des alten Fontane: »Als ich ihn das letztemal sah, etwa zwei Monate vor seinem Tode, war das mitten im tosenden Lärm der Weltstadt und doch ein wenig abseits, in der Königgrätzer Straße, ganz nahe beim Potsdamer Platz. Da stand er vor dem Palast-Hotel, den blaugrünen schottischen Schal locker um die Schultern, stand allein und blickte halb über alles Gewühl hinweg, mehr in der Stellung eines Lauschenden als eines Schauenden. Fast erschrak ich ein wenig, als ich ihn sah. So alt schien er mir plötzlich geworden, so nahe dem Verfall. Aber dennoch lag etwas ungemein Ehrwürdiges in der ganzen Erscheinung. Er schien völlig in Sinnen verloren, beinahe der Welt schon entrückt. Etwas wie ein kindliches Staunen, wie dankesfrohes Mitgenießen lag auf seinen Gesichtszügen, in denen die Augen einen eigenen, gleichsam verklärten Glanz hatten.«

31. Juli. Tod Bismarcks: »Papa sitzt und weint« (Mete an Anna Witte). *In allem, was ich seit 70 geschrieben, geht der »Schwefelgelbe« um, und wenn das Gespräch ihn auch nur flüchtig berührt, es ist immer von ihm die Rede wie von Karl oder Otto dem Großen. Ich habe auch mal eine kleine Biographie verbrochen und in Versen habe ich Ungeheuerliches geleistet* (an Harden, 4. März 1894). Am **3. August** erscheint zu dem Ereignis das erst am Morgen geschriebene Gedicht Wo Bismarck liegen soll in der Abendausgabe der »Vossischen Zeitung«: *Gestern früh, als ich meinen Tee eben in tus hatte, kam mir mit eins die erste Zeile, noch ganz ohne Plan und ohne Zusammenhang mit etwas Folgendem, dann stellte sich der Reim von Luft auf Gruft ein und der aufsteigende Sachsenwald und die S c h l u ß z e i l e. Bis dahin war alles Spielerei, nun erst war die Lust da, und ich schrieb die Zeilen in wenigen Minuten nieder. Alles aus den Wolken gefallen, ein Geschenk, auf das ich vorher nicht rechnen konnte* (an Heilborn, 4. August).

12. August – um 7. September. Aufenthalt in Karlsbad mit Emilie, die dann nach Blasewitz weiterfährt.

16. September. Metes Verlobungsfeier in Fontanes Wohnung ohne die verreiste Emilie.

17. September. *Nach zwanzigjährigem Abschwenken in Roman und Novelle habe ich vor, noch einmal zu alten Göttern* [...] *zurückzukehren. Ich will ein Buch schreiben, das etwa den Titel führen soll:* Das Ländchen Friesack und die Bredows (an Ferdinand Meyer). Vgl.: 27. Mai – 2. (?) Juni 1889.

18. September. *Nichts schrecklicher und lächerlicher zugleich als die ewigen Einbildungen von unserer deutschen Herrlichkeit und Überlegenheit. Die Leute lernen wo anders auch lesen, schreiben, rechnen, und Polizei gibt es auch überall. Dennoch, aller Mängel und Ledernheiten zum Trotz, ist es im ganzen doch wohl bei uns am besten, selbst mein geliebtes und gepriesenes England nicht ausgeschlossen. Im Politischen fehlt uns sehr, sehr viel, und mitunter ist es geradezu zum Lachen und Weinen. Aber das gesamte Leben der Nation steht doch vergleichsweise auf einer Hochstufe. Es fehlt so viel Häßliches und Schauderöses, das sich bei den anderen ohne Ausnahme so reichlich vorfindet* (an Hermann Wichmann).

20. September. *Dies sind nun also die letzten Zeilen* (Beginn des Briefes an Emilie).

Tod Theodor Fontanes abends zwischen 20.30 und 21 Uhr. Er wird wenig später von Mete in seinem Zimmer, über das Bett gebeugt, gefunden. Friedel fährt nach Blasewitz, um Emilie die Nachricht zu überbringen und sie nach Berlin zurückzubegleiten. Laut Friedel sagt sie am Totenbett: »Es war ein schönes Leben mit ihm, und ich würde es gleich noch einmal beginnen.« – Brahm besucht die Familie am nächsten Tag: »Am anderen Tag, um die Mittagsstunde, führte mich seine Tochter an sein Totenlager: ruhig war er gestorben, und in sanfter Ruhe lag er auch da, das schöne Greisenantlitz nur wenig gesenkt, keine Spur von Kampf oder Schmerz in der Miene, Philosoph noch im Tode. Die Augen geschlossen für immer, die so leuchtend lächeln, so blau blitzen konnten, leicht gefaltet die feinen, emsigen Hände, der Mund verstummt, der mit so viel Charme zu plaudern wußte und mit so echter Anmut. Ein überreiches Leben geendet, das durch so viel Wandlungen deutscher Literatur geschritten war als ihre persönlichste Persönlichkeit, sich selber treu und der Heimat, im Nächsten wurzelnd und im Vertrautesten, und aufsteigend von ihm zu lichten Höhen des

Dichtens und Gestaltens. Noch im Tode schien er auf diesem schlichten Lager, hinter der spanischen Wand dieses
Berliner Zimmers in seiner geliebten Potsdamer Straße,
die feine Enge seines Heims zu preisen, in der er sich so
wohl gefühlt, in der er hatte leben und sterben wollen:
wie ein Sinnbild der märkischen Heimat mochte sie ihm
erschienen sein, deren innerlichste Reize er erspäht hatte«
(Dezember 1898, »Theodor Fontane. Literarisches und
Persönliches«, in: »Neue Deutsche Rundschau«).

Posthum

24. September 1898. Beerdigung Fontanes auf dem Friedhof der französischen reformierten Gemeinde in der Lie-
senstraße. Das Grab, 1945 von Artilleriefeuer teilweise
zerstört, wird schon 1946 wiederhergestellt.

Oktober 1898. Erscheinen von DER STECHLIN. ROMAN
(Berlin: F. Fontane & Co): *Es ist eigentlich bloß eine Idee,
die sich einkleidet – dieser Stoff wird sehr wahrscheinlich
mit einer Art Sicherheit ihre Zustimmung erfahren. Aber
die Geschichte, das, was erzählt wird. Die Mache! Zum
Schluß stirbt ein Alter, und zwei Junge heiraten sich; – das
ist so ziemlich alles, was auf 500 Seiten geschieht. Von
Verwicklungen und Lösungen, von Herzenskonflikten
oder Konflikten überhaupt, von Spannungen und Über-
raschungen findet sich nichts. Einerseits auf einem altmo-
dischen märkischen Gut, andrerseits in einem neumodi-
schen gräflichen Hause (Berlin) treffen sich verschiedene
Personen und sprechen da Gott und die Welt durch. Alles
Plauderei, Dialog, in dem sich die Charaktere geben, und
mit ihnen die Geschichte. Natürlich halte ich dies nicht
nur für die richtige, sondern sogar für die gebotene Art,
einen Zeitroman zu schreiben [...]. Inhalt: In einem
Waldwinkel der Grafschaft Ruppin liegt ein See, »Der
Stechlin«. Dieser See, klein und unbedeutend, hat die Be-*

sonderheit, mit der weiten Welt draußen in einer halb rätselhaften Verbindung zu stehen, und wenn in der Welt draußen was los ist, wenn auf Island oder auf Java ein Berg Feuer speit und die Erde bebt, so macht der Stechlin, klein und unbedeutend, wie er ist, die große Weltbewegung mit und sprudelt und wirft Strahlen und bildet Trichter. Und dies – so ungefähr fängt der Roman an – und um das Thema dreht sich die ganze Geschichte (Entwurf eines Briefs an Adolf Hoffmann, Mai/Juni 1897). – Rezensionen: »Die Nation. Wochenschrift für Politik, Volkswirtschaft und Literatur«, 15, 1897/98, S. 749 f., »Vossische Zeitung«, 29. Juni (Pietsch), »Frankfurter Journal«, 10. Oktober, »Vossische Zeitung«, 21. Oktober, Nr. 493 (Paul Mahn), »Leipziger Tageblatt und Anzeiger«, 22. Oktober, Nr. 537 (Max Uhse), »Straßburger Post«, 25. Oktober, »Berliner Zeitung«, 28. Oktober, Nr. 506 (Ph. St.), »Dresdner Journal«, 28. Oktober, Nr. 251, »Deutsche Wacht«, 2. November, Nr. 302 (Bodo Wildberg), »Hamburger Fremdenblatt«, 5. November, Nr. 260, »Die Zeit. Wiener Wochenschrift für Politik, Volkswirtschaft, Wissenschaft und Kunst«, 5. November, Nr. 214 (Linsemann), »Augsburger Allgemeine Zeitung«, 11. November (Schott), »Literarisches Zentralblatt«, 12. November, Nr. 45 (A. B.), »Kreuzzeitung«, 13. November, Nr. 533, »Berliner Tageblatt«, 18. November (Mauthner), »Berliner Börsen-Courier«, 20. November, Nr. 543 (J. L.), »Frankfurter Generalanzeiger«, 24. November, Nr. 275 (Rudolf Presber), »Leipziger Zeitung«, 24. November, Nr. 272 (R[ichard] B[eringuier?]), »Kölnische Zeitung«, 27. November, »Illustrierte Zeitung«, 8. Dezember, Nr. 2893, »Posener Tageblatt«, 11. Dezember (L. Kr.), »Revue des Deux Mondes«, 15. Dezember (Théodore de Wyzewa), »Blätter für literarische Unterhaltung«, 1898, S. 828 f., »Die Frau. Monatsschrift für das gesamte Frauenleben unserer Zeit«, 6, 3, 1898, S. 187, »Hamburger Correspondent«, 1. Januar 1899, Nr. 1

(Richard Frank), »Das literarische Echo«, 1, 1899, Sp. 57–59 (Heilborn), »Neue Deutsche Rundschau«, Mai 1899 (Arthur Eloesser), »Das Magazin für die Literatur«, 68, 1899, Sp. 325–327.

Einsetzen einer literarischen Nachlaßkommission mit drei Mitgliedern: Schlenther als Vorsitzender, Emilie (nach deren Tod Mete) und Justizrat Meyer, die sich im Frühjahr 1899 zum ersten Mal trifft.

1899. Erstveröffentlichung von Altersgedichten aus dem Nachlaß in den Zeitschriften »Die Woche« und »Pan«; in letzterer u. a. ALS ICH 75 WURDE. AN MEINEM 75TEN.

4. Januar 1899. Metes Hochzeit.

18. Februar 1902. Tod Emilies, die verfügt, daß ihre und Fontanes Briefe aus der Brautzeit verbrannt werden.

1903. Erscheinen der ersten Ausgabe der CAUSERIEN ÜBER THEATER, hrsg. von Schlenther.

30. Juli 1903. Entsprechend Emilies Wunsch übergeben Fontanes Erben dessen Schreibtisch und die Manuskripte der meisten Romane, der WANDERUNGEN, der beiden autobiographischen Bücher, des Kriegsbuchs 1870/71 und der »Geschichten und Plaudereien« dem Märkischen Museum als Geschenk.

1905–1910. Erscheinen der »Gesammelten Werke«, Serie I (10 Bände) und Serie II (11 Bände) (Berlin: F. Fontane & Co).

1905. Erscheinen der ersten Briefsammlung: »Theodor Fontanes Briefe an seine Familie«, hrsg. von Mete und ihrem Mann K. E. O. Fritsch, 2 Bände, als Bd. 6 und 7 von Serie II der »Gesammelten Werke«.

November/Dezember 1906. Vorabdruck von MATHILDE MÖHRING in einer entstellten Fassung in der »Gartenlaube«.

1907. »Aus dem Nachlaß von Theodor Fontane«, hrsg. von Joseph Ettlinger als Bd. 9 von Serie II der »Gesammelten Werke«; darin u. a. der Abdruck von MATHILDE MÖHRING in einer entstellten Fassung (erste authentische Veröffentlichung 1969) und mehrere der heute so geschätzten Altersgedichte Fontanes, u. a. SUMMA SUMMARUM ODER ALLES IN ALLEM.

1908. Erscheinen der zweiten Briefsammlung: »Briefe Theodor Fontanes. Zweite Sammlung«, hrsg. von Pniower und Schlenther, 2 Bände, als Bd. 10 und 11 von Serie II der »Gesammelten Werke«.

8. Juni 1908. Einweihung des Fontane-Denkmals in Neuruppin.

7. Mai 1910. Einweihung des Fontane-Denkmals im Berliner Tiergarten.

1. Oktober 1910. Thomas Manns Essay »Der alte Fontane« in Hardens Zeitschrift »Die Zukunft«.

10. Januar 1917. Tod Metes in Waren (Selbstmord?).

1919. Jubiläumsausgabe der »Gesammelten Werke« in zehn Bänden (Berlin: S. Fischer) zum 100. Geburtstag Fontanes.
Die erste große Fontane-Monographie: Conrad Wandrey, »Theodor Fontane« (München: C. H. Beck).

1921. »Das Fontane-Buch. Beiträge zu seiner Charakteristik. Unveröffentlichtes aus seinem Nachlaß. Das Tagebuch aus seinen letzten Lebensjahren«, hrsg. von Heilborn (Berlin: S. Fischer).

9. Oktober 1933. Versteigerung des Fontaneschen Nachlasses im Auktionshaus Hellmut Meyer & Ernst in Berlin: »Noch nie zuvor ist weder in Berlin noch anderswo der schriftliche Nachlaß eines berühmten Dichters von einem derartigen Umfang versteigert worden wie [...] Theodor Fontanes. Die Ankündigung der Versteigerung hatte den kleinen Saal des Antiquariats [...] bis zum letzten Plätzchen gefüllt, viele Sammler waren neben den Vertretern des Reichsarchivs, der Staatsbibliothek und des Vereins für die Geschichte Berlins erschienen. Das Interesse war sichtlich allgemein, die Kauflust aber verhältnismäßig gering. Das hing wohl auch damit zusammen, daß viele Preise, zumal der Gedichte, recht hoch waren, dem heutigen Geldmarkt wenig angepaßt; dann wieder konnte man im späteren Verlauf sehr gut Stücke preiswert erwerben, davon wurde auch Gebrauch gemacht« (»Die Mark«, H. 17, 1933).

18. Dezember 1935. Verkauf des Restnachlasses an die Brandenburgische Provinzialverwaltung und Gründung des Theodor-Fontane-Archivs.

1937. Erscheinen der dritten Briefsammlung: »Theodor Fontane. Heiteres Darüberstehen. Familienbriefe. Neue Folge«, hrsg. von Friedel.

1938. Erste Verfilmung eines Fontaneschen Romans: »Ein Schritt vom Wege« nach EFFI BRIEST, Regie: Gustaf Gründgens, Effi: Marianne Hoppe.

1940. Die erste wissenschaftliche Ausgabe eines Fontaneschen Briefwechsels: »Theodor Fontane und Bernhard von Lepel. Ein Freundschaftsbriefwechsel«, hrsg. von Julius Petersen, 2 Bände.

1943. Erscheinen der vierten Briefsammlung: »Theodor Fontane. Briefe an die Freunde. Letzte Auslese«, hrsg. von Friedel und Fricke, 2 Bände.

1945. Vernichtung eines erheblichen Teils des Fontaneschen Nachlasses durch Kriegseinwirkung.

1947. Verleihung des ersten Fontane-Preises an Hermann Kasack.

1954. Erscheinen von »Theodor Fontane. Briefe an Georg Friedlaender«, hrsg. von Kurt Schreinert. Die Originale rettet Friedlaenders Tochter aus Schlesien.

1959–1975. Erscheinen der ersten Gesamtausgabe in der Nymphenburger Verlagshandlung, München, 24 Bände in 3 Abteilungen.

1962–1997. Erscheinen der zweiten Gesamtausgabe im Hanser Verlag, München, mit der ersten repräsentativen Briefausgabe, 22 Bände in 4 Abteilungen (Teile des Werks in Auswahl).

1965. Beginn des Erscheinens der »Fontane-Blätter«.

1969. Beginn des Erscheinens der dritten Gesamtausgabe im

Aufbau-Verlag, Berlin und Weimar (1969–1989), die nach der Veröffentlichung von 22 Bänden in 4 Abteilungen in die vierte Gesamtausgabe im Aufbau-Verlag, Berlin, überführt wird: »Große Brandenburger Ausgabe«.

Die Erstveröffentlichung zahlreicher literarischer Aufzeichnungen Fontanes und DIE GESELLSCHAFTLICHE STELLUNG DES SCHRIFTSTELLERS IN DEUTSCHLAND in: »Theodor Fontane. Aufzeichnungen zur Literatur«, hrsg. von Hans-Heinrich Reuter.

15. Dezember 1990. Gründungsfeier der Theodor-Fontane-Gesellschaft.

1994. Erstveröffentlichung aller erhaltenen TAGEBÜCHER im Rahmen der »Großen Brandenburger Ausgabe«.

1996. Erscheinen der »Unechten Korrespondenzen« Fontanes aus seiner Tätigkeit als Redakteur des englischen Artikels der »Kreuzzeitung« von 1860–1870, hrsg. von Heide Streiter-Buscher.

Verzeichnis der Abbildungen

Inhalt

Theodor Fontane

IN RECLAMS UNIVERSAL-BIBLIOTHEK

Philipp Reclam jun. Stuttgart